合肥工业大学"双一流"学科文化建设系列丛书

秉承"工业报国"理想
发扬"自强不息"精神

俞志华　编著

合肥工业大学出版社

图书在版编目（CIP）数据

秉承"工业报国"理想 发扬"自强不息"精神/俞志华编著. —合肥：合肥工业大学出版社，2023.6
ISBN 978-7-5650-6328-2

Ⅰ.①秉… Ⅱ.①俞… Ⅲ.①合肥工业大学—学科建设—研究 Ⅳ.①G649.285.41

中国国家版本馆 CIP 数据核字（2023）第 083072 号

秉承"工业报国"理想 发扬"自强不息"精神

俞志华 编著　　　　　　　　　　　　　责任编辑 郭娟娟

出　版	合肥工业大学出版社	版　次	2023 年 6 月第 1 版
地　址	合肥市屯溪路 193 号	印　次	2023 年 6 月第 1 次印刷
邮　编	230009	开　本	789 毫米×1092 毫米 1/16
电　话	人文社科出版中心：0551－62903200	印　张	17.25
	营销与储运管理中心：0551－62903198	字　数	366 千字
网　址	press.hfut.edu.cn	印　刷	安徽联众印刷有限公司
E-mail	hfutpress@163.com	发　行	全国新华书店

ISBN 978-7-5650-6328-2　　　　　　　　　　　　定价：59.00 元

编 委 会

（按姓氏笔画排序）

吴卫丰　陈晓媛　郑学慧

俞志华　高淑珍　崔　月

前　言

　　肇始于1945年的合肥工业大学至今已走过了70多个春秋。学校在抗日战争的硝烟散尽之时诞生，并发展成为当时安徽省内首个官办工科专门学校。学校自诞生以来，始终在机遇与挑战中前行发展，在70余载的岁月征程中，曾三易其址、几经易名与分并重组，但一代代工大人秉承"工业报国"理想，践行"工业报国"之志，发扬"艰苦奋斗、自强不息、追求卓越、勇攀高峰"的光荣传统，从建校时的"工业救国"，到改革开放后的"工业兴国"，再到现在的"工业强国"，面对时代赋予的一轮又一轮新课题，合肥工业大学不断更新着"工业报国"的手段和方式，在人才培养、科学研究、社会服务、文化传承创新和国际合作交流等方面踔厉奋发、笃行不息，取得了一个又一个成绩，为国家的工业现代化建设与地方经济发展做出了重要贡献。现学校已发展成为教育部直属全国重点大学、国家"211工程"重点建设高校、国家"985工程"优势学科创新平台建设高校、国家"双一流"建设高校，是教育部、工信部和安徽省政府共建高校，国防科工局与教育部共建高校。

　　"知校、爱校、荣校"教育是全体师生与校友铭记校史、传承文化、勇毅前行的力量源泉，是学校学科文化建设与"课程思政"建设的一项重要组成部分，也是学校档案的价值所在与档案工作者的职责使命所在。本书作为"合肥工业大学中央高校建设世界一流大学（学科）和特色发展引导专项资金——文化传承创新"项目的阶段工作成果，在充分挖掘与整理我校馆藏档案信息的基础上，力求通过档案中蕴含的史实资料、统计数据与相关历史片段，来反映合肥工业大学筚路蓝缕的发展历程，印证"工业报国"的理想信念，彰显"自强不息"的奋斗精神，既展现了学校厚重辉煌的过去、桃李芬芳的今天，也昭示着学校光辉灿烂的未来与荣光!

在学校领导与相关单位的大力支持下,基于学校馆藏档案史料进行文化价值的挖掘与呈现,合肥工业大学档案馆是首次承担此项工作并编写了本书作为学校学科文化建设的一项阶段性工作成果,期望本书能够帮助全校师生与校友加深对合肥工业大学校史校情的了解,感受一代代工大人对"工业报国"理想的追求与"自强不息"精神的秉承,增进师生们荣校、爱校、爱国情怀。这也是本书出版的主旨所在。

在此,对于在本书的资料收集、编纂与出版等各项工作中给予支持和帮助的相关单位及个人,表示崇高的敬意和衷心的感谢!

目　录

第一章 "工业救国"愿景下安徽省立工业专科学校的创办

（1945—1948年）

编者按：自1945年10月至1948年年底，第一代工大人（工专人）深怀教育救国之心，克服重重困难，创办了安徽省立工业专科学校，致力于"工业救国"，以"为国家和地方培养高级专业技术人才"为宗旨，成为当时安徽省内首个官办工科专门院校。"工业报国"思想与情怀由此在工大人心中得以秉承与坚守。

第一节 "工业救国"愿景下安徽省立工业专科学校的创建历程

引言：合肥工业大学的前身在抗日战争的硝烟散尽之际诞生。其时，安徽一些有识之士深怀"工业救国"的理想，积极投身于教育事业，希望通过办学来改变当时积贫积弱的旧中国面貌。于是，在安徽省政府支持下，1945年"安徽省立蚌埠工业职业学校"在蚌埠黄庄诞生，1946年改名扩建为"安徽省立蚌埠高级工业职业学校"，1947年又升格为"安徽省立工业专科学校"，之后又迁址至淮南田家庵的洞山办学。

一、安徽省立蚌埠工业职业学校的创办

历经多年战乱，江淮大地满目疮痍，民不聊生，百业待兴，渴望和平、重建家园成为当时人们的愿望。1945年抗日战争胜利后，在"教育救国"愿景下，安徽省政府教育厅决定在省立第七中等职业学校和省立蚌埠初级工业职业学校的基础上，组建成立安徽省立蚌埠工业职业学校。学校于1945年10月成立，开办高级土木科和纺织（染织）科两科3个班，每班招收学生50人，共计150人（图1-1、图1-2、图1-3）。

学校最初开设的两科专业均为当时的基础工业专业，以适应当时政府和社会对工业专门人才之需。招收的新生于1945年10月24日报到，10月28日上课。首任校长为

图1-1 安徽省立蚌埠工业职业学校印章校徽

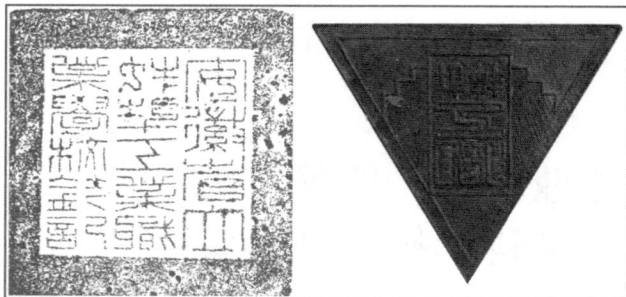

（资料来源：合肥工业大学档案馆
档号：1978-Y-SW-0016）

图1-2 安徽省立蚌埠工业职业学校民国三十四年（1945年）第一学期新生统计表

图1-3 安徽省立蚌埠工业职业学校民国三十四年（1945年）第一学期高级部土木科乙组学生名单（共50名）

（资料来源：合肥工业大学档案馆
档号：1945-Y-JX-0001·001）

（资料来源：合肥工业大学档案馆
档号：1945-Y-JX-0001·002）

杨诚成[①]。学校实行导师制，每个班级设导师1人。导师参加学校训导委员会，制订学生训导计划，负责考核学生。1946年5至6月间，学校发生了纺织班学生要求清查学校经济账目事件，安徽省政府教育厅要求学校开除滋事学生，于是纺织班被解散，杨诚成辞职。之后，在安徽省政要、教育界元老常恒芳等人的邀请与推荐下，1946年7月27日，安徽省

---

① 杨诚成（1898—?），曾用名杨笃生，国立北平工业大学毕业，曾任省立芜湖工职、立煌工职、正阳工职等校教员，国民政府全国经济委员会技术专员，安徽省建教合作机械厂厂长等职。1945年担任安徽省立蚌埠工业职业学校校长。

政府以"秘人字第09446号"派令任命毕仲翰[①]为安徽省立蚌埠工业职业学校校长。安徽省立蚌埠工业职业学校交接送核表（现存最早的合肥工业大学档案移交清单，1946年8月制）如图1-4所示。

二、更名扩建为安徽省立蚌埠高级工业职业学校

1946年9月，安徽省政府教育厅决定将安徽省立蚌埠工业职业学校更名

图1-5 民国三十五年（1946年）安徽省立蚌埠高级工业职业学校教职员一览表（部分）

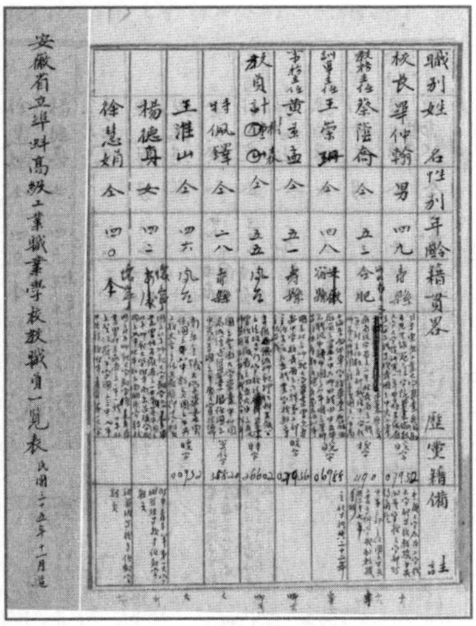

（资料来源：合肥工业大学档案馆
档号：1946-Y-DZ-0001·002）

图1-4 安徽省立蚌埠工业职业学校交接送核表（现存最早的合肥工业大学档案移交清单，1946年8月制）

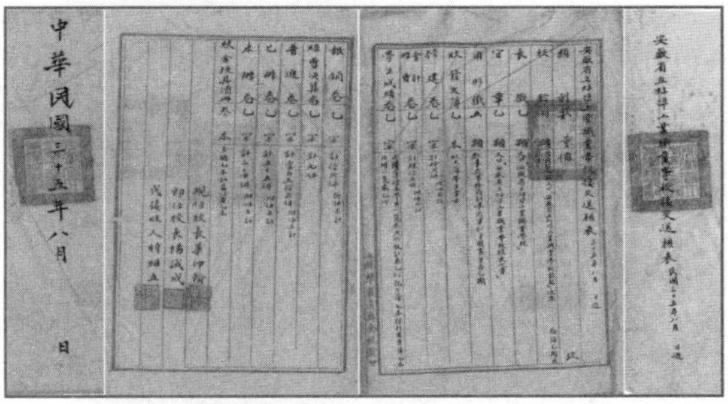

（资料来源：合肥工业大学档案馆
档号：1946-Y-DZ-0001·009）

为安徽省立蚌埠高级工业职业学校。学校于当月20日启用新印。校长仍为毕仲翰（图1-5）。

毕校长就任后，积极增聘师资，扩充校舍，并为适应工业人才培养的需要，招收土木工程、机械工程、电机工程3个班新生。至1947年春，当时学校已有土木、机械、电机3科共7个班级，在校学生200余人。学校共有包括毕仲翰、蔡荫乔（教务主任）、葛旭初（电机工程科主任）、陈观沧（机械工程科主任）、苏锡昌（土木工程科主任）、佘小宋、顾仲勋、冯汝为、叶嘉桂、程元民等在内的教授10人、副教授12人、讲师9人、助教3人的师资队伍，具备了一定的办学条件与办学规模（图1-6、图1-7）。

---

① 毕仲翰（1897—1971），字汝蕃，号卓西，安徽寿县人，先后毕业于日本东亚工业大学、英国马可尼无线电工程学院，并在伦敦大学做过研究工作；曾任安徽省立一工、六职等校校长，担任国立中央工业专科学校、重庆大学及兵工学校大学部等校教授和中央测量学院大学部特约讲座教授；1946年起历任安徽省立蚌埠工业职业学校、安徽省立蚌埠高级工业职业学校、安徽省立工业专科学校校长，其在安徽省立工业专科学校的筹建、建校设想规划、学校各项组织章程的制定，以及学校筹建工作中诸多重要实际问题的解决等方面均做出了巨大贡献，发挥了重要作用。新中国成立后，他曾任西安动力学院副院长、西安交通大学副校长等职。

图1-6 民国三十五年（1946年）安徽省立蚌埠高级工业学校学生名单

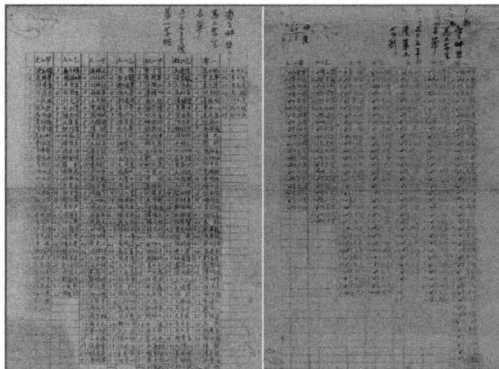

图1-7 民国三十五年（1946年）安徽省立蚌埠高级工业职业学校学生成绩报告单存根

（资料来源：合肥工业大学档案馆
档号1946-Y-DZ-0001·005）

（资料来源：合肥工业大学档案馆
档号：1946-Y-JX-0002·001）

三、升格为安徽省立工业专科学校

1945年抗日战争胜利后，安徽省政府从日本人手中接收了淮南路矿公司（即淮南铁路公司和淮南煤矿公司）。为了适应淮南路矿公司等企业对专门技术人才的迫切需要，安徽省（主要是皖中、皖北一带）一些地方士绅和热心兴办桑梓教育事业的教育界人士，在"工业救国"的口号下，发起了在安徽省创建一所高等工业学府的运动。

1946年11月，安徽省政府主席李品仙出巡，途经蚌埠，皖北地方各界人士公推国民参政会参政员常恒芳、马景常、刘启端，立法委员陈紫枫，省参议员陈雁峰等为代表携函面见李品仙，请在皖北地区设立工业专科学校，李随即将原函批交安徽省教育厅核办。12月2日，李品仙又亲笔致函淮南路矿公司吴兢清（时任淮南铁路局局长）、王润琴（时任淮南煤矿局局长），请他们在办学上给予支持（详情见第五章图5-2）。在《安徽省立工业专科学校筹备计划纲要》中也有相关记载——"鉴于工业建国为既定之国策，今认为工业技术人才之培养，实为当前之急务，爰由地方贤达常恒芳、马景常诸先生联衔致函省府，请就皖北适中地点，设立工业专科学校一所，以应实际之需要，嗣经省府常会通过，并决定由省立蚌埠高级工业职业学校之现有基础，着手筹备"（见第五章图5-16）。

1947年1月13日，安徽省政府发出代电，公布了安徽省立工业专科学校筹备委员会委员名单，包括杭立武、倪荣仙、廖梓英、朱用和、程华亭、张湘泽、吴兢清等委员23人。其中常务委员为马景常、常恒芳、陈雁峰、吴兢清、王润琴、柯育甫（安徽学院院长）、毕仲翰7人，马景常兼主任委员，毕仲翰兼副主任委员。同时，教育厅还发出训令，指示省立工业专科学校在省立蚌埠高级工业职业学校的基础上升格办理（图1-8）。

1947年1月15日，安徽省立工业专科学校筹建办事处在省立蚌埠高级工业职业学校设立。由于筹办学校经费困难，必须依靠淮南路矿公司资助，也应淮南路矿公司要求，且基于适合学生实习、就业等办学需要考虑，故迁校至淮南田家庵的洞山。

与此同时，学校推定征购新校址地皮、新校舍建筑、添置设备、经济稽核、经费筹集等各委员会人选，提请副主任委员毕仲翰草拟筹备建校计划纲要及各项章则。3月15日，学校举行了第一次全体筹备委员大会（会议记录见图1-9）。会议修正通过了毕仲翰副主任委员草拟的《安徽省立工业专科学校筹备计划纲要》及有关建校各项章则。遵循这次会议精神，筹建办事处正式开展工作。

图1-8 安徽省政府教育厅训令［民国三十六年（1947年）一月十三日］

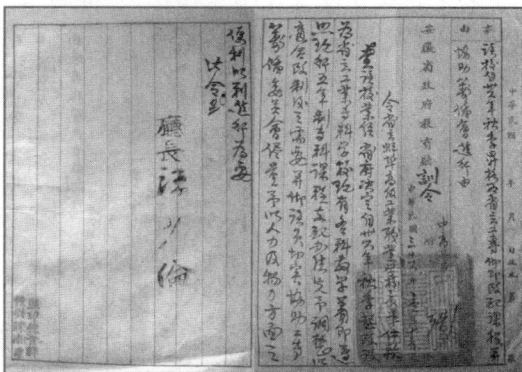

（资料来源：合肥工业大学档案馆
档号：1947-Y-SX-0001）

安徽省政府宣布筹建安徽省立工业专科学校后，引起社会各界的广泛关注。《安徽新报》《皖北日报》等连续发表多篇文章对省立工专的筹建、校址迁移、经费和招生等做了综合报道。《大公报》（图1-10）《新闻报》也对省立工业专科学校的筹建与设立等情况进行了报道。

图1-9 安徽省立工业专科学校筹备委员会第一次全体筹备委员大会会议记录

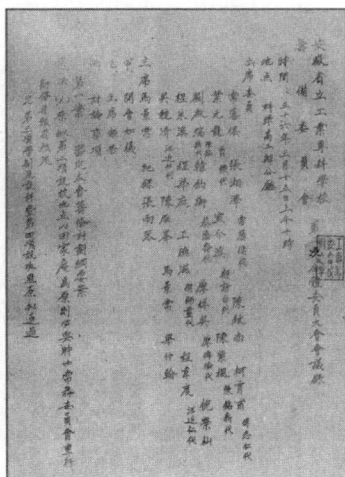

（资料来源：淮南市档案馆）

图1-10 《大公报》刊登关于安徽省立工业专科学校筹建公告［民国三十六年（1947年）3月12日］

（资料来源：合肥工业大学档案馆
档号1947-Y-XZ-0001·001）

关于校址的选择，筹备委员会认为，"应选定交通便利及水电燃料供应充分之处，倘更能邻近工业区域，使学生得以置身工业环境之中，逐日有所观摩，尤称合适"，因此"多数委员均主张在田家庵设校"。淮南路矿公司积极支持这一决定，将公司位于田家庵近郊废弃的洞山矿场房屋90余间及地基百余亩，拨给安徽省立工业专科学校作为校舍、校址。这也是促使安徽省立工业专科学校由蚌埠迁校至淮南洞山的主要动因。

经安徽省政府同意，1947年6月3日学校由蚌埠迁往淮南洞山新址。8月，安徽省立工业专科学校在淮南洞山正式成立，并新购土地120亩（图1-11）。1947年9月3日，安徽省教育厅转发省府聘书，聘毕仲翰为安徽省立工业专科学校校长。10月18日，学校正式启用"安徽省立工业专科学校"印章（图1-12）。

图1-11 安徽省立工业专科学校建校舍征购洞山区土地户名清册

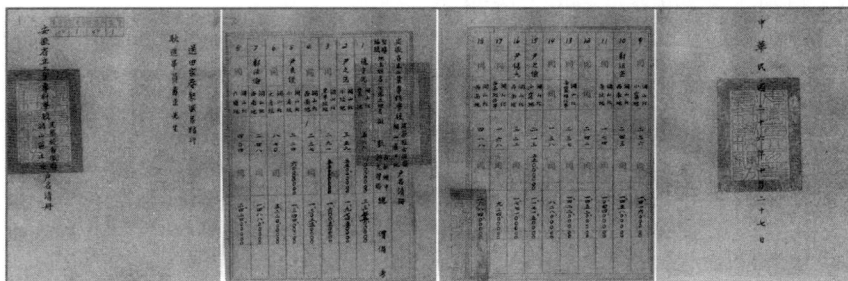

（资料来源：淮南市档案馆）

第二节 "工业报国"初心与理想的缔造

引言：建国之本在于国土，立国之基在于国民，强国之根在于教育。第一代工大人（工专人）深怀"教育救国"初心，践行"工业救国"使命，在建校办学与复校等过程中让我们体会与感受到第一代工大人"工业报国"的责任与担当。

图1-12 安徽省立工业专科学校（关防）印模

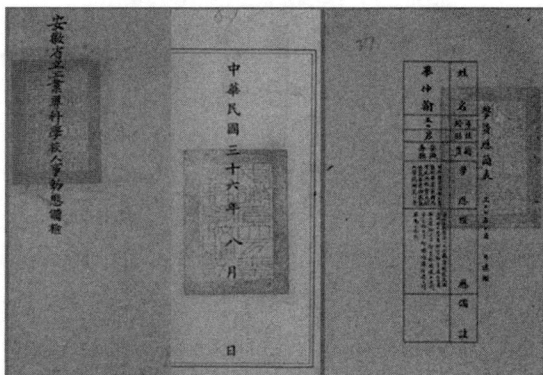

（资料来源：合肥工业大学档案馆
档号1948-Y-DZ-0001·005）

一、初心——"教育救国"

1945年抗日战争胜利后，安徽一些有识之士怀着"教育救国"和"工业救国"的理想投身于教育事业，并积极向安徽省政府进言，建议在工业相对发达、急需工业专门人才的皖北蚌埠、淮南等地区开设工业专科学校，于是合肥工业大学前身、当时安徽省内唯一一所工业专科学校——安徽省立工业专科学校就此诞生并取得初步发展。

民国三十六年（1947年）12月11日，安徽省立工业专科学校《校讯》（旬刊）刊发的由校长毕仲翰草拟的发刊词中曾有以下表述："本校创立动机，始于皖北人士之建议，而省政当局也鉴于工业建国早为举国一致之呼声，尤以吾皖尚无高等工业教育之设置，权衡需要，实为采纳助成之主因。溯自奉令筹备与夫就蚌埠高工升格改组以迄成立，先后殆历半载之久而始基以奠。仲翰膺命承之，一者迫于使命之重大，一者忧于经费之艰难，绠短汲深，捉襟见肘，幸赖各实业机关之资助及各级政府之支持，乃得如期迁校，如期开学，尤幸我全体同仁鼎力襄赞，同能筑路山林，达成其艰巨任务之初步，此因仲翰所引为自慰者也。惟是授课迄今时几两月，员生既达四百余人，办公复感未能集中，合后教学如何策进，设备如何补充，工作如何沟通，意见如何交换，乃至情感之联系，宏议之发抒，其有待于互助合作者何限？兹为昭示各处室组业务之动态，以谋集思广益起见，特举办校讯一刊……"（图1-13）。

图1-13　安徽省立工业专科学校《校讯（第一期）》[民国三十六年（1947年）12月11日]

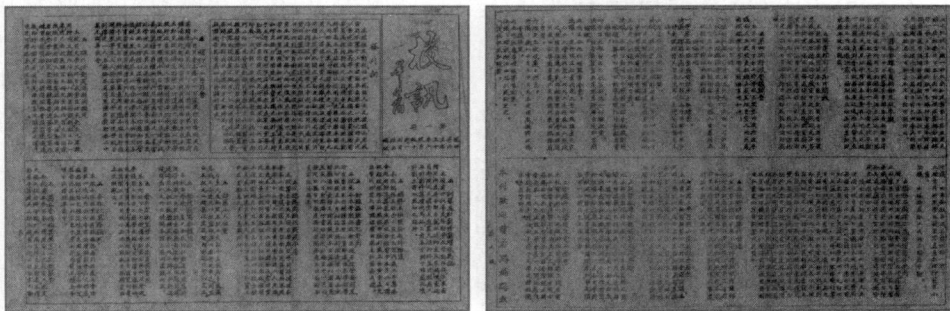

（资料来源：淮南市档案馆）

时任安徽省政府主席的李品仙在给淮南路矿公司的函中也写道："本省丁大劫之余，民生凋敝。治本之计，非从遵循中央经建政策，推广工业教育不为功。国立安徽大学既未设置工学院，本省势必另设工业专科学校，培植大量工业人才，以应当前之切要。"但由于当时国民党政府忙于内战，用于教育的经费很少，远不能满足办学需要，所以学校虽属官办、名称为省立，实则是官办民助创建起来的。

其间我们能够充分感受到第一代工大人创建工专的艰辛与不易，更能体会到以毕仲翰为代表的工专人拟通过办学实现"教育救国"的初心与情怀。

二、使命——"工业救国"

辛亥革命推翻了中国两千多年的君主专制统治，为民族工业的发展扫清了障碍，在当时"实业救国"思潮的推动下，纺织业、面粉业得到了迅猛发展。然而，民国时期的民族工业发展不均衡，主要以轻工业为主。特别是在抗战时期，由于日本侵略者的掠夺和破坏，当时的中国民族工业遭到了严重的摧残，国家经济发展迟滞，人民生活艰难。故此，推进民族工业的振兴，成为抗战后社会建设与发展的使命。

正是在此使命感召下，在《安徽省立工业专科学校筹备计划纲要》中明确提出"以教授应用科学、养成技术人才为宗旨"。1947年9月，学校"奉省府聘任毕仲翰代电准照备案，并准依据五年制专科课程调整改制"，延续并设立土木工程、机械工程、电机工程三科，招收初中毕业生（详见第五章图5-16）。从办学宗旨、开设专业等方面都凸显了安徽省立工专人的"教育救国""工业救国"精神与报国情怀。

在民国三十七年（1948年）6月6日出版的安徽省立工业专科学校补行成立典礼《校讯（特刊）》中，本校全体教职员的"工业建国"祝词，在社会各界团体与个人的祝词中的显著位置，既表达了学校全体教职员工的理想，也彰显了学校践行的报国使命（图1-14）。

图1-14　安徽省立工业专科学校补行成立典礼《校讯（特刊）》[民国三十七年（1948年）6月6日]

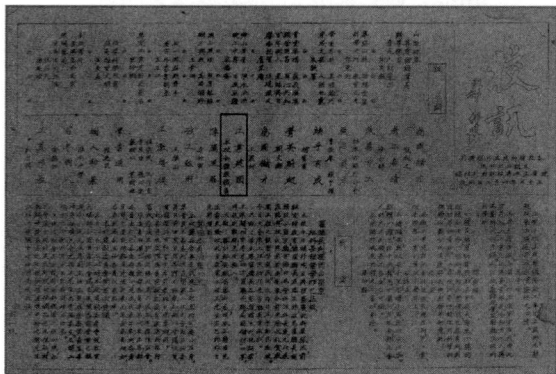

（资料来源：淮南市档案馆）

在典礼举办前后，安徽省政府政要、参与安徽省立工业专科学校筹建人员、相关社会团体、部分教职工也分别致祝词，从中也能让我们后人感受到当初浓浓的"教育救国""工业救国"使命感。部分祝词节选如下：

作育英才——李品仙（时任安徽省政府主席）

为国储材——翟桓（时任安徽省政府委员会委员兼教育厅厅长）

山阪村落 喜看弦诵声高，诱导乐育 会见人才辈出——朱用龢

筚路山林 结构堂皇，科学之门

教育之光——忽东初

　　学重专科 娄明输巧，术成大器 人杰地灵——朱轶群

　　贵堂华构 巍峨淮涘，经营匪易 有心共和，百年树人 果结异日，馨香祝贺 迢迢致之——卢宜庆

　　舜山苍苍 淮水泱泱，皖工永寿 日进无疆——蔡荫乔（教授兼教务主任）

　　洞山建校 广厦鳞鳞，树才兴教 为国储珍——王崇珊（训导主任）

　　从一块石头着手，看百年事业开基——宫玉珩

　　奠定工业建国之基石——樊仲樾（讲师兼生活组主任）

　　倡导科学教育，提高物质文明——黄景孟（总务主任）

　　创造学府 奠宏基于奕业，宏开艺苑 育英士于江淮——林哲夫　等

　　为国储才——殷诚之

　　考工奏绩——徐白铮

　　改善百工——蚌埠市银行公会

　　广庇英才——鲁筱巷　张中权

　　焕乎有成——柯育甫

　　菁英蔚起——刘文潮

　　为国储才——王农村

工业建国——本校全体教职员

蹲厉风发——李仲寅（福利主任兼事务组主任）

考工致用——王维山（讲师兼文书组主任）

工教楷模——程逸民　等

学贵适用——程逸民

树人初基——淮南中学

百年树人——金德仁

工奠邦基——耿世博

　　立院工作正在紧张阶段，工专成立典礼，不能亲往参加，谨遥寄以无限欢快之心情。——马景常（注：后因本次会议性质重要，复于百忙中分身前来参会）

　　工专大厦告茨，各项工作亦次第完成，我由此望见淮上工业化的远景。青年有志知方，人人应为划时代的先锋。我以此数语祝贺并助勉在校的同学们。——陈紫枫

　　一颗最简单的质点，都具有与太阳系一样的组织和使命；一个新兴的工业学校，也应负起创造世界的责任。工专呀！请你用科学的翅膀，以最快的速度，带我们到和平的境地！——佘小宋

　　安徽工业建设的重任，就放在现在研究工业、将来服务工业的贵校同学肩上。——时绍五

　　不积跬步，无以至千里，不积小流，无以成江海。骐骥一跃，不能十步，驽马十

驾，功在不舍。锲而舍之，朽木不折，锲而不舍，金石可镂。本校补行成立典礼之日，当以自勉。——毕仲翰

三、担当——"建校复校"

在"教育救国""工业救国"理想感召下，第一代工大人（工专人）积极开展建校与升格后的筹备工作，在做好安徽省立蚌埠工业职业学校、安徽省立蚌埠高级工业职业学校学生培养工作的前提下，重点在安徽省立工业专科学校筹建、迁校、新校址的改扩建、办学经费筹集、教学设备购置等方面做了大量工作。在安徽省立工业专科学校补行成立典礼《校讯（特刊）》中，特设专载刊登了"本校筹备委员会大事记"专栏，重点将安徽省立工业专科学校筹备期间开展的重点工作与相关工作的推进实施情况做了介绍。从中可以看出，安徽省立工业专科学校筹备分两个阶段。第一阶段（蚌埠时期）自1946年11月至1947年5月22日。第二阶段（洞山时期）自1947年6月3日至1948年6月6日（图1-15）。从中我们感受到老工专人扎实的工作作风，也让我们后人感受到他们的报国情怀与责任担当。

随着解放战争的不断推进，国民党政府趋于垮台，原公立学校逐渐失去经费来源和主管部门的管理。1948年6月，中共中央宣传部发出指示，要求对各地教育机构"采取严格的保护政策"。1948年12月，淮海战役即将取得全面胜利，徐州和皖北一大批城镇陆续解放。当时的淮南国民党地方政府一片混乱，社会局势动荡。鉴于此，学校提前放假，多数师生离开学校，有一部分教职员留在学校保护校产。在这期间，新建校区的大礼堂、教室大楼以及砖瓦窑等处先后遭到破坏，门窗玻璃、电工材料等略有损失。校本部及学生宿舍区因防卫严密，未受损失。直至淮南解放，全部校舍、教具以及图书仪器等设备，均基本保持完好。

图1-15　安徽省立工业专科学校补行成立典礼《校讯（特刊）》的本校筹备委员会大事记[民国三十七年（1948年）6月6日]

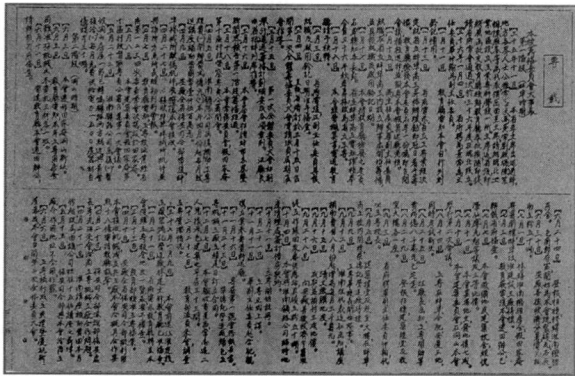

（资料来源：淮南市档案馆）

1949年1月17日午夜，淮南田家庵解放。1月18日，淮南大通、九龙岗相继解放。2月初，经中共中央华东局批准，成立了皖北淮南煤矿特别行政区（4月改称皖北淮南矿区）。2月2日，淮南煤矿特区区长赵凯派特区文教科长陈盛业等同志来校接管。他们持赵凯亲笔写给"安徽省立工业专科学校负责同仁"的公函，请"现有员

工仍希负责照管"，"安心工作，为新民主教育事业而继续努力"（图1-16）。2月11日、28日，淮南煤矿特区政府两次召开全区公、私立专科与中小学原负责人及教职员代表联席会议，布置各校迅速复校上课。学校从合肥请回原教务主任蔡荫乔教授参加了2月28日会议。其间，全体留校教职工拟写了《工专留校教职员对于复校之意见》，第一条中就明确"本校应地方各界之需求，创设于此工业区域，今后为建设民主之新中国着想，实有其特殊之重要性，且成立三学期，成绩彰彰在人耳目，同仁基于爱护本校之热忱，始终留守校内，值此本区顺利解放之后，校产、校舍毫无损失，一致渴望其早日恢复并如期开学"（图1-17）。由此可以感受到老一辈工专人爱校爱教育的家国情怀。

1949年3月初，淮南煤矿特区政府批准蔡荫乔、陈盛业、张智珊、方仲九、叶守肃等15人组成复校委员会。蔡荫乔为主任委员，陈盛业为副主任委员。在复校委员会主持下，积极开展复校工作。3月，学校复校开学，除了召回老生外，还补招49名新生，有土木工程科、机械工程科、电机工程科三个专业11个班。学校仍沿用安徽省立工业专科学校校名。

图1-16 淮南煤矿特区区长赵凯写给安徽省立工业专科学校负责同仁的信件

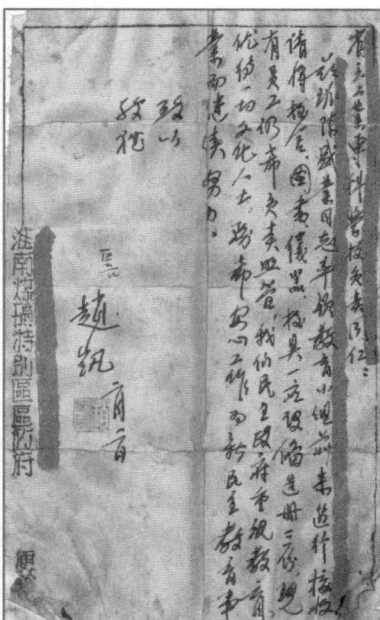

（资料来源：合肥工业大学档案馆 档号：1949-Y-DZ-0001·001）

图1-17 工专留校教职员对于复校之意见

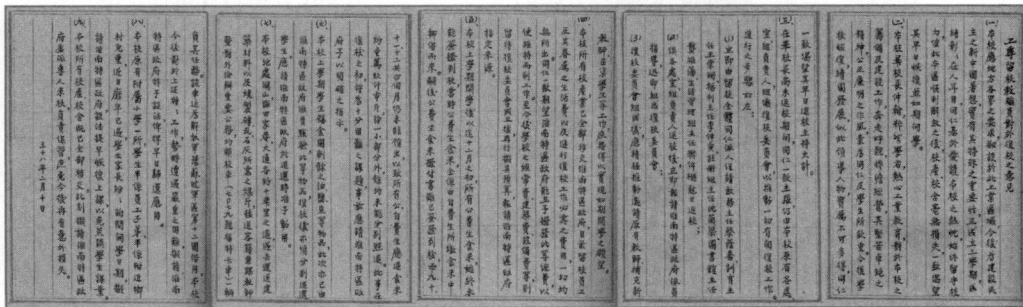

（资料来源：合肥工业大学档案馆 档号1949-Y-DZ-0001·013）

　　复校工作伊始，学校着手清点原有校产，还积极开展教师招聘与延聘工作。至7月，教职员除原留校和应邀返校的共27人外，又新聘了11人，总共38人。工人留校、返校的共29人，新雇用16人，合计45人（包括校警20人）。

　　1949年9月，复校委员会改为校务委员会，并调整了部分人选，仍以蔡荫乔①为校务委员会主任委员兼教务主任，陈盛业为副主任委员。委员有党士英（土木工程科主任、教授）、钟兴锐（机械工程科主任、教授）、娄之常（电机工程科主任、教授）、钟礼恒（电机工程科、教授）等9人。校务委员会领导学校全盘工作，遵照"以提高人民文化水平，培养国家建设人才，肃清封建的、买办的、法西斯主义的思想，发展为人民服务的思想为主要任务"的工作方针，按照"维持与整理"的工作思路，在教学上取消了国民党党义、公民等课程，有重点地设置和加强了有利于生产建设的课程。取消了原国民党政府时期的训育处和军训教官的设置，保留了教务处、总务处等行政组织机构（图1-18）。安徽省立工业专科学校在党的领导下，积极投身于新中国的建设中。

图1-18　1949年安徽省立工业专科学校行政组织机构图

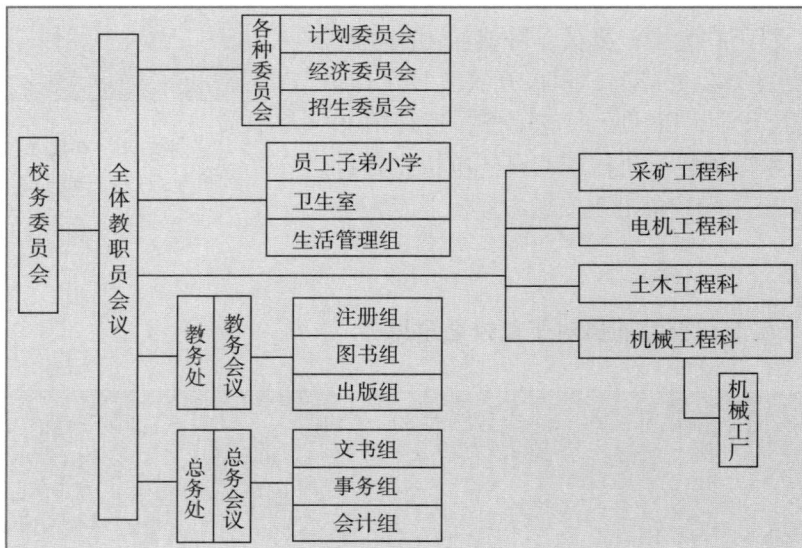

（资料来源：合肥工业大学校史（1945—2005））

---

　　① 蔡荫乔，安徽合肥人，河北工学院毕业，曾任安徽省督学，国立中央工专副教授，安徽省立蚌埠高级工业职业学校教务主任及安徽省立工业专科学校校务委员会主任委员兼教务主任等职。

第三节 "工业救国"践行中安徽工专的办学

引言：安徽省立工业专科学校的办学过程虽历经艰难，但工专人秉承着"工业救国"理想，以"重工业之基础切合当前实际需要"为嚆矢，科学谋划系科专业设置，扩大招生数量，规划课程设置，加强师资队伍建设与管理，短时期内取得了良好发展成绩，也彰显了第一代工大人"工业报国"的精神与责任担当。

一、学制与系科设置

安徽省立工业专科学校在安徽省立蚌埠高级工业职业学校基础上升格办学，虽为当时安徽省唯一的工业高等学府，但因学校为新办，基础相对薄弱，实习实验设备一时难以完善，"而两年制专科修业期限甚短，苟于入学后，不能立时获致充分之实习机会，势将有误其学业而莫由补救"。于是1947年3月筹委会决定并报安徽省政府教育厅备案同意，决定先办五年制专科，招收初中毕业生入学，"施以五年一贯之训练"，边办学，边添置设备，以后等设备充实后视需要和财力再续办两年制专科招收高中毕业生入学。详情见第五章图5-16。

专业设置方面，原省立蚌埠高级工业职业学校所设机械工程、土木工程、电机工程三科"均为重工业之基础，切合当前实际需要"。故此，安徽省立工业专科学校初期仍设机械工程、土木工程、电机工程三科，"一候财力充裕自可陆续增设其他科别"。详情见第五章图5-16。

二、招生与课程设置

学校重视招生工作开展，印发了招生简章，有专门入学试卷（图1-19）。学校原计划各科一律双轨设班，但1947年秋只被批准招收机械工程、土木工程、电机工程三科每科1个班新生。后由于在蚌埠、合肥、安庆三地招生，报考人数达千人，于是增招1个义务班60人（教育厅不发这个班的人头费）。1947年10月11日学生进校注册，10月21日上课。加上原蚌埠高级工业职业学校的班级与学生，此时学校共有13个班，在校学生476人（图1-20、图1-21）。

图1-19 安徽省立工业专科学校民国三十七年（1948年）招生简章与招生试卷

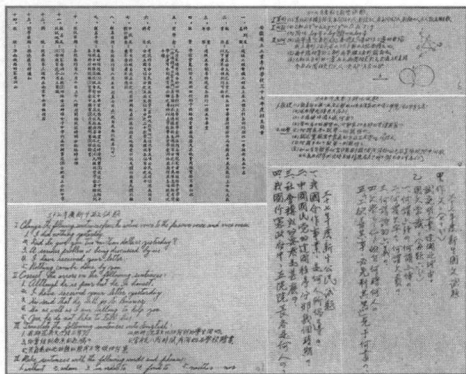

（资料来源：淮南市档案馆）

图 1-20 安徽省立工业专科学校民国三十七年（1948年）第一学期班级与学生情况简表

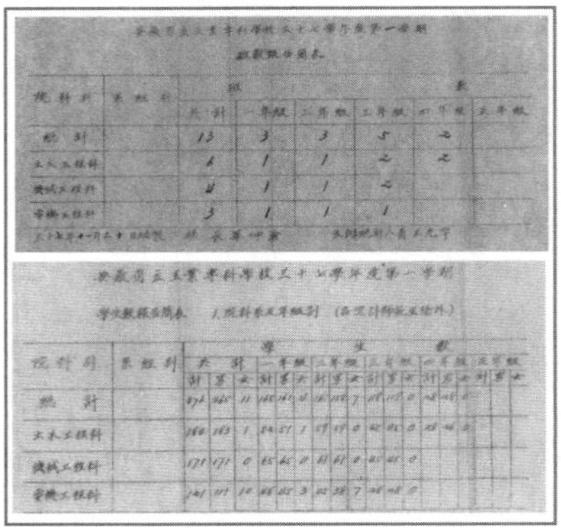

（资料来源：合肥工业大学档案馆
档号：1948–Y–JX–0001·001）

图 1-21 安徽省立工业专科学校民国三十七年（1948年）录取新生名单

（资料来源：合肥工业大学档案馆
档号：1948–Y–JX–0001·001）

图 1-22 安徽省立工业专科学校学生成绩表

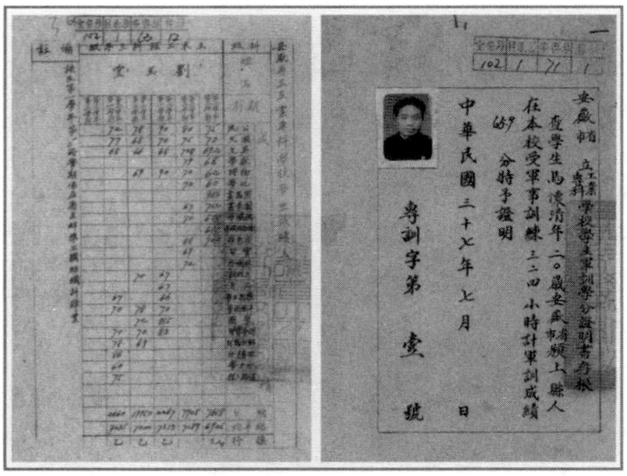

（资料来源：合肥工业大学档案馆
档号：1948–Y–JX–0001·002）

课程设置方面文理兼顾。如1947年土木工程科所设课程科目有：公民、国文、英文、解析几何、微积分、应用力学、水力学、道路工程、平面测量、大代数、物理、化学、制图、平面几何、三角和测量实习等。另还专门设有劳动、体育、操行等训导课程（参见图1-22学生成绩表）。

三、师资队伍情况

优良的师资是办好学校的重要基础。1947年9月3日，省教育厅转发省政府聘书，聘毕仲翰为安徽省立工业专科学校校长。学校一面续聘一部分原有教师，一面从省内、省外（主要是京沪等地）增聘新教师，其中新增教授、副教授8人，讲师5人，教员、助教5人。1947年，学校共有教职工70余人（图1-23、图1-24）。为规范师资管理，学校还专门制定了《安徽省立工业专科学校教职员服务规约》（图1-25）。

图1-23 1947年安徽省立工业专科学校聘书

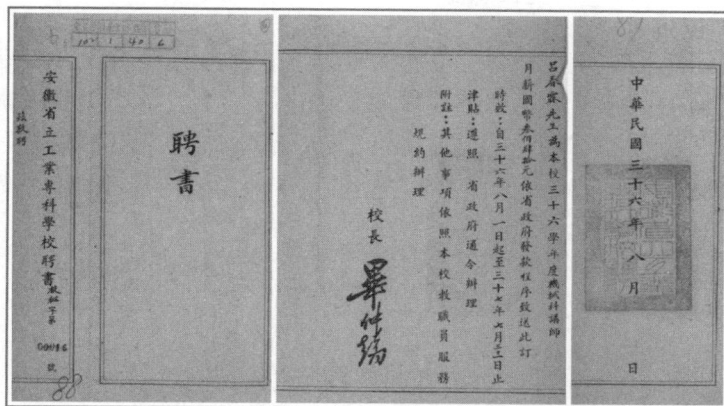

（资料来源：淮南市档案馆）

图1-24 1947年安徽省立工业专科学校教职工人数统计表

人数　　类别 科别	教授	副教授	讲师	助教	其他特聘教员	兼职教员	行政职员
土木工程科	1	4	2			3	
机械工程科	1		1			2	
电机工程科	1					1	
各科公用	7	8	6	3	3	7	
合计	10	12	9	3	3	13	22

（资料来源：合肥工业大学档案馆　档号：1947-Y-DZ-0001·002）

图1-25 《安徽省立工业专科学校教职员服务规约》

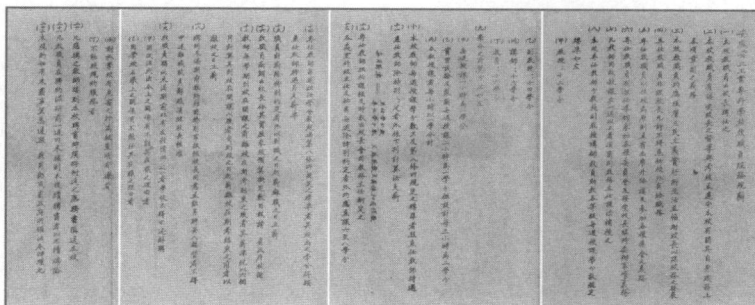

（资料来源：合肥工业大学档案馆　档号：1946-Y-DZ-0001·003）

四、学校筹建一年来重点工作总结

安徽省立工业专科学校自1947年获批筹建以来，第一代工大人（工专人）克服各种困难，经过一年努力，就教务、总务等方面工作进行了总结。从中可以体会到建校之不易、办学之艰难、做事之严谨，也是老一辈工大人（工专人）"教育救国""工业报国"情怀的体现，对于现今新时代高等教育中大学生的培养及学校的管理与发展等具有一定的借鉴意义（图1-26）。

图1-26附文：

一年来教务概况

【概述】本校系就省立蚌埠高级工业职业学校升格成立。三十六年（1947年）一月间，奉教育厅令如，自三十六年秋季起改为工专，当时即遵照厅令，将高工原有各科之教学，依据五年制专科课程支配办法先行调整，以应改制后之需要。同年八月正式升格成立，即以高工原有之土木科二年级及一年级学生各两班、机械科一年级学生两班、电机科一年级学生一班，分别改升为工专土木工程科三年级及二年级各两班、机械工程科二年级两班、电机工程科二年级一班，并招收土木工程、机械工程、电机工程三科一年级新生各一班，共计十班，均为五年制专科学生。当时并因三班新生正式名额仅一百五十名，为数有限，报考人数则达千名以上，为宏造就起见，特增设一年级义务班一班，预定一年以后，分别编入土木、机械、电机三科正式班次之内。

【课程方面】各科一年级，均注重数学、物理、化学、英文、制图等基本学科之训练，尤以数学为学习工程者之最主要课程，特别予以注重。二年级以后，就土木、机械、电机各科所需，逐渐加重各专门课程之教学，以迄毕业，冀能养成实用的专门技术人才。

图1-26 安徽省立工业专科学校补行成立典礼《校讯（特刊）》（本校筹备委员会一年来分块工作介绍）

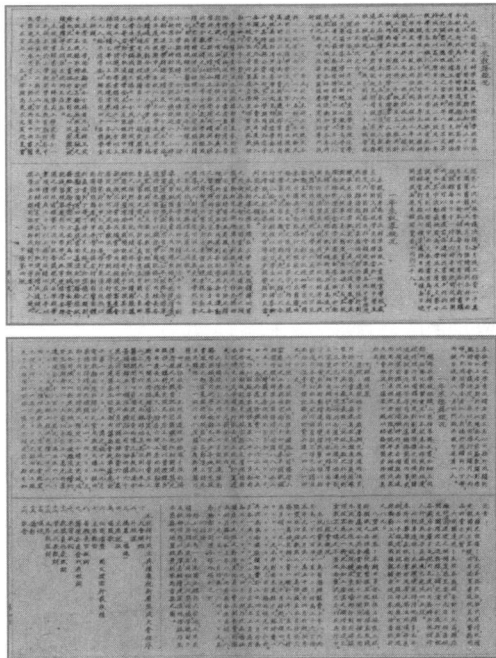

（资料来源：淮南市档案馆）

【三十六年度在校学生】计土木科三年级及各科二年级旧生共二百二十人，各科一年级新生连同留级及复学学生，共二百十一人。旧生院系高工时期招收，全为公费。新生遵照部章则系自费，但为奖助清寒优秀学生起见，特设奖学金三十名，其待遇与公费生同。第二学期后增加奖学金额十名。此外原在高工取得公费本年度编入一年级学生及青年军复员学生、保育生、抗战功勋子女，均给予公费，计二十九人。

【学业成绩考查办法】本校依据部章并参酌实际情形，一向严格施行，计分日常考查、月考及学期考试三项，每项成绩各占三分之一，合计为各学科之学期成绩，结合各学科学期成绩与各该科学分数之积之和，除以学分总数，为学期总成绩。凡因事请假者，每缺课十小时，扣学期总成绩一分；因病请假经校医证明确实者，每缺课三十小时，扣学期总成绩一分；无故旷课者，每一小时作缺席三小时计算，一学期中旷课逾二十小时者，饬令退学。学期总成绩不及六十分者，不及格。本年度寒假期中，二年级以上各班学生，因学业成绩过劣而饬令退学者十人；学业成绩不及格而令其补考后留校试读十七人。凡领受奖学金学生，学业总成绩不满七十分或操行成绩不及乙等者，即予取消奖学金，本年度寒假期中取消者二人，同时选拔学业总成绩七十八分以上操行成绩乙等以上而家境清寒之一年级学生十九人，给予奖学金，以补足原定四十名奖学金之缺额。

【招生纪律】至学生入学，除教厅明令分发者外，非经正式考试由本校录取榜示者，其概无丝毫通融之余地，此也本校一贯恪守之原则也，以故"旁听""试读""借读"等名词，在本校均不存在。

【图书及其阅览】本校图书馆书籍，原由蚌埠高工移交者约一千本，嗣本校于上学期开学后奉教育厅颁发中学生文库第二、第三两期共二百九十六本，又先后购进各科参考书七十余本，现共有中西文书籍一千三百七十八本。本学期为更求充实起见，曾经第二次校务会议决议，每月提出经费一千万元购买书籍，四、五两月份已陆续购到各科中西参考书七十余本，嗣后每月均可有若干新书购进。该馆每日下午一时至六时半开放，开放时间内，员生可以借书、选书，每周借出书籍，平均约三百本，其中流动最快者，为中学生文库及文艺小说等。教员则以借阅中西文参考书者为多。馆中并经常订有杂志七种，京、沪、蚌日报五种，每日晚间开放。每周来馆阅览者平均二千人。

一年来训导概况

【概述】本校前身为省立蚌埠高级工业职业学校，截至本学期止，在校学生固犹相当于一般中学生程度，而自困难发生，社会顿起激荡，各地中等学校或则流离播越，或则萎靡偏枯，对于学生性行训练，率未能遵循常轨，忠于一是，已故复员后，学生对于做人做事之基本态度，熏陶每嫌不足。本校感念时弊，体察当前学生需要。训导方面，凡所施为，总求切于实际，绝不敢步越新异，浮慕高远，乃潮流所被，……本校一年以来，则大部分训练，如学生必须参加升旗与劳动服务以及服装之力求整齐，内务之逐日检查，自习之随时点名等等，仍均未脱中学窠臼。流播之越，几所难免。是非之辩，亦只合付诸公论。今后稍稍假以时日，学生年级修养渐次增进，本校训导方式，因得逐步蜕变，期于至当，则固吾人之愿也。

【训导目标】本校训导之总目标，在求学生智、德、体、群四育之均衡发展。智的方面，重在使之具备科学之头脑，实验、研究之兴趣与创造、生产之能力；德的方面，重在培育其正义感、自治力与守法之精神；体的方面，重在养成其刻苦耐劳及每日运动之习惯；群的方面，重在训练其组织之能力及合作之精神。至于实施方法，团体训练，重视自动之诱导；个人训练，重视个性之差异；更使学校社会化、家庭化，以期发挥高度之成效。

【学生操行考查】本校考查学生操行成绩之办法，平日系由训导处、军训团各负责人及授课教师，就"纪律""礼仪""整洁""康乐""勤劳""俭约""忠勇""仁爱""公平""服务"等标准，随时随地密切予以观察。学期既终，则由校长，各处室、组、科主任及军训教官，组织操行审查会审查之。审查之前，先由训导处召集各有关人员所记之操行成绩，由此成绩，求得平均成绩，再根据缺席统计、整洁检查、奖惩记录等，酌予加减其分数，然后求得实得成绩。实得成绩经提交审查会审定后，即可决定各该生一学期之操行等第。操行等第，计分甲、乙、丙、丁四等。学行兼优并能热心为团体服务者，列甲等；学行俱劣，行动影响团体利益者，列丁等。丁等生不及格。至于奖惩之类别，奖励方面，有口头嘉奖、书面嘉奖、记功发给奖状、发给实物等；惩戒方面，则为口头训诫、书面警告、记过、留校察看、饬令退学等。此外享受奖学金待遇之学生，前经第六次行政会议规定，每学期学业成绩必在七十分以上，操行成绩必在乙等以上，方准继续享受，否则即予取消。新增或进补之奖学金名额，则非操行成绩列甲等者，不入选。又各班学生学业成绩在前三名以内，操行成绩列乙等以上者，每学期均予以现金之奖励，数额则系临时由会议决定。一年以来，因操行成绩列入丙等，而取消奖学金者二人；因操行成绩列入丁等，而被斥退者二人；另因斗殴而被斥退者一人。

一年来总务概况

【概况】总务在学校组织上，包括事务、文书、出纳三个部门，任务比较繁重，尤以本校奉令移设新址，迁校、修理，乃至价购地皮、计划建筑、扩充设备、开阔道途、从事造林等等，均属总务范围内事，更以预算所限，捉襟见肘，竭蹶时形，其去预期尚远而有待于将来补救者何限！……

【办理情况】

迁校：迁校始于去岁暑期，先后达两个月，乃将文卷、图书及必要教具、校具搬运清楚，损坏散失，自不无少数。其最后一批机工厂之机件，则于本年元月二日开始拆卸，历时两周，方始运到。至笨重之烟囱、锅炉，尚留以有待，托由蚌埠市中学代为保管，刻在计划续运或变价改制中。惟以巨额迁力各费，初非本校所能负担，不得已函请淮南路局准予半价记账，而所费仍达148149640元。

修理：本校新址，系淮南铁路公司拔借小窑废址之工房与住宅，都九十四间，泰半颓败，经招标修理，由蚌埠江淮得标，计价额88622750元，续议草房改换瓦面，另加14000000元，合共应交修理费102622750元，乃以该厂草率迟误，直至上半年十一月初旬方告完竣，嗣后该厂未待签字验收及清理借用本校砖、瓦、石灰等项即行散去。据本校统计，实际交37300890元，罚金尚不在内。

价购校地：本校于上年七月就毗邻淮南拔借区域，凭同倪荣仙、姚绍九、姚少亭、姚策先、段书琴、廖元翘、宫慕韩、陆维城、柴伯昂、郑汉三诸先生共购地——一亩六分八厘，购妥后，新建筑乃获施工。

建筑校舍：本校在迁校伊始，感于淮南拔借房屋之整，曾就住宅区矿地作初期建筑，先后招工购材，计完成瓦平房三三间以资授课。另由自雇长工搭盖大小厨房六间、工房两间、驻军厨房一间及修路补墙等，实支用工料等费332297607元，而雏形初具。其次则以奉令筹备期间曾由省拔建筑费两亿元，善后救济分署拔面粉五十吨，淮南铁路公司资助两亿六千万元（内有上年四至七月份讲座补助费六千万元），资为建筑基本经费，嗣由筹委会从事募集，计共募240000050万元。旋于上年九月电准教厅再度招标，计礼堂及教师大楼工程，由柴德记得标，两共标额731040000元，即于同月下旬同时兴工，预定七十晴天完竣，成立合同。继又以新建机械工厂与该厂成立续约，计包额面粉四百二十大袋，以每袋五十八万元折算，连同现金八千八百二十万元，合为331800000元。统计三部工程，共包价1062840000元，惟以延期过久，仅完成礼堂、教室，已超支418656400元之巨，而机工厂未了工程，预计当非一亿元不办。建筑之难，有如此者！

扩充设备：本校升格改组，班次复增，故扩充设备刻不容缓，所有添置普通校具及医药用品，所费也不赀。

开阔道途：本校各处校舍计分三区，虽距离非遥，而道途之开阔实感至要，因此在三个区域间先阔环校交通干线，上铺炭渣以利通行，并就各处房舍芦下及院内孔道，利用废砖石块铺修人行道或焦子灰路，现已完成四五段。

从事造林：本校环境荒僻，隙地颇多，本年春计由寿县森林施业所及省主席第五林场移来树苗两千株，连同本校本部分植洋槐数百株，在造林轮廓上，大致栽植就绪，幸迭沾春雨，活者约十之八九。

整理校舍：本期由事务组招工掊制土坯，将颓败之西垣墙重新整理，并就该墙搭盖教职员眷属及公共食堂厨室计十七间，除待铺瓦面外，泥粉工作大致就绪。至东垣墙部分则用砖镇顶，校容为之一新。此外如工房区之铺修甬道，礼堂、教室大楼之平垫地面，敷泥焦灰，均在进行中。

【经费概况】

本校经费来源，一为省拔经临费，上年八、九两月为一千六百倍，十至十二月份为三千六百倍，本年元至三月为八万五千倍，自四月份起，按月调整，生活指数为二十四万倍，截至本月份，尚欠发十四万倍。其办公费一项，计上年八月至九月份为月领1980000元，十月份起，月领4800000元，本年则尚未奉核示。又临时非170000000元，已由前拨两亿元内扣去。其次为淮南讲座补助费，计上年四至七月份为月各15000000元，八月至本年三月为月各30000000元，四月份起，乃改为担任讲座十五位之薪津。其他若公费生副食费，则按五个月发给，计上年八九两月为每生月领28000元，十至十二月份，为124000元，其结余部分，则遵合移作福利之用。

【结论】综上所述，为一年来关于总务之经过，今后在积极上齐头并进，在消极上救弊补偏，胥视财力及经办情形以为准，若继续建筑、造林、修路乃至平垫废地、布置校景，则率为首要之图。

（备注：上文中的货币为国民党统治时期的"法币"。）

第二章 "工业建国"背景下
服务于煤炭机电行业的实践

（1949—1976年）

编者按：随着1949年年初淮南的解放，安徽省立工业专科学校回到人民的怀抱。在中央和安徽省的领导与支持下，学校积极投身于新中国的建设。在此阶段，学校经历了建设、发展与壮大的发展历程，曾几易校名，主管部门也曾几次调整，办学地址从安徽淮南迁至合肥；曾有过相关专业调整与院校分合，也曾经历过风雨反复。学校从一所旧社会的工业专科学校，发展为新中国的煤炭专科学校、本科矿业学院，由原先的单科性矿业学院逐步发展成为一所以工为主的工业大学，进而发展成为全国重点高校。在此阶段中，学校积极围绕国家、地方与行业建设发展需要，完成了学校发展历史上的重大转变，不断践行着"工业建国"的理想与抱负。

第一节 新中国成立初期服务于煤炭工业建设的任务与使命

引言：随着新中国的建立，学校在党和各级政府的领导下，服从服务于国家与地方建设发展需要，积极投身于国家经济建设与工业化发展，特别是围绕煤炭工业建设的需要，相继开设了采煤等相关专业，大力培养当时煤炭工业急需的技术人才，践行着"工业建国"的使命。

一、党的工作重心转移与任务确立

在中国人民解放战争即将取得全国胜利的前夕，1949年3月5日至13日，在河北省平山县西柏坡举行了中国共产党七届二中全会（图2-1），毛泽东在这次会议上所作的报告，提出了促进革命迅速取得全国胜利和组织这个胜利的各项方针；说明了在全

图2-1 中国共产党七届二中全会会场

（资料来源：共产党员网）

国胜利的局面下，党的工作重心必须由乡村移到城市，城市工作必须以生产建设为中心；规定了党在全国胜利以后，在政治、经济、外交方面应当采取的基本政策，特别着重地分析了当时中国经济各种成分的状况和党所必须采取的正确政策，指出了中国由农业国转变为工业国、由新民主主义社会转变为社会主义社会的发展方向①。

新中国成立后，为了把我国从一个落后的农业国建设成为一个先进的工业国，党和政府积极着手进行社会主义工业化建设。我国工业化从何入手？党中央和毛泽东主席通过对苏联和资本主义国家发展工业化的道路进行比较，特别是对我国当时的经济、政治以及所处的国际环境诸多方面因素的反复权衡和深入讨论之后，决定把优先发展重工业作为我国工业化的发展战略，于1953年开始执行国民经济发展第一个五年计划，开始了新中国的工业化进程。

二、新中国成立前后我国煤炭工业简况

新中国的工业化建设，缺少不了能源的支撑，而煤炭被誉为工业的粮食。在我国当时贫油、少气、富煤，能源禀赋失衡的条件下，煤炭产业在很长一个时期内成为我国能源供应的支柱产业，其发展在很大程度上决定了国家工业整体实力的进步②。

我国是世界上煤炭资源储量丰富与开发利用较早的国家之一。但由于外资入侵、帝国主义掠夺，再加上官僚资本的腐败，旧中国煤炭工业发展缓慢，新中国成立初期全国煤炭年产量只有3000多万吨，连国内基本用煤都不能完全满足。新中国成立以后，经过三年的国民经济恢复工作，到第一个五年计划前的1952年，我国的煤炭年产量也才达到6600万吨。加强对煤炭等资源的开采与利用，已成为新中国成立后一个时期内工业发展的重要任务。

---

① 《毛泽东选集》第四卷，人民出版社1991年版，第1424—1425页。

② 中华人民共和国中央人民政府网站于2009年8月14日刊发的《经典中国·辉煌60年：煤炭工人见证煤炭产业变迁》（http://www.gov.cn/jrzg/2009-08/14/content_1392364.htm）。

三、工业化建设中的煤炭专业人才培养

新中国成立后，国家教育事业百废待兴。党和国家工作重心以恢复经济和发展生产为主，迫切需要建设人才，特别是工业建设人才。发展高等教育，建立工科专业门类较齐全的高等教育体系，培养适应经济建设和社会发展需要的新人，成为十分重要的任务。

而我校也正是在这一时期顺应新中国工业化建设需要，贯彻落实国家与地方煤炭工业发展方针，重点做好煤炭工业人才的培养与科学研究工作，积极为国家与地方的经济建设与发展服务，践行"工业建国"的使命。

图2-2　1949年—1950年招收的专业与人数统计（部分）

（资料来源：合肥工业大学档案馆　档号：1960-Y-DZ-0029·001）

1950年1月，学校改归华东军政委员会工业部领导，校名改为"淮南工业专门学校"。学校在原有土木、机械、电机三科基础上，增设了采煤科；将原招收初中毕业生进校学习的5年学制，改为招收高中毕业生进校学习的3年学制。与此同时，学校将原在校的三、四年级学生相应改成3年制专科一、二年级学生，并设置了预科，将原在校的一、二年级学生分别改成预科一、二年级学生，预科学习满2年毕业后升入3年制专科一年级（图2-2、图2-3、图2-4）。

图2-3　1950年学生成绩单（部分）

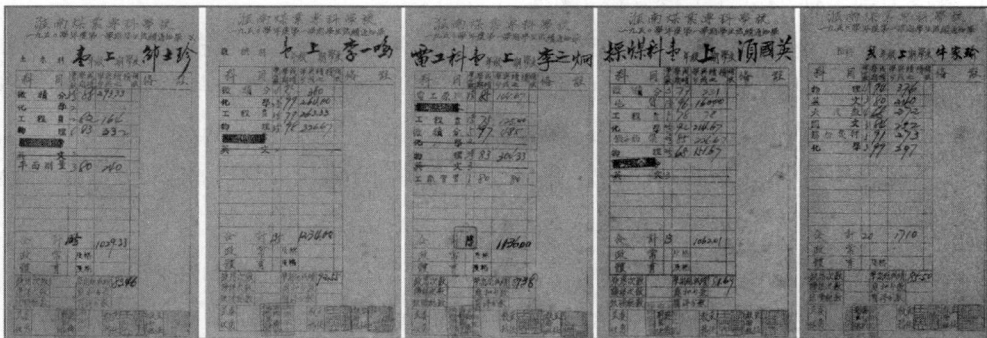

（资料来源：合肥工业大学档案馆　档号：1950-Y-JX-0001·001）

图2-4　1950年学校教职工名单（部分）

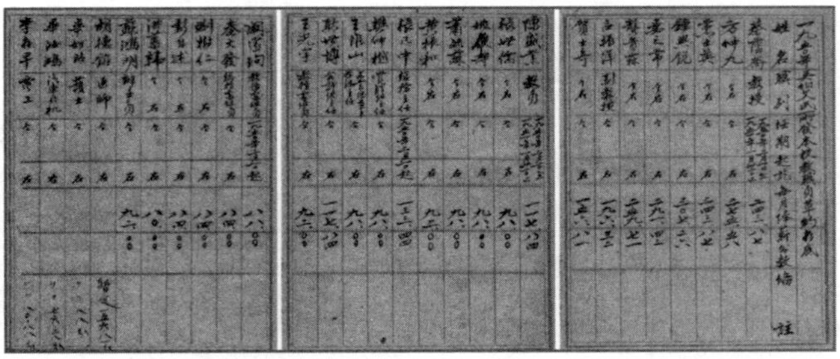

（资料来源：合肥工业大学档案馆　档号：1950-Y-DZ-0002.002）

第二节　为国家培养煤炭工业专门技术人才的责任与担当

引言：新中国成立以后，各项经济建设都急需专门人才，尤其是工业建设人才。此阶段，学校校名多次变化，主管部门也有所调整，但学校坚定遵照国家建设的总体安排，立足于煤炭工业建设需要，设置煤炭相关专业，培养专门人才，在"工业建国"的道路上做出了积极贡献。

一、淮南煤矿工业专科学校时期的发展与专业建设

1. 新中国成立后学校的几次更名与发展

1949年1月，淮南解放后，安徽省立工业专科学校由淮南煤矿特区政府接管，积极开展复校工作，学校整体处于维持与整理状态。1950年1月，学校改归华东军政委员会教育部领导，校名改称"淮南工业专门学校"（图2-5），原安徽省立工业专科学校校务委员会改组为"淮南工业专门学校临时校务委员会"，由淮南矿务公司经理吴伯文兼主任委员，蔡荫乔教授为副主任委员（主持学校工作）。

为发展煤炭工业，为国家与地方培养和储备煤炭技术人才，1950年6月，学校奉命改归中央人民政府燃料工业部煤矿管理总局和华东军政委员会教育部双重领导，学校临时校务委员会进行改组，新聘土木工程科教授朱皆平[①]为副主任委员（主持学校工作）（图2-6）。1950年10月，学校改名为"淮南工业专科学校"。12月，改名为"淮南煤业专科学校"（图2-7）。

---

① 朱皆平（1898—1964），字冒回，原名朱泰信，安徽全椒人，1916年考入交通部部立唐山工业专门学校预科，1924年获卫生工程系学士学位；先后在英国伦敦大学、法国巴黎大学和巴斯德学院留学，1930年回国；1942年任国民党中央工作竞赛委员、专家委员兼主任秘书，与茅以升、竺可桢、李四光等人同被聘任为中央训练团高级班专家讲师；新中国成立后任中央燃料工业部煤矿总局特级工程师、教授和给水排水实验室主任，先后担任淮南工业专门学校、淮南工业专科学校和淮南煤矿工业专科学校的校务委员会副主任委员。

图2-5 关于安徽省立工业专科学校更名为"淮南工业专门学校"后启用新印的请示与批复

(资料来源:合肥工业大学档案馆 档号:1950-Y-DZ-0001·007)

图2-6 "淮南工业专门学校"临时校务委员会改组与改归中央人民政府燃料工业部煤矿管理总局和华东军政委员会教育部双重领导的批复

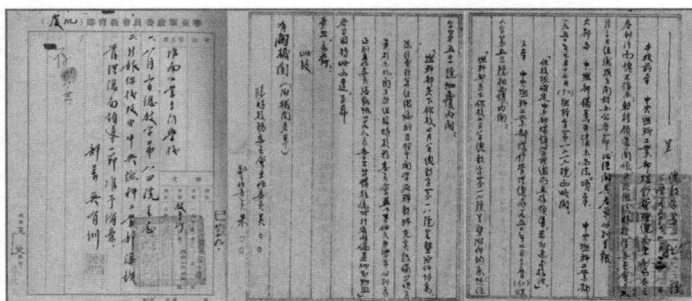

(资料来源:合肥工业大学档案馆 档号:1950-Y-DZ-0001·007)

图2-7 中央人民政府燃料工业部煤矿管理总局关于"淮南工业专科学校"更名为"淮南煤业专科学校"启用新印的函

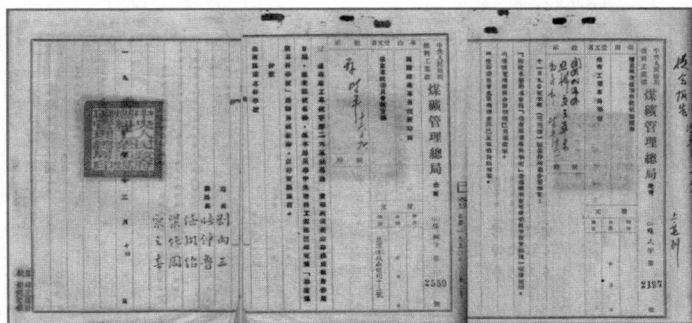

(资料来源:合肥工业大学档案馆 档号:1950-Y-DZ-0001·014)

1951年3月13日，学校改名为"中国煤矿工业专科学校"（图2-8）。1951年5月，华东军政委员会教育部通知：中央教育部4月17日"高一字第355号"批复，校名改为"淮南煤矿工业专科学校"（图2-9）。1951年10月，中央燃料工业部煤矿管理总局任命并报中央教育部核准，淮南矿务局第二副局长王际岩暂代淮南煤矿工业专科学校校长。学校实行校长负责制，原先设立的校务委员会撤销，重新组织校务委员会，协助校长推进校务工作。1951年5月，学校成立党支部。1952年4月，原党支部分设为两个党支部，7月成立党总支。1953年1月2日，中央教育部任命王际岩为淮南煤矿工业专科学校校长，1953年2月，淮南市委通知，经中共安徽省委批准成立淮南煤矿工业专科学校党委会，王际岩为书记，程西海为副书记（图2-10）。

图2-9　华东军政委员会教育部关于学校更名为"淮南煤矿工业专科学校"的公函（1951年5月）

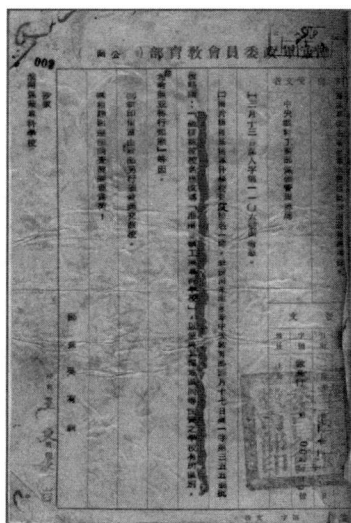

（资料来源：合肥工业大学档案馆
　　　档号：1951-Y-DZ-0004·002）

图2-8　中央人民政府燃料工业部煤矿管理总局关于学校更名为"中国煤矿工业专科学校"的公函（1951年3月）

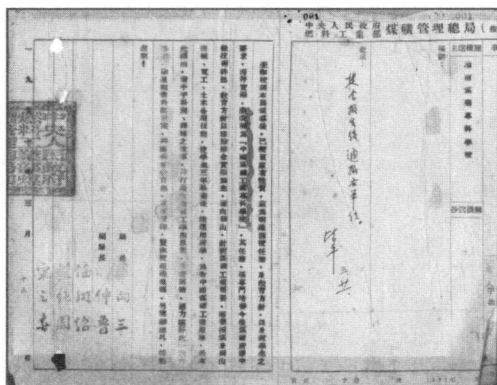

（资料来源：合肥工业大学档案馆
　　　档号：1951-Y-DZ-0004·001）

图2-10　淮南煤矿工业专科学校党委成立批文

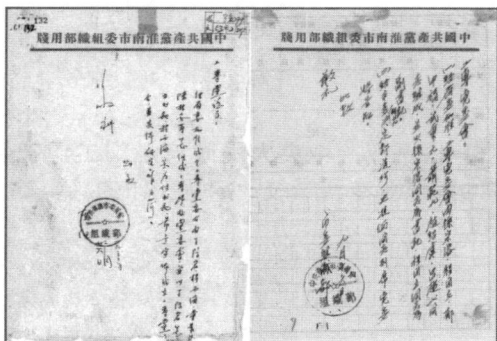

（资料来源：合肥工业大学档案馆
　　　档号：1953-Y-DZ-0001·038、
　　　　　　1953-Y-DZ-0001·043）

2. 20世纪50年代早期的专业建设与调整等工作

新中国成立初期，国家稳定经济形势、恢复生产的任务十分艰巨。为满足矿山生产和基本建设对各类技术人才的迫切需要，中央燃料工业部煤矿管理总局对学校培养技术人才的工作不断提出新要求，下达新任务，并从财力、物力、人力等方面给予支持。特别是在1951年至1953年年初，学校经历了一个快速发展时期。

1951年5月，学校奉中央燃料工业部煤矿管理总局指示，扩大招生，并增设了地质科。1951年暑假，学校招进专科新生254人、预科新生224人，使在校专科学生达436人、预科学生达339人，学生总人数为775人，比1950年增加了75.7%。

1951年11月，中央教育部召开全国工学院院长会议，拟订了全国工学院院系调整方案，揭开了1952年全国院系大调整的序幕。鉴于苏联高等教育模式在快速推动工业化方面的有效性，新中国的高等教育建设也借鉴了苏联高等教育的"专才模式"，进行了大学及学院的人才培养体系的体制改革。此外，我国高等教育还进行专业调整和布局调整。1953年年初，高等教育部牵头研究专业设置，工科则从1952年起，参照苏联高等工业学校的专业目录，按地质、动力、冶金、机械、电机和电气仪器、土木建筑工程、运输、通信、军工等15大类别，设置了102种专业。工程教学大多采用苏联教材，及时地解决了我国教学改革后高等学校上课的迫切需要。高校通过教研组，普遍实行生产实习、毕业论文等教学环节，解决了工科理论联系实际的问题。

1952年6月，按照煤矿管理总局指示，学校实行了学制和专业科组设置的变更，将原招收高中毕业生进校学习3年毕业，缩短为2年毕业。为适应煤炭工业生产对各种专业技术人才的需要，学校共设立煤田地质、测量、井巷工程、采煤、洗选（煤）、矿山机械和机电7个专业，分别隶属地质、土木、采煤和机电4科，并从原有的老生中选调1个班学生来专门学习矿建专业，1953年冬季毕业，这是全国第一届矿建专业毕业生。1952年暑假，学校即按照新设置的专业和新学制招生；对二年级以上各专业老生，也作了相应调整，多数缩短了半年学习时间，改为两年半毕业，个别相近专业班级做了合并；学习苏联高校6小时一贯制作息制度，规定每天上午连上6节课再吃午饭，下午和晚上全为自学时间，实行每周36学时课堂教学制。学校组织部分教师到天津、唐山等地兄弟院校参观学习，搜集教改资料；安排了7个专业的课程设置和总的教学计划，并在校内一次成立了18个课程教学研究组（室），进行集体研究教学方法与教材内容的活动。1952年暑假预科新生停招，一次招进专科学生611人，在校学生总人数达968人。除此之外，1952年下半年学校又办了速成中学两个班约100人、短期地质钻探干部训练班等395人（图2-11、图2-12）。

1952年秋季，中央教育部按照"以培养工业专门人才和师资为重点，发展专门学校，整顿和加强综合大学"的方针进行统一部署，对全国高等学校进行了大规模、有计划的院系调整。1953年，中央人民政府高等教育部华东高等教育管理局签发《关于1953年华东

图 2-11　1952 年专业设置与招生情况

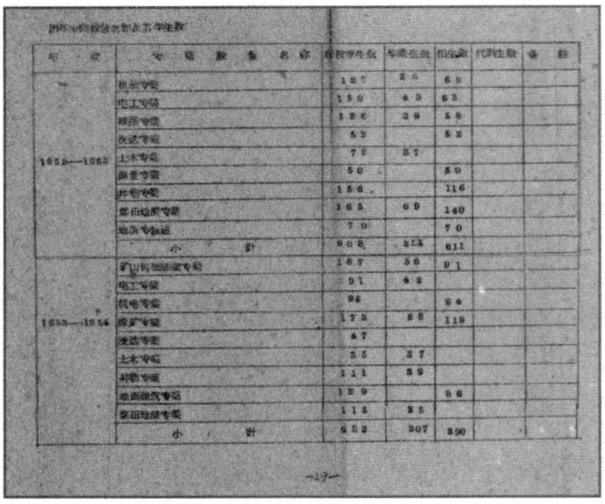

（资料来源：合肥工业大学档案馆
档号：1960-Y-DZ-0029·001）

区高等工业学校专业调整的指示》（高教字第753 号），对淮南煤矿工业专科学校的专业进行了调整：矿山地面建筑及洗选（煤）2 个专修科停止招生，原有学生继续学习至毕业；煤田地质和勘探专修科暂停招生，原有学生继续学习至毕业；井巷工程专业暂停招生。到 1953 年 3 月，当时学校在校各类学生人数达到 1400 余人。与此同时，学校还积极创造办学条件，加大基本建设力度，招聘扩充师资队伍，添置图书资料以及实验设备，健全学校组织机构等。

经过了三年的恢复和发展，新中国的国民经济结构发生了深刻的变化。1953 年，党中央决定开始实行发展国民经济的第一个五年计划，计划的主体是国家的工业化。1954年 2 月，中共中央七届四中全会正式批准党在过渡时期的"一化三改造""一体两翼"的总路线。国家工业化建设高潮的到来，给学校的发展带来了前所未有的机遇。

1953 年 4 月，中共安徽省委派孙宗溶①来校主持工作。教育部"学人字第 103 号"文件任命孙宗溶为淮南煤矿工业专科学校校长。1953 年 9 月 16 日，中共安徽省委批准由孙宗溶、程自立、吕超、郁中福、武秉元、肖范九、赵绍虞组成淮南煤矿工业专科学校党委会，孙宗溶为党委书记，程自立为副书记。随后淮南市委又先后增调许道珍等 4 人列席党委会。此间，学校迅速恢复了党、团、行政组织机构。1953 年上半年，学校重新组建了政治辅导处，程自立兼任主任；处下设组织科、宣传科、青年工作指导科，均

图 2-12　为淮南矿务局保安干部训练班培训学员

（资料来源：合肥工业大学档案馆
档号：1952-Y-SX-0011）

---

① 孙宗溶（1916—2004），安徽太平县（今黄山区）人，延安抗日军政大学毕业后分配到中共皖南特委工作，在皖南地区历任我党我军重要领导职务；新中国成立后，担任皖南芜（湖）当（涂）地委第二书记、芜湖市委副书记；1953 年起历任淮南煤矿工业专科学校、合肥矿业学院、合肥工业大学党委书记、校（院）长；1962 年 9 月起任安徽省人民委员会副秘书长；1983 年 3 月任安徽省政协副主席、党组副书记。

配齐干部。学校健全了开展思想政治、人事管理与保卫工作的组织机构，与此同时还调进其他一些同志，调整充实了教务、总务和各科的干部力量，并明确职责，建立办事制度（图2-13）。

图2-13 淮南煤矿工业专科学校行政组织机构

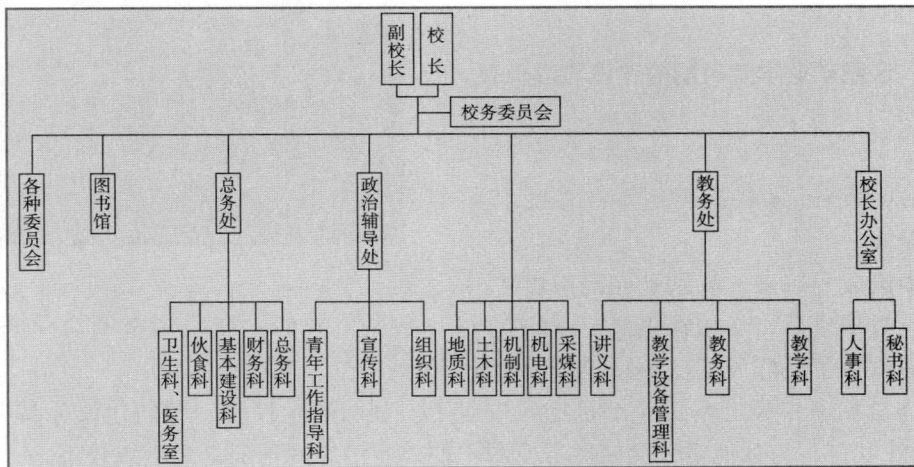

（资料来源：合肥工业大学档案馆 档号：1953-Y-DZ-0003·001）

1953年7月至8月，学校先后召开了职工大会、师生员工代表大会等多次会议，贯彻全国高等工业学校行政会议精神，确定学校一切工作以教学为中心，指出："学习苏联经验，继续贯彻教学改革，提高教学质量，为学校当前压倒一切的中心任务。所有工作都应围绕这一工作进行，并大力保证这一中心任务的完成。"学校和校内各单位的一把手亲自带头钻研教学业务，始终把教学工作紧紧抓在手上。同时学校开始参照并采用苏联同类学校的教学计划、教学大纲（图2-14）和教材，以及教学方法、教学组织和制度等，并重点抓了制订和修订各专业教学计划工作；还分批选派优秀学生赴苏留学。

图2-14 苏联教学大纲

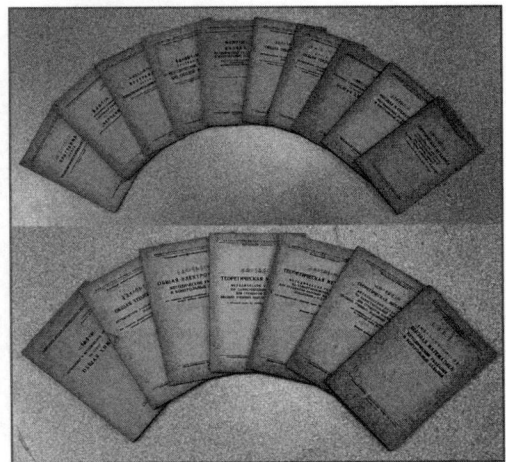

（资料来源：合肥工业大学档案馆 档号：1950-Y-JY01-0001）

1954年，学校继续遵照"整顿巩固，重点发展，提高质量，稳步前进"的文教方针，开始筹办本科。经高等教育部批准，1954年暑假，学校招收采煤、机电两个专业的四年制本科新生计117名，作为开办本科的试点（图2-15）。

二、合肥矿业学院时期的建设与教育教学改革

1. 从专科向本科的跨越——合肥矿业学院的成立

新中国成立以来，特别是在淮南煤矿工业专科学校成立后，学校在煤炭工业的人才培养方面取得了良好成绩。1954年，学校向煤矿管理总局、中央燃料工业部呈送我校对于发展问题及校址问题的建议，其中提出："洞山僻处乡村，与其他学校交换教务资源不便，政治空间薄弱，距上级较远……应另择一适当地点重新建校。"经过多方呼吁和努力，1954年10月23日，中央人民政府燃料工业部决定，"你校改为华东矿业学院并前往合肥建校"（图2-16）。

1955年1月，中华人民共和国高等教育部指示，将"华东矿业学院建校委员会"改称为"合肥矿业学院建校委员会"。2月，学校成立基建机构，着手在合肥准备选址、购地、新建校舍等工作。3月9日，经国务院批准、高等教育部发文，学校改建为合肥矿业学院（图2-17）。5月14日，学校在淮南洞山正式挂牌。中共安徽省委第一书记曾希圣、高等教育部副部长曾昭抢、燃料工业部副部长徐达本、安徽省委宣传部部长陆学斌等同志为学院的成立题词祝贺（图2-18）。

合肥矿业学院成立后，在中共安徽省委和省政府主要领导的关怀和支持下，按在校学生6000人的规模，选定了合肥南郊

图2-15 1954年学校招生专业与人数统计表

（资料来源：合肥工业大学档案馆
档号：1960-Y-DZ-0029·001）

图2-16 中央人民政府燃料工业部下文决定学校改名为华东矿业学院并迁往合肥建校

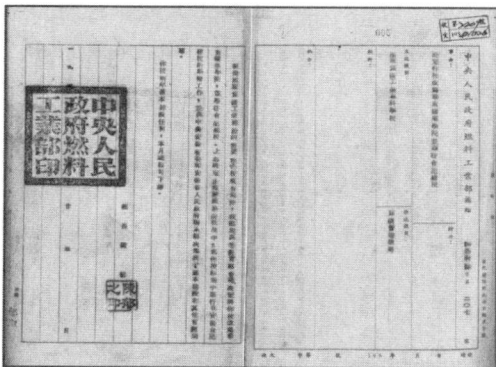

（资料来源：合肥工业大学档案馆
档号：1954-Y-DZ-0001·002）

图2-17 中央人民政府高等教育部发文同意学校迁校合肥并改名为"合肥矿业学院"

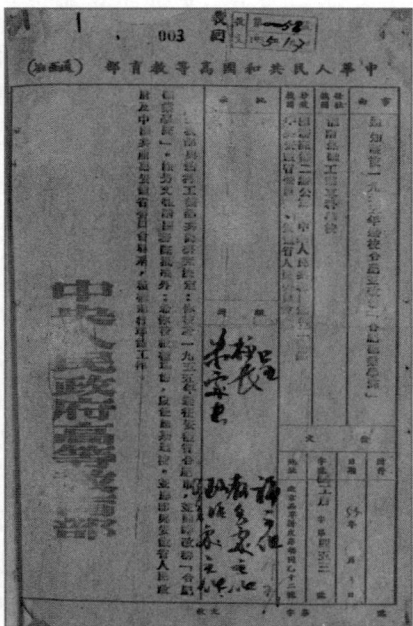

（资料来源：合肥工业大学档案馆
档号：1955-Y-DZ-0002·002）

图2-18 安徽省与高等教育部等领导为学院成立的题词

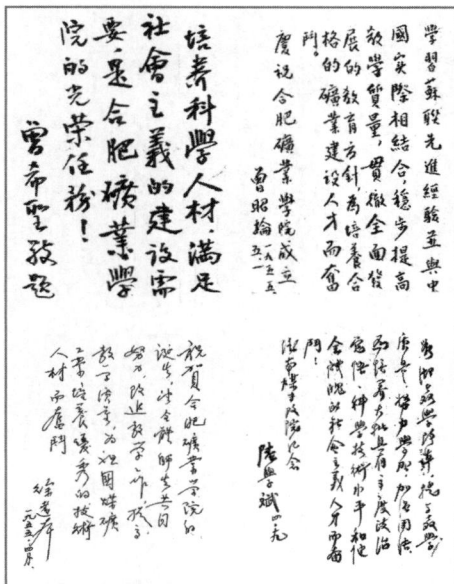

（资料来源：合肥工业大学档案馆
档号：1955-Y-DZ-0002·009）

图2-19 《合肥矿院》校刊报道——西北工学院矿区开采专业调至合肥矿业学院

（资料来源：合肥工业大学档案馆
档号：1957-Y-DZ-0182）

占地70余万平方米的新校址（即现在的屯溪路校区），随即展开建设。经过紧张的建设，克服种种困难，1956年7月，学校由淮南洞山全部迁到合肥市新址办学。

1955年暑期后，学校原来的各专业全部招收四年制本科新生，停招专科学生。1956年6月15日，高教部通知将西北工学院矿区开采专业的学生65人、专业教师9人及专业设备一并调至合肥矿业学院（图2-19）。1956年暑假，学校在合肥的新校址一次招进5个专业四年制本科新生1040余人。同时，最后一届专科学生毕业离校，学校在校学生即全部为本科学生。这

图2-20　1956年暑期招收专业与学生情况

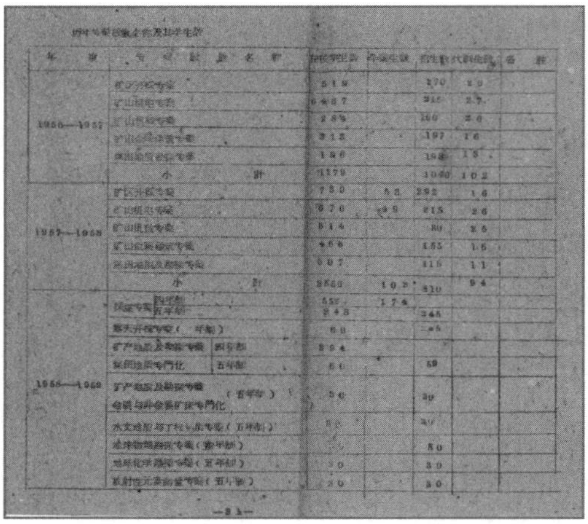

（资料来源：合肥工业大学档案馆　档号：1960-Y-DZ-0029）

时的系科专业设置为5个系5个专业，即地质系的煤田地质及勘探专业、矿建系的矿山企业建筑专业、采矿系的矿区开采专业、机电系的矿山机电专业、机制系的矿山机械专业（图2-20）。截至1956年9月，学校总人数达2768人，其中教职工675人（教师290人，包括教授25人、副教授18人、讲师52人），学生2006人，附属单位87人。学校有25个教研组，14个实验室，1个机工厂并附设1个模型工厂。1957年年末，学校已建成约74000平方米新校舍。同年暑假，学校开始招收五年制本科学生，共招新生810人。该年年底，在校学生总数为2556人，教职工总数为719人，其中教师为331人。校内共设有25个教研室，28个实验室，并有规模较大的采煤模型室和机械制造厂。图书已增至20余万册，资料为1万余种，教学设备总值已近400万元（图2-21、图2-22）。至此，学校已具备了本科办学条件，完成从专科向本科的跨越。

图2-21　实验室建设情况

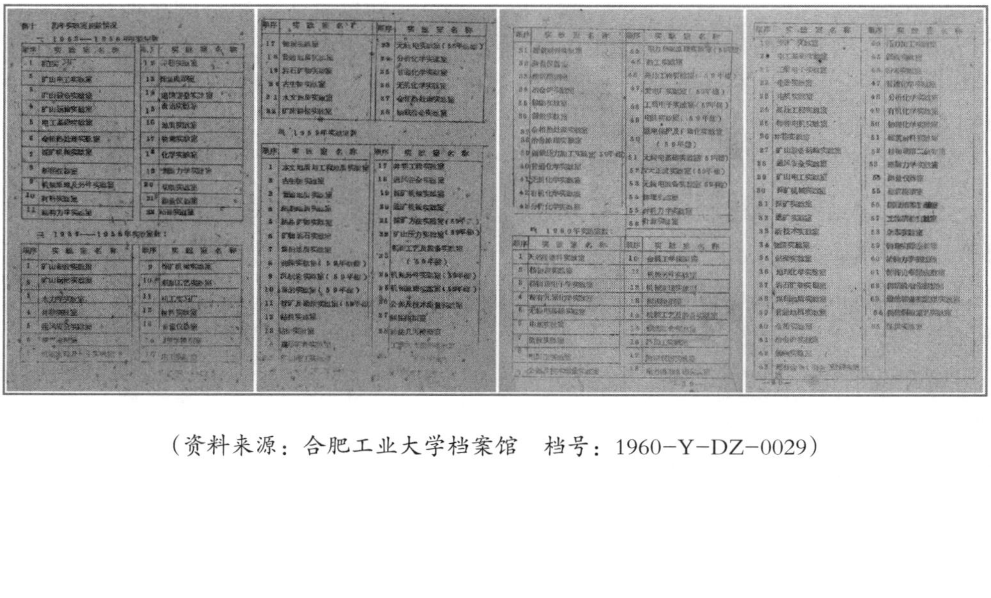

（资料来源：合肥工业大学档案馆　档号：1960-Y-DZ-0029）

图2-22 仪器设备与图书资料情况

（合肥工业大学档案馆 档号：1960-Y-DZ-0029）

2. 系统谋划学院今后的建设与发展

从工业专科学校发展到本科矿业学院，是学校发展史上的重要一页，也为学校孕育了新的发展机遇。学院党委根据新的形势，贯彻执行中央关于知识分子问题会议精神，相继制订了学年教学工作计划和各科系科研工作计划，提出了培养和提高教师与干部素质的设想，并就如何进一步加强思想政治工作、改进教学领导和行政工作、进一步改善知识分子工作条件等分别列出了计划；同时，着手制订学校十二年全面规划（草案）等。

（1）学校领导班子与组织机构的调整。合肥矿业学院时期，学校领导班子基本上是1953年8至9月间组成的班子，只是个别成员有所调整。院长为孙宗溶，副院长为程自立、吕季方，教务长为蔡秉久，副教务长为柴登榜。1954年6月，中共安徽省委调李风五来校任副校长，不久他又被调离学校。1955年5月，省委调马数鸣来校任院党委副书记兼人事处处长。1957年年初，荆典谟调进学校，任党委副书记。

另外，在加强系与专业设置的基础上，学校的行政组织机构基本建立并不断完善（图2-23）。

图2-23 合肥矿业学院行政组织机构图

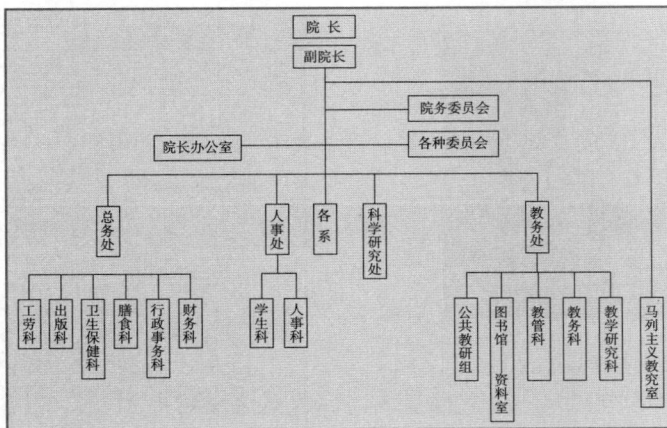

（资料来源：合肥工业大学档案馆 档号：1960-Y-DZ-0001·001）

图2-24　《合肥矿院》校刊关于学校12年工作规划（草案）的报道与规划报告

（资料来源：合肥工业大学档案馆
档号：1957-Y-DZ-0182）

（2）十二年规划（草案）的制订与推进。1956年，毛泽东主席在最高国务会议上指出："我国人民应该有一个远大的规划，要在几十年内，努力改变我国在经济上和科学文化上的落后状况，迅速达到世界上的先进水平。为了实现这个伟大的目标，决定一切的是要有干部，要有数量足够的、优秀的科学技术专家。"高教部据此提出了《高等教育十二年规划（草案）》。根据这一规划精神，1956年4月，学校院务委员会第13次会议讨论通过了《合肥矿业学院十二年工作规划（草案）》（以下简称《规划》）。《规划》列出了1956年至1967年12年间学校发展的各项具体目标。1956年4月28日的《合肥矿院》校刊曾刊发了专题报道（图2-24）。

为推进《规划》的落实，学校于1956年11月18日至20日召开了第一次党员代表大会（图2-25、图2-26）。大会学习和传达了党的八大会议精神，听取、讨论和通过了由孙宗溶代表党委作的工作报告，选举产生了由孙宗溶、程自立、陶滔、吕超、肖范九、王克、吴怀民、史进、李达、钟锡侯、赵绍虞

图 2-26　《合肥矿院》校刊关于中共合肥矿业学院第一次党代会召开的报道

图2-25　中共合肥矿业学院第一次党代会召开

（资料来源：合肥工业大学档案馆
档号：1956-Y-SX-0009）

（资料来源：合肥工业大学档案馆
档号：1957-Y-DZ-0182）

11人组成的中国共产党合肥矿业学院委员会。孙宗溶同志在工作报告中，总结了学院成立以来的工作，分析了学院工作上的成绩和存在的缺点，并就当前学校的现状提出今后急需解决的问题，力求全院人员共同为完成这些任务、提高教学质量而努力；根据党代表提出的目标，学校已经并继续着力采取措施，不断加强教育教学改革，重视师资队伍建设，推进科学研究，扩大对外交流活动。

（3）贯彻学生德智体全面发展的教育方针。针对一部分学生害怕煤矿专业艰苦、危险，存在学习目的和动机不正确、学习纪律松弛等不良情况，学校在学生中大力开展热爱专业、端正学习态度、遵守纪律、树立良好校风和共产主义道德品质等方面的思想教育。学校通过开展教学改革，重点做了很多切实提高学生学习质量的工作；响应毛泽东主席对学生提出的"三好"号召，针对煤矿工作的特殊性，十分重视学生身体健康和体育锻炼，积极推广"劳卫制"[①]，这在1956年9月3日《合肥矿院》校刊的迎新专刊中就有所体现。时任校党委副书记程自立在专刊中题词："继续发扬团结友爱艰苦奋斗的优良传统，新老同学携起手来，以无限高涨的政治热情和坚强劳动迎接新学年"（图2-27）。

1955年3月4日，高等教育部发出了关于研究和解决高等工业学校学生学习负担过重问题的指示。4月和6月分别召开了高等工业学校、综合大学校院长座谈会与全国文教会议。学校及时组织学习并认真贯彻上级指示和会议精神。1955年10月，院务委员会通过《1955—1956学年的工作计划要点》，规定今后仍以改进教学、提高与保证质量为中心任务。学校成立了教学法研究委员会，重点负责教学法的研究工作；邀请采煤专家洛莫夫等多位苏联专家来校讲学，把学习苏联、进行教学改革工作进一步引向深入。10月29日，学校又召开了首届团员代表大会，号召学生"虚心地、刻苦地学习，

图2-27 1956年9月3日《合肥矿院》校刊的迎新专刊

（资料来源：合肥工业大学档案馆
档号：1957-Y-DZ-0182）

[①] 劳卫制，《准备劳动与卫国体育制度》的简称，是新中国成立初期从苏联引进的鼓励民众积极投身于体育锻炼的一种制度。1952年5月，中华全国体育总会筹备委员会向社会公布了《〈准备劳动与保卫祖国〉体育制度试行条例（草案）》《〈准备劳动与保卫祖国〉体育制度试行项目标准（草案）》，以及《〈准备劳动与保卫祖国〉体育制度试行项目测验规则（草案）》。1958年10月，国家体育运动委员会发布了《劳动卫国体育制度条例》，使之得到进一步的推广。1964年，我国将《劳动卫国体育制度条例》改称《青少年体育锻炼标准》，1975年又改称《国家体育锻炼标准》，并一直沿用至今。（摘自：百度百科）

图2-28 1955年合肥矿业学院召开首届团员代表大会

（资料来源：合肥工业大学档案馆
档号：1955-Y-SX12-0015）

掌握先进的科学知识，英勇地夺取科学堡垒，向科学进军"（图2-28）。1955年11月9日，高等教育部部长杨秀峰在上海作报告时，专门表扬了合肥矿业学院"学习苏联经验、进行教学改革工作的行动快"。全院师生员工受到很大鼓舞，认为"进一步正确执行与使用部颁的教学计划、教学大纲，是提高教学质量的关键，是进行教育改革的唯一依据，在我院更具有突出的意义"。1956年9月，学校提出当前的中心工作任务是：认真研究和贯彻执行1956年8月高等学校校（院）长和教务长座谈会精神，解决学生学习负担过重问题，培养学生独立思考和独立工作能力，提高培养人才的质量。

（4）师资建设与科研推进工作。教学质量巩固与提高的关键是教师，学校在师资培养工作上不断加大工作力度。首先，大力争取调进高水平的教师。从1953年到1956年，学校教师人数逐年增加，共调进180名教师，其中除从重点大学和本校选调优秀毕业生培养为教师外，有相当一部分人是直接从省内有关业务部门、燃料工业部（1955年7月后为煤炭工业部）所属厂矿单位和国内有关兄弟院校调进的有经验的教师和工程技术人员。其次，高度重视青年教师能力的培养与提高。学校总共挑选140名教师到国内先进高校进修，另有8名教师直接去苏联等国家学习、进修和考察，学习苏联专家和兄弟院校教师的先进经验，不断改进教学工作（图2-29）。再次，不断扩大对外交流活动。1955年年初，北京矿业学院的苏联专家来学校参观，矿山机械专家达维道夫、矿井建设专家纳索诺夫、矿山测量专家郭尔迪柯和矿山力学专家基霍维道夫一同来学院参观、座谈，并给学院教职员和学生作了报告。随后，采煤专家洛莫夫、矿山测量专家李托夫琴柯相继来学院参观、指导和讲学（图2-30）。1956年，苏联专家纳索诺夫、邱普隆诺夫先后应邀来校讲学，并指导了教学工作。同年4月，学院派出代表团分赴东北工学院和上海交通大学参加学术研讨会，并参观学习。1957年1月6日，苏联矿山机械专家达维道夫来校进行了历时18天的讲学活动；2月份，学院有5位教师参加煤炭工业部机械、机电考察团赴苏联作为期3个月的考察。在1957年10月和11月，莫斯科矿业学院和合肥矿业学院的教师还分别就中华人民共和国成立8周年、苏联十月革命胜利40周年，互致祝愿（图2-31）。

图2-29 学校选派教师进修情况

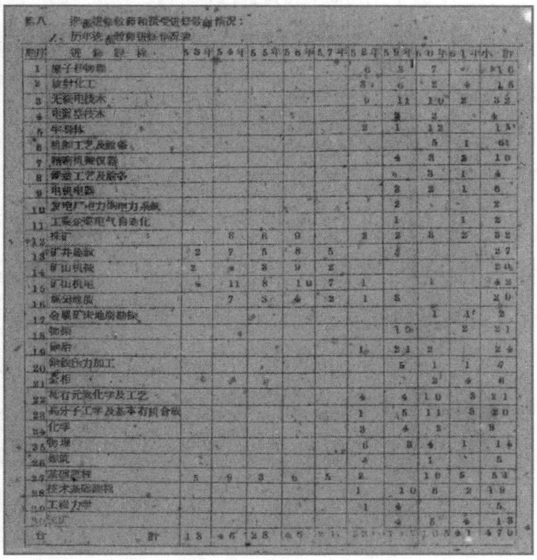

（资料来源：合肥工业大学档案馆
档号：1960-Y-DZ-0029）

图2-30 苏联专家来校讲学

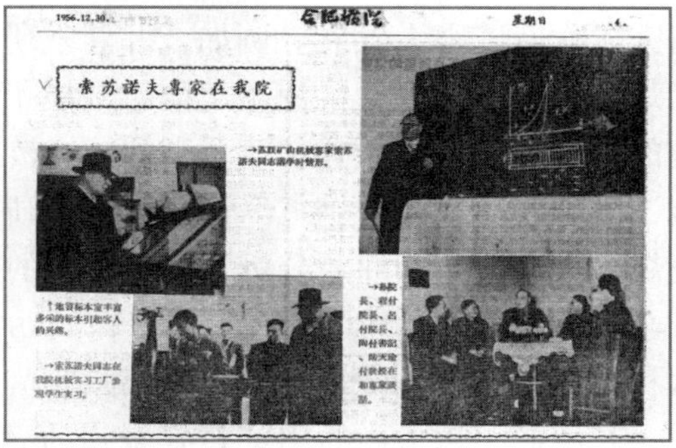

（资料来源：合肥工业大学档案馆
档号：1957-Y-DZ-0182）

图2-31 《合肥矿院》刊发的莫斯科矿业学院教授的回信

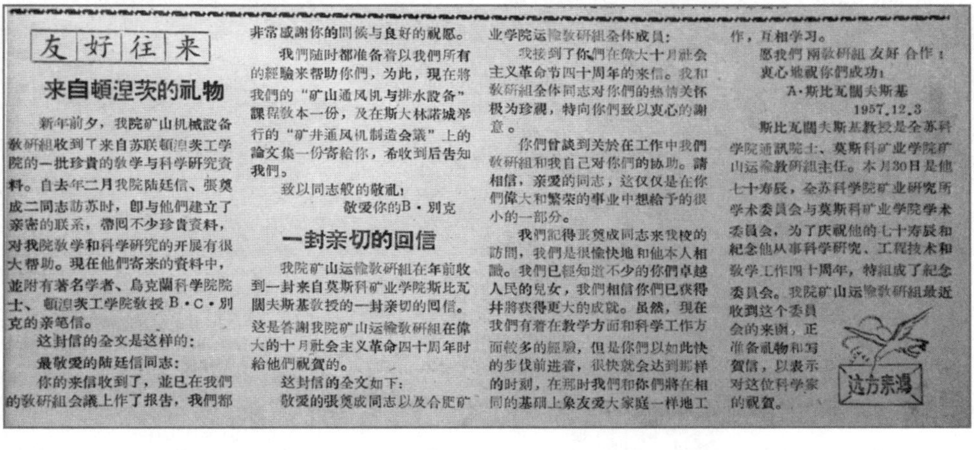

（资料来源：合肥工业大学档案馆 档号：1957-Y-DZ-0182）

在做好教学与师资队伍建设的同时，学校借鉴相关高校的先进科研经验，开始了多项自主科学研究，为相关企业单位解决了相关技术难题，并取得初步成效。1955年3月，学校成立了科学研究科，制订了学校1955年科学研究计划，并报高等教育部备案，科研工作逐步迈上正轨（图2-32）。机械制造工艺教研组的程大中等教师研究了高生产率铣齿法使生产率提高2～5倍，化学教研组张玉田教授主持的"淮南煤半焦生产量"的试验，测量教研组杨安民副教授负责的"水泥掺黄泥浆节省原材料"的试验等，都为国家与地方生产建设做出贡献。1955年，学校共完成科研课题60个。1956年，学校的科学研究工作有了很大发展。例如，井巷教研组与淮南矿务局科学研究所合作研制成功的水锚焊支架，大大降低了消耗，同时开展了"高密度硝铵炸药"和谢家集三号井巷布置问题的专题研究；陆天瑜、丁爵曾等4位教师组成一个科学研究小组，与合肥矿山机械厂就"以球墨铸铁代替钢材"的专题开展研究工作；普通地质教研组则开展了"华东区主要煤田水文地质条件的分析及其对生产的影响"的科学研究；采矿机械教研组在1956年下半年共完成了6个专题的8个报告。1957年4月初，学校召开了第一次科学讨论会，除本校全体教师参加外，还邀请了校外46个单位的96位代表参加，会议共提交论文50篇，其中矿山运输教研组邬长发老师的《双链板运输机链子的张力》一文受到与会者的一致好评。

图2-32　1955年合肥矿业学院科学研究规划

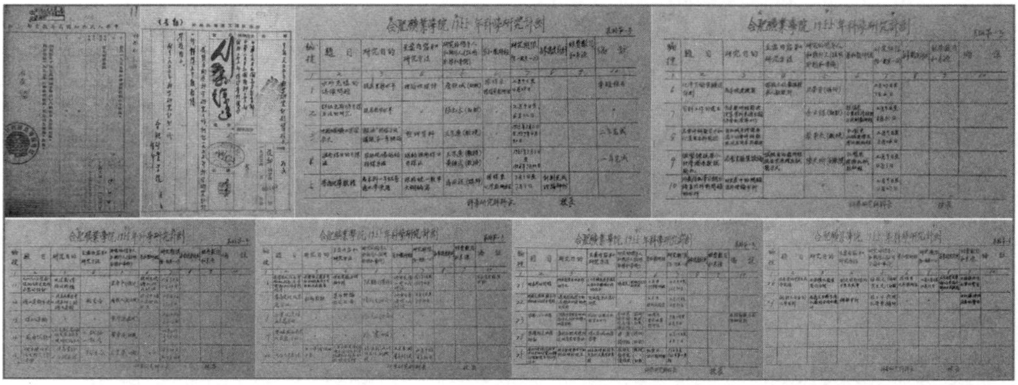

（资料来源：合肥工业大学档案馆　档号：1955-Y-DZ-0005·001）

由于教学改革和师资培养工作成绩显著，学校受到了煤炭工业部和高等教育部的肯定。1956年3月10日，煤炭工业部和高等教育部给学校发来通知："合肥矿业学院：去年十二月，我部组织了检查组到你院检查工作。检查组提出的报告，我部同意，现发给你院参考。几年来你院在教学工作上取得了相当大的成绩。希望在现有基础上继续努力，进一步贯彻提高教学质量的方针，取得更大的成绩。……"（图2-33）。

经过新中国成立后的几年建设与发展，学校已经成为一所拥有6个系、16个专业，以服务煤炭工业为主，着力为煤炭工业培养高级技术人才的新型高等学校。

三、合肥工业大学早期的专业建设与发展成就

1. 党的八大提出了高等教育事业的指导方针

新中国成立后，到1956年上半年，全国绝大部分地区基本上完成了对生产资料私有制的社会主义改造，第一个五年计划的重要指标已基本提前完成。在这种形势下，为了加强执政党的建设，探索中国社会主义建设的道路，制定党在新形势下的路线、方针、政策，1956年9月15日至27日召开了中国共产党第八次全国代表大会，这是党取得全国执政地位后召开的第一次全国代表大会。大会着重提出加强执政党建设的问题，通过了《中国共产党章程》，还通过了《关于发展国民经济的第二个五年计划（1958—1962年）的建议》。大会提出，新中国生产资料私有制的社会主义改造基本完成以后，国内的主要矛盾不再是无产阶级和资产阶级之间的矛盾，而是人民对于建立先进的工业国的要求同落后的农业国的现实之间的矛盾，是人民对于经济文化迅速发展的需要同当前经济文化不能满足人民需要的状况之间的矛盾。大会作出了全党的工作重心转移到集中力量发展生产力上来的重大战略决策。

图2-33　《合肥矿院》刊发的两部委关于检查学校工作的报告（摘要）

（资料来源：合肥工业大学档案馆
档号：1957-Y-DZ-0182）

党的八大明确提出，国家必须大力发展科学事业、高等教育和中等教育事业，在保证质量的前提下，大力增加高等学校的学生数量。1958年9月，中共中央、国务院下发《关于教育工作的指示》，明确提出"教育工作必须由党来领导"，把教育与生产劳动相结合、培养全面发展的新人置于重要地位。

2. 高等教育改革进程中的合肥工业大学成立

20世纪50年代后期，全国广泛开展了教育改革。在教育管理体制上，国家下放管理权限，加强地方对教育事业的领导管理，以消除集中过多、统得过死的弊端。在办学体制上，按照"两条腿走路"的方针，实行国家办学与厂矿、企业、合作社办学并举，极大调动了各方面的办学积极性，促进了教育事业的发展。而面对当时国内工业生产中科学技术人员大量缺乏的状况，理工科院校的成立、重组、发展壮大成为一种趋势与必然。

在此形势下，为适应全国和安徽省工业建设与发展需要，结合学校多科性专业设置与

办学情况，1958年8月，合肥矿业学院正式提出更名为"合肥工业大学"的申请。9月16日，中共中央电复安徽省委，同意将合肥矿业学院改名为"合肥工业大学"，并继续承担为煤炭工业部培养干部的任务。同日，启用合肥工业大学党委印章（图2-34、图2-35、图2-36）。学校由原先的单科性矿业学院发展成为一个多科性的工业大学，完成了学校发展史上的一次大转变，进入了一个崭新的发展时期。10月7日，合肥工业大学成立大会召开。中共安徽省委第一书记曾希圣，省委书记处书记、副省长张恺帆及省委、省人委、省军区、市委、市人委有关领导同志和在肥各兄弟院校的负责同志等莅临祝贺。会上，广大师生表示要坚定树立"不怕物质条件落后，就怕思想落后，只要有志气、有干劲，物质条件暂时落后是可以改变"的共同信念，继续发扬实干、苦干精神，克服困难，奋发向上，朝着先进的目标努力前进。这次大会以后，学校决定将10月7日定为校庆日。学校校刊也进行了专题报道（图2-37）。

新成立的合肥工业大学，全面深入贯彻党的教育方针，提出了"以教学为中心，教学、生产和科学研究三结合"的指导思想。学校注重劳动教育，普遍开设了劳动课，组织学生从事勤工俭学和社会实践活动，改变学生轻视劳动尤其是体力劳动的观念；同时，开展教育革命，改进教学和科学研究工作，大办工厂，把革命热情与实事求是结合起来、突击运动与经常工作结合起来、重点工作与一般工作结合起来，使学校各项工作继续向前推进。

图2-34 中共中央同意合肥矿业学院改名为合肥工业大学的复电

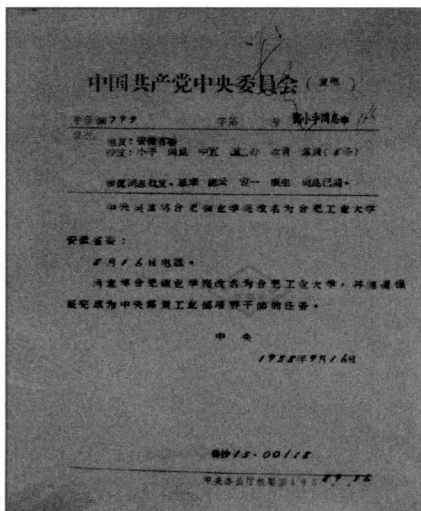

（资料来源：中央档案馆）

图2-35 安徽省委转发中央同意将合肥矿业学院改名为合肥工业大学的批示

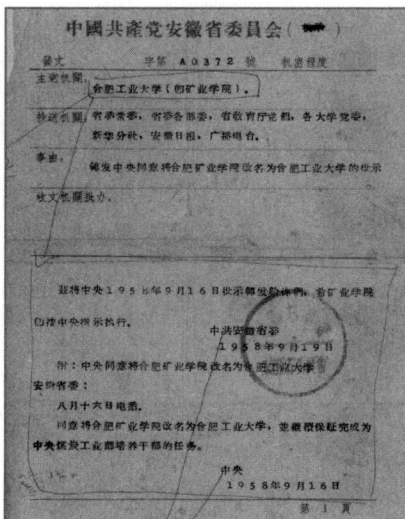

（资料来源：合肥工业大学档案馆 档号：1958-Y-DZ-0002·029）

图2-36 学校关于启用
合肥工业大学党委印章通知

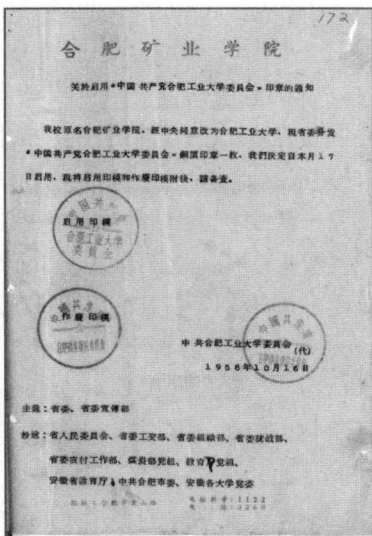

（资料来源：合肥工业大学档案馆 档号：1958-Y-DZ-0002·035）

图2-37 《合肥矿院》校刊
报道更名为合肥工业大学的消息

（资料来源：合肥工业大学档案馆 档号：1958-Y-DZ-0002）

3. 学校突破了为煤炭工业服务的单科性学科范围

新成立的合肥工业大学突破了原来专为煤炭工业服务的单科性学科范围，增设化工、机械、冶金、建筑、地质和无线电等为重要工业部门服务的一些系科专业；到1959年，发展为8个系17个专业，共招收1755名新生（其中包括为省有关单位代培的学生627名）。除174名学生为两年制专修科外，其余基本为五年制本科。当时设置的系别与专业的分布情况是：地质系的矿产地质及勘探、地球物理勘探2个专业，化学工程系的无机物工学、有机合成工艺学、放射化工3个专业，采矿工程系的矿井建设、采矿、矿山机电3个专业，电机工程系的电机电器制造、发电厂电力网及电力系统2个专业，无线电系的无线电技术1个专业，机械制造系的矿山机械、机械制造工艺及其设备2个专业，土木工程系的工业与民用建筑、建筑学2个专业，冶金系的钢铁冶金、钢铁压力加工2个专业（图2-38）。

图2-38 1959年学校专业设置与学生情况

（资料来源：合肥工业大学档案馆
档号：1960-Y-DZ-0029·001）

这一时期，学校还先后制订了《合肥工业大学三年（1959—1962）跃进规划》和《合肥工业大学八年（1960—1967）事业发展规划（草案）》（图2-39）。《三年跃进规划》提出：力争3年内在教育质量和科学技术等方面，赶上和达到国内先进的高等工业学校水平，7至10年内赶上和达到国内最先进的高等工业学校水平；3年内新增15至20个专业，本科生最大发展规模为8000人；3年内开始招收研究生。1959年下半年，学校根据安徽省和中央有关部门提出的建议与要求又增设了13个专业，其中包括重工业方面的工程技术类专业、尖端科学技术类专业和对提高工业科学技术有密切关系的专业。《八年事业发展规划》提出：再增设地质、土木工程、建筑、数学、采矿工程、矿山机电、冶金、机械制造、动力机械、电机工程、自动控制、无线电工程、力学、物理工程、化学工程等38个专业，到1967年，学校专业设置将达到68个专业。《八年事业发展规划》提出的发展规模是在校本科生15000人，研究生2000人，共计17000人。1960年计划招收本科生1400人，1961年招收2000人，1962年招收2500人，从1963年到1967年，每年招收本科生3000人。规划中还提出扩建和新建实验室200个，建立科学研究机构100个，扩建和新建生产单位30个。教学试验设备达到456万元，科研设备达到2876万元，图书资料达到800万元，建筑总面积达到251400平方米。由于受到"左"的思想影响，规划中有些指标虽然超越了当时学校的客观条件，但这些新增的专业确实取得了一些有价值的成果，得到了中央领导和省委有关负责同志的关注。学生人数也从1958年上半年的2458人发展到1959年10月的4350人，教师由300人扩大到517人，教研组及实验室数量相应地有所增加，对促进学校发展也起到一定的积极作用。

图2-39　合肥工业大学《三年（1959—1962）跃进规划》《八年（1960—1967）事业发展规划（草案）》

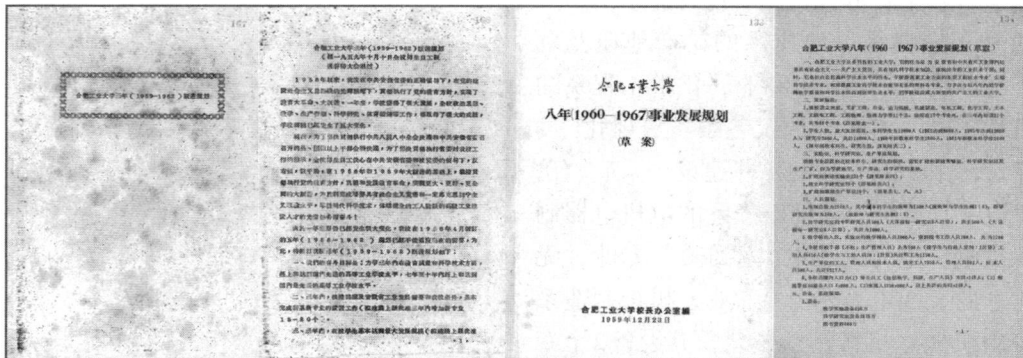

（资料来源：合肥工业大学档案馆　档号：1959-Y-DZ-0012）

　　1960年4月下旬，学校又根据教育部部属重点学校校（院）长座谈会的精神，确定了以原子能为重点发展方向，以机电、矿冶为基础，设立了原子核物理、放射化工、放射性建筑、无线电设计与制造、无线电定位与导航、机械制造工艺及设备、精密机械仪器、金属热加工、电机与电器、发电厂设备及装置、工业企业自动化、稀有金属冶金等22个专业；同时，培养了一批反应堆工程、船舶设计与制造、船舶内燃机、自动控制、无线电、电工学、物理及选矿专业的师资力量（图2-40）。

图2-40　1960—1961年期间学校专业设置与学生情况

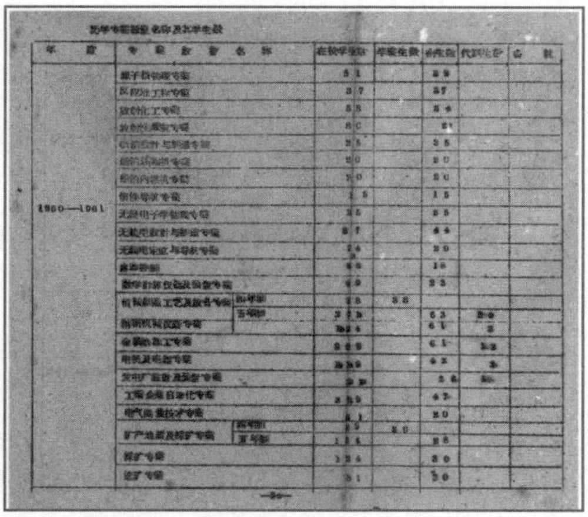

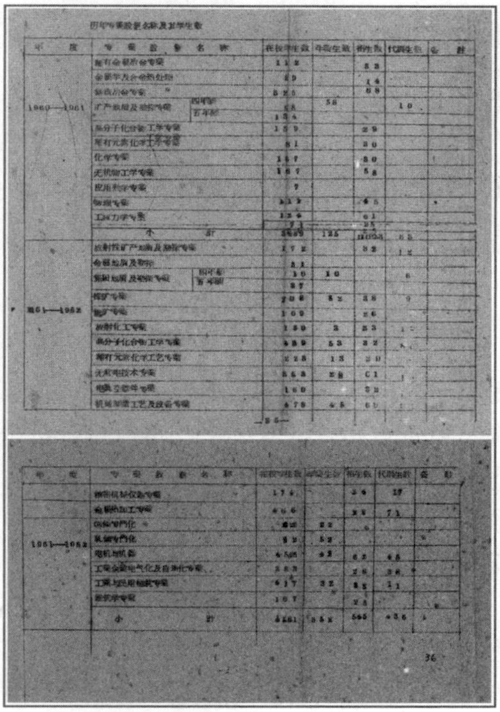

（资料来源：合肥工业大学档案馆
档号：1960－Y－DZ－0029·001）

　　经过两年多的建设，到20世纪60年代初，学校在办学规模、招生数量、学科设置、教育教学以及科学研究等方面均取得了较大的发展，在"工业建国"历程中做出了积极贡献。其间，学校采取以"教学为中心，教学、生产、科研三结合"的方针与措施，丰富教学内容，改进教学方法，提高师生学习与工作积极性，增强了学生的学习实践能力，提升了教师们解决生产中实际问题的能力与水平。在当时，诸如1050千瓦电动机、手摇电动两用颚式破碎机、200万电子伏特静电电子加速器的试制成功（图2-41），"纯氧炼钢""水力采煤"新技术新工艺的采用，菱苦土支架、纸壳雷管等设备的发明等，在促进国家工业建设、服务地方与工矿企业生产等方面都发挥了积极作用。学校还积极开展文体活动，取得了优秀成绩。1958年9月，在全国高校劳卫制比赛中学校夺得第一名，贺龙副总

图2-41 静电电子加速器成果展示

（资料来源：合肥工业大学档案馆
档号：1959-Y-SX12-0067）

理亲自授予了全国体育运动"红旗学院"的奖旗（详情见第六章图6-16）。国家体委，教育部，中共安徽省委、省人民委员会先后来电文祝贺。

这一时期，刘少奇、朱德、邓小平、董必武、陈毅等多位党和国家领导人先后亲临学校视察指导工作，这给全校师生员工很大教育和鼓舞，对学校工作的开展起到了有力的推动和促进作用，成为学校宝贵的精神财富（详情见第六章第三节）。

4. 跻身为全国重点大学

1959年3月，为了在高等教育事业大发展中保证一部分学校能够培养较高质量的科学

技术干部和理论工作干部，中央决定在原有的20所重点高校的基础上，再增设一批全国重点高等学校。下半年，在中央举行的省市委书记会议上，教育部提出扩大高等重点学校（40～45所）的草案。

鉴于学校在教育教学、科学研究、办学条件等各方面均有较大的发展，学校的实力增强，规模和影响扩大，为了适应自身发展和人才培养需要，学校向安徽省委提出申请，希望被列为全国重点大学，并得到安徽省委及其主要领导的支持（图2-42）。

1960年10月22日，中共中央下发《关于增加全国重点高等学校的决定》，将合肥工业大学列为全国重点大学，成为全国32所重点工科高等院校之一（图2-43）。该决定指出："全国重点高等学校是我国高等教育的主要骨干，办好这些学校，对于迅速壮大我国科学技术队伍和理论队伍具有重要意义。因

图2-42 学校党委给安徽省委主要领导同志的请示报告

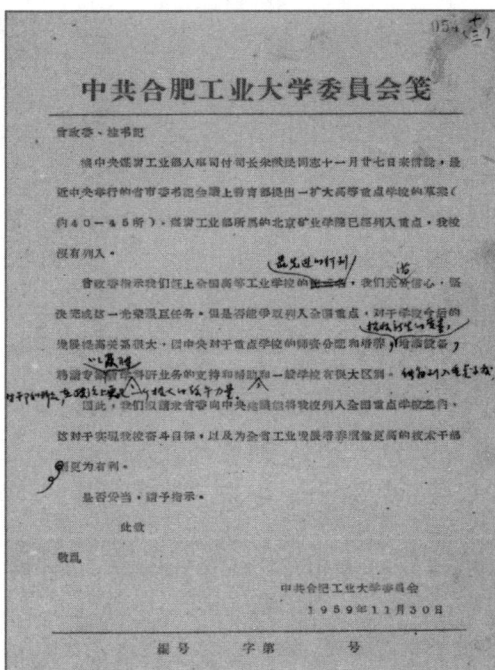

（资料来源：合肥工业大学档案馆
档号：1959-Y-DZ-0012·012）

此，在高等教育工作中，集中较大力量办好全国重点高等学校，这应作为中央教育部、中央各主管部门和各省、市、自治区党委共同的首要职责。"学校从煤炭工业部划出，隶属于教育部和安徽省双重领导。

跻身全国重点大学行列，是合肥工业大学发展史上里程碑式的重大事件，学校的规模和影响迅速扩大，这一时期也成为学校建设和发展最快的时期之一。从此，学校迈向更高层次的发展道路。

图2-43 中共中央下发《关于增加全国重点高等学校的决定》

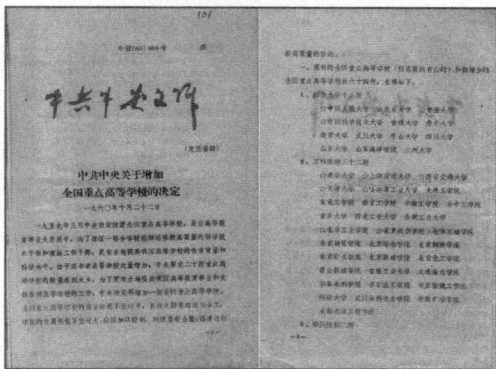

（资料来源：合肥工业大学档案馆 档号：1960-Y-DZ-0003·035）

第三节 服务于机电行业建设与发展的社会践行

引言：学校更名为合肥工业大学，特别是合肥工业大学进入全国重点大学行列以后，学校确立的发展方向以原子能为重点，以机电为基础。1962年，在划归第一机械工业部领导后，学校专业设置主要面向机械行业，以机电为主。此阶段，学校贯彻"高教六十条"，从满足工农业生产和国防建设的需要，以及教学、科研、生产三结合的要求出发，深入开展教育革命，围绕机电行业人才培养与科学研究，不断践行着"工业建国"的初心。

一、扩大办学规模，调整系科专业

1960年，学校请示并经安徽省委批准，设立8个系28个专业，其中新增的专业主要为原子能、数理力学和造船等。自1960年起，学校开始招收研究生，率先在工业企业电气化自动化、煤田地质及勘探等方向招收培养研究生，后续逐步扩大研究生的招生方向与招生人数（图2-44）。1961年1月24日，学校党委根据中央的"调整、巩固、充实、提高"的方针，向安徽省委专题报告，提出学校发展方向仍以原子能为重点，以机电为基础，设原子能、无线电、机械、电机、地质采矿、化工、数理力学7个系21个专业；拟将学校最大发展规模从原规划本科生15000人减为7000人，研究生减为600人；暂不办造船系（图2-45）。

图2-44 合肥工业大学1962年研究生录取名单（部分）

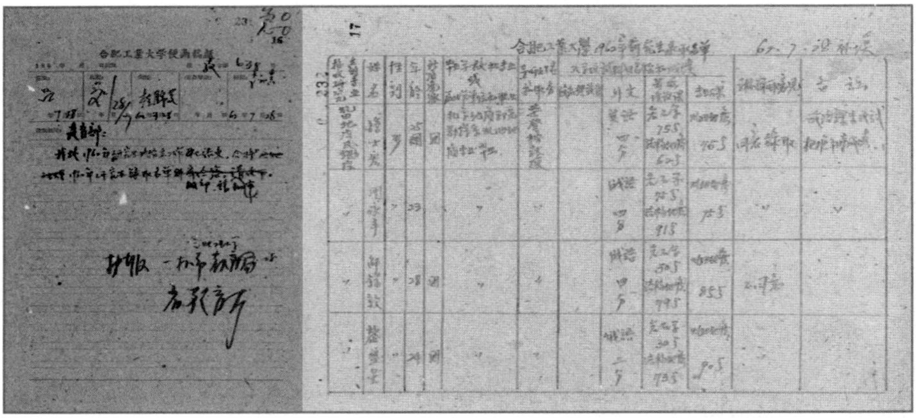

（资料来源：合肥工业大学档案馆 档号：1962-Y-DZ-0017·096）

图2-45 学校关于发展规模、发展方向、专业设置及编制的请示报告

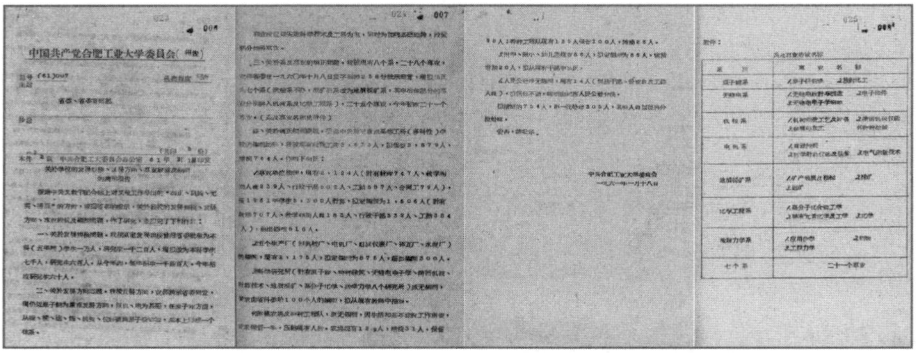

（资料来源：合肥工业大学档案馆 档号：1961-Y-DZ-0002·006）

　　1962年6月16日，国家第一机械工业部、教育部联合发布《关于改变合肥工业大学的领导关系问题》文件："接国务院1962年5月29日国文办杨字第122号批文：'国务院同意将合肥工业大学的领导关系，由现在的教育部与安徽省双重领导，改为以第一机械工业部为主的第一机械工业部与安徽省双重领导'。"由此学校划归第一机械工业部领导（图2-46）。学校专业设置开始面向机械行业，以机电为主，考虑原有系科专业师资设备等条件基础，学校将原有的系科专业确定为8个系17个专业，并上报第一机械工业部。1963年4月29日，第一机械工业部批复学校，主要内容为：学校最大发展规模定位为本科生4500人、研究生200人，1963年开始每年招进本科新生900人；原有专业保留14个，并恢复矿井建筑专业，1963年暑假开始招生，以后再考虑增设化工机械、金属热处理及设备2个专业；撤销选矿、建筑学、金属矿床地质及勘探3个专业，这3个专业的四、五年级学生至毕业止，低年级学生则转入校内相近专业（图2-47）。

1963年至1965年，除冶金系的钢铁冶金、钢铁压力加工专业外，学校每年招收新生的专业为7个系15个专业，具体为：机械工程系机械制造工艺及设备、锻压工艺及设备、铸造、精密机械仪器4个专业；电机工程系电机与电器、工业企业电气化自动化2个专业；无线电工程系无线电技术、电真空器件2个专业；化学工程系高分子化合物工学、稀有元素工学2个专业；建筑工程系工业与民用建筑1个专业；地质系煤田地质及勘探1个专业；采矿系采矿、矿井建设、矿山机械3个专业。

在发展规模和专业设置调整稳定以后，学校随即着手师资队伍建设。1963年，学校基本完成了教师队伍的定编制（各系各教研室的教师编制）、定方向、定任务（确定每个教师的专业进修方向和教学科研任务）、定规划、定制度（教师培养和提高的进修规划、制度等）的"五定"工作。

图2-46 学校由教育部划归一机部管理的文件

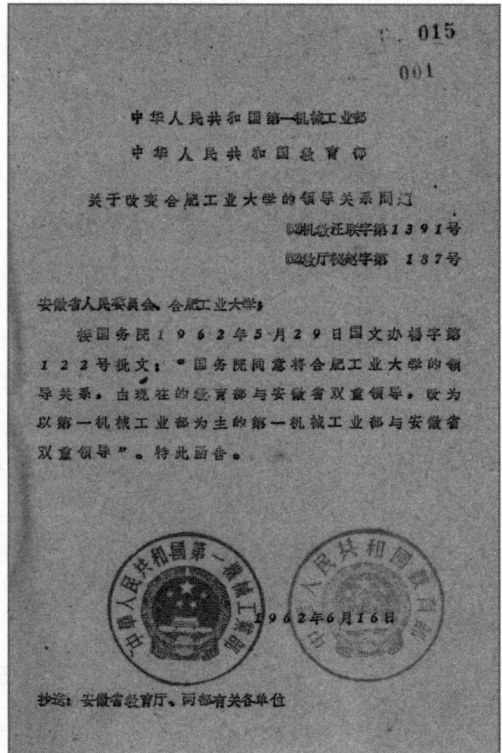

（资料来源：合肥工业大学档案馆 档号：1962-Y-DZ-0015·002）

图2-47 一机部关于学校办学的批复（1963年）

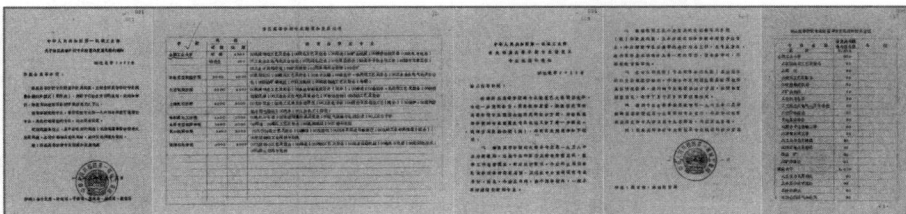

（资料来源：合肥工业大学档案馆 档号：1963-Y-DZ-0019·011、 1963-Y-DZ-0019·012）

随着办学规模的不断扩大，学校努力改善办学条件。20世纪60年代初又陆续增添了一些校舍和设备，新建了一座电机楼和几幢宿舍楼，修建了游泳池等公共体育活动场所。全校总建筑面积从1962年的125530平方米增加到1965年的134017平方米。实验室逐年添置了一些设备器材，教学科研设备器材总值从1962年的800余万元增加到1965年的900余万元。学校固定资产近25000万元。同时，加强了全校财务和校产的管理。

此阶段，作为重点大学，学校充分发挥优势，围绕国家与地方建设与发展需要，调整相关系科与办学专业，不断扩大办学规模，为社会主义建设培养了大批合格的工程技术人才。

二、贯彻"高教六十条"，提高教育教学质量

1961年1月26日至2月4日，教育部在北京召开全国重点高等学校工作会议。会议着重研究贯彻执行中央的"调整、巩固、充实、提高"的八字方针，对全国重点高等学校实行定规模、定任务、定方向、定专业的"四定"工作，并强调要通过调整，建立完善的教学秩序，大力提高教学质量，加强对全国重点高等学校的集中管理。学校根据这次会议精神，认真贯彻"八字方针"，在调查研究、总结经验的基础上，1961年7月，学校党委制定了《合肥工业大学关于实行教学、生产劳动、科学研究工作的暂行规定（草案）》等一批规章条例，力求改进工作、迅速恢复正常的教学秩序（图2-48）。

图2-48　学校《关于实行教学、生产劳动、科学研究工作的暂行规定（草案）》（1961年）

（资料来源：合肥工业大学档案馆　档号：1961-Y-DZ-0003·003）

1961年9月，中共中央下发了《教育部直属高等学校暂行工作条例（草案）》（即"高教六十条"）。《条例》重点解决了两方面的问题：一是明确了"红"与"专"的关系以及"双百"方针的问题；二是明确了高教工作的根本任务，是必须以教学为主，努力提高教学质量。为此，学校组织学习、讨论《条例》，并按此《条例》的精神，对学校教学、生产、科研等各方面工作进行全面安排和整顿。经过1962年至1963年反复学习和全面贯彻《条例》，学校基本建立了比较良好的教学秩序和工作秩序。

1964年2月13日，毛泽东主席在教育工作座谈会上指出："教育的方针路线是正确的，但是方法不对。"他针对学校的学制、课程、教学方法和考试方法等四个方面提出了意见：学制可以缩短；课程可以砍掉一半，学生要有娱乐、游泳、打球、课外自由阅读的时间；考试方法也要改，现在的考试好像是把学生当作敌人。高等教育部于1964年3月18日至4月11日在北京召开了直属高等学校领导干部（扩大）会议，集中学习和讨论毛主席关于教育工作的指示，认为贯彻毛主席指示精神，必须进行学制、课程、教学方法、考试制度等几个方面的改革。会议指出，改进高等教育工作的方向，是提高教学质量的关键。为此，学校组织发动广大教师调查研究，本着"思想积极、行动稳妥"的方针，把贯彻"少而精，学到手，加强三基"的原则列为教学工作重点。学校于1965年在教学改革方面重点抓了五项主要工作：一是进一步组织全校师生联系实际，学习毛主席对教育工作的指示，提高师生的思想觉悟和认识水平，增强办好社会主义大学和进行教学改革的自觉性。二是继续大力贯彻"少而精"原则，普遍进行课程改革。要求对各门课程进行"四查一找"（查无用、查烦琐、查简单重复、查脱离实际的内容及其原因，找出重点精华），精选教学内容。要求教师教书又育人。将课程改革落实到教材建设上来，带动教学方法的改革，提倡启发式教育。三是把机制、电机两个专业的两个小班作为实行半工半读教育制度的试点。四是对全日制各专业教育计划拟出调整方案，准备减少课程门数、精简课程内容，将学军、劳动等列入教育计划。五是改进生产实习和毕业设计环节，要求毕业设计面向生产，为生产服务。各个系和教研室的科研方向尽可能同毕业设计重大项目配合，实现教学、生产劳动和科学研究三结合。

1963年，学校在基本完成教师队伍的"五定"工作后，在系统调查分析教师队伍结构状况的基础上，提出师资长期培养规划。学校发动教师反复讨论提出修改意见，最后经校务委员会讨论通过，制订出了《合肥工业大学1963年—1972年师资培养规划》（图2-49）。《规划》指出：所有教师在政治上必须拥护共产党的领导，拥护社会主义，愿为社会主义建设服务，为人民服务。并在此基础上，自觉地进一步深入改造世界

图2-49 1964年3月20日《合肥工大》第二版刊登题为"我校制订长期师资培养规划"报道

（资料来源：合肥工业大学档案馆
档号：1964-Y-DZ-0063）

观,逐步树立无产阶级的阶级观点、劳动观点、群众观点和辩证唯物主义观点。学校努力创造条件,通过开办俄语、日语、英语培训班,青年教师跟教补修课程,选派教师脱产到相关兄弟院校、科研院所进修,组织教师到相关厂矿企业参观、考察和搜集资料等措施,促进青年教师队伍的快速成长;还要求教师们认真读书、备课,精选教学内容,改进教学方法,广泛开展教学研究、科学研究和学术活动,以提高教师的教学业务水平。

为强化与规范学校治理,1959年3月,学校根据中共中央、国务院《关于教育工作的指示》精神,决定实行党委领导下的校务委员会负责制。经学校党委提名和全校师生员工代表协商同意,形成了学校校务委员会委员名单,并向安徽省人民委员会报请批准。5月,安徽省人民委员会(人字第00221号)文件批示:同意学校报批的《合肥工业大学校务委员会暂行组织条例》,同意学校正式成立校务委员会,实行学校党委领导下的校务委员会负责制(图2-50)。第一届校务委员会委员由44位同志组成,孙宗溶担任主任委员,程自立、吕季方任副主任委员。《合肥工业大学校务委员会暂行组织条例》规定:校务委员会在校党委的领导下,为学校行政领导机构,根据民主集中制原则,实行集体领导。校务委员会应坚决贯彻执行党和政府的方针政策,组织动员全校力量,积极完成培养有社会主义觉悟的、有一定科学技术水平的、经过劳动锻炼的、体魄健全的工业建设干部的任务。1964年3月,经第一机械工业部批准,学校又成立了新的一届校务委员会,由26位同志组成,刘正文担任主任委员,路光、吕季方、冯云任副主任委员。

图2-50 合肥工业大学校务委员会批复

(资料来源:合肥工业大学档案馆
档号:1959-Y-DZ-0012·009)

三、面临"文革"逆境,谋求曲折发展

1966年5月,"文化大革命"开始全面发动起来。这场运动历时十年,造成全国各领域尤其是文化教育领域的严重混乱。正在发展中的合肥工业大学"文革"中也遭受严重破坏,许多教师、干部和学生受到迫害,学校的管理、教学、科研、生产等工作曾一度瘫痪。"文革"时期,学校还经历了合并与分迁。从1970年开始,又恢复招生。广大教师和科研人员凭着对国家和民族的高度

图2-51 安徽省革委会关于安徽工学院、安徽水利电力学院并入合肥工业大学的报告

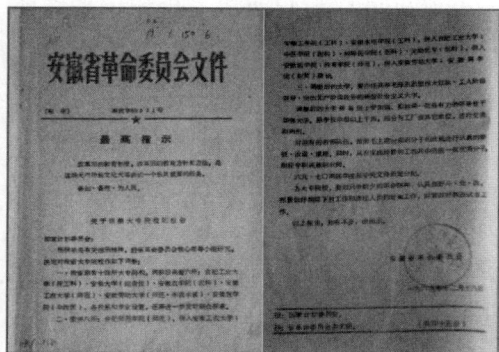

（资料来源：合肥工业大学档案馆
档号：1969-Y-DZ-0001·002）

"文革"开始后，学校便停止招生。原在校的1966届至1970届的5届毕业学生4500余人，分别从1968年年底开始逐年分配，到1970年暑假全部分配完毕。1969年7月4日，学校向一机部提出在机械制造、工业企业自动化和无线电技术3个专业进行招生试点方案。1970年10月，学校按照中共中央批转《北京大学、清华大学关于招生（试点）的请示报告》的文件精神，从本省各专区、市和部队等有关单位招收了第一届工农兵学员1072人（图2-53）。分属电机、机械、无线电、化工、地质、农机、建筑、采矿8个大队（系）21个连队（专业）。1971年未招生。1972年暑假，招收1088人。1973年至1976的4年中，学校共招收工农兵学员4698人。工农兵学员的招生实行群众推荐、领导批准和学校复审相结合的办法，学制3年。学员毕业以后，原则上回原单位、原地区工作，也有一部

责任感，在十分困难的条件下，仍然坚持开展教学科研工作，并取得了一定的成绩。

1969年12月，安徽省革委会根据需要对大专院校进行调整：将安徽工学院、安徽水利电力学院并入合肥工业大学，使合肥工业大学成为一所综合性的工科大学，学校的规模和影响进一步扩大（图2-51）。两校并入后，原安徽工学院大部分校舍和原安徽水利电力学院的全部校舍均被其他单位占用。两校的教学设备和家具，在搬迁过程中损失严重，给教学、科研工作增加了很多困难。但两校的并入，在客观上壮大了学校的规模，聚集了师资力量，为日后恢复招生打下了基础（图2-52）。

图2-52 1969年三校合并时基本情况一览表

原校名	系数及名称		专业数及名称		教师数（人）	学生数（人）	实验室数（个）	用房建筑面积（m²）
	系数（个）	名称	专业数（个）	名称				
合肥工业大学	7	机械系电机系无线电系化工系建筑系地质系探矿系	15	机制、铸造、锻压、精仪、电制、工企、无线电技术、电真空、高分子、稀有、煤田、矿机、矿建、工民建、采煤	765	4 700	43	142 259
安徽工学院	3	一系二系三系	4	一系：机制二系：铸造、金属热处理三系：汽车使用与修理	210	1 283	12	37 000
安徽水利电力学院	3	电力系水利系机制系	5	电力系：热动、发配电水利系：农田水利、河川枢纽水电站建筑机制系：机制	148	746	15	30 690
合计	13		24		1 123	6 729	70	209 949

［资料来源：合肥工业大学校史（1945—2005）］

图2-53 第一届工农兵学员合影

（资料来源：合肥工业大学档案馆
档号：1973-SX12-0019·011）

分根据国家需要统一分配。

学校在1970年恢复招生后，不断调整系科专业设置。1971年10月，新增农业机械、内燃机设计与制造、无机物工学和地球物理探矿4个专业。将原电真空专业改为半导体器件专业，将原汽车使用与修理专业改建为汽车、拖拉机设计与制造专业，将原采煤专业和矿井建设专业合并为矿山开采设计与施工专业，将原水利工程建筑专业和农田水利专业合并为水利工程专业。至此学校共设置专业22个。

1972年3月和1973年8月，根据上级决定，学校先后将采矿系和地质系的煤田地质等共5个专业分出至淮南煤炭学院（现安徽理工大学）。淮南煤院的房屋、图书资料、教学设备，以及由合肥工业大学迁出专业的设备、图书资料、教学器材等，即日起均隶属淮南煤炭学院。另由合肥工业大学将原安徽工学院并入的基础课教具分配给淮南煤炭学院一部分。其基础课教师和基层干部，由合肥工业大学帮助解决（图2-54、图2-55）。

1973年，学校将系科专业进行了重新设置，调整后学校共设机械、电机、无线电、化工、农机、地质、建筑等7个系21个专业，学制均为3年。系科专业设置情况如下：

机械系：机械制造工艺及其设备、金属热处理工艺及其设备、铸造工艺及其设备、锻

图2-54 安徽省革委会关于组建淮南煤炭学院的通知

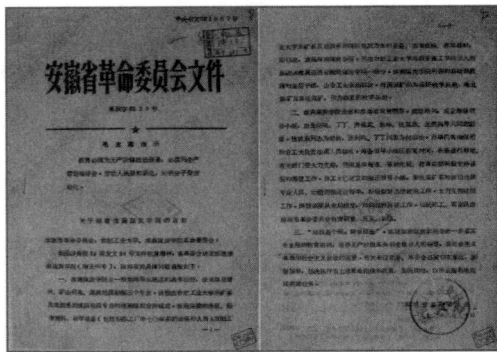

（资料来源：中央档案馆）

图2-55 安徽省革委会关于学校相关专业分出至淮南煤炭学院的通知

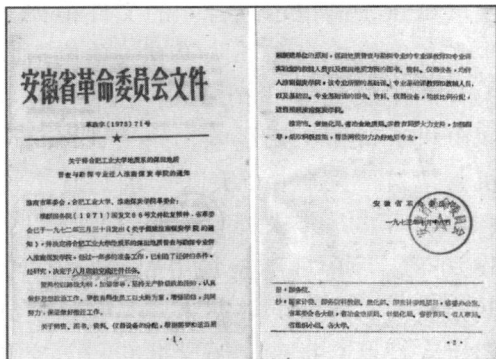

（资料来源：合肥工业大学档案馆
档号：1973-Y-DZ-0019·002）

压工艺及其设备、长度计量仪器5个专业；

电机系：电机设计与制造、工业电气自动化、发电厂与电力系统3个专业；

无线电系：无线电技术、半导体器件2个专业；

化工系：高分子化工、无机化工、稀有金属冶炼3个专业；

农机系：农业机械、汽车设计与制造、拖拉机设计与制造、内燃机设计与制造4个专业；

地质系：地球物理探矿、矿产地质2个专业；

建筑系：水利工程、房屋建筑2个专业。

1974年3月，学校增设水文地质专业；1975年2月，学校决定在无线电系增设工业电子技术专业；1976年8月，又增设焊接专业；1976年9月，根据上级有关部门指示精神，学校增设起重运输机械专业，同月又增设电子医疗仪器专业。

随着教育革命的深入，学校从工农业生产和国防建设需要以及教学、科研、生产三结合要求出发，逐渐建立了一支由工人、教师和技术人员组成的三结合教师队伍。从1969年4月开始，学校的化工、无线电、建筑、地质和矿机等系师生，分散到合肥市内的化工厂、灯泡厂、矿机厂、轻工机械厂和皖南铜陵等地区，参加半年以上的专业对口劳动，并和工人一起调查研究，结合技术革新进行教学活动。机械系、电机系两个系6个专业18个班级的学生全部在校机电厂劳动，并和教师、工人一起扩建校机电厂，开始建立教学、科研、生产三位一体的新体制。1970年8月，全校先后成立了机械、电机、无线电、化工、农机等5个"厂系合一"大队，各个大队下设工人、教师、学生三结合的专业连队，连队以下按不同工种编成排、班。学校实行三级管理方式，到1974年在校内办起了机械厂、农机厂、电机厂、化工厂、无线电厂、"五七"农场等劳动基地（图2-56）。

与此同时，学校实行"学校、设计部门、施工单位三结合，教员、技术人员、工人三结合，教学、生产、科研三结合"，建立了一批教育实践基地。1970年学校地质大队与327地质队挂钩，1972年学校与淮南发电厂挂钩并建立基地。学校依托基地培养出了一批专业技术人才，促进了教学、科研、生产等各项工作的开展。其间，学校还为一些厂矿和农村社队等有关单位举办了电工训练班、齿轮加工训练班等短期技术培训班。地质系（大队）在办好普通班的同时，还深入现场，

图2-56 1974年合肥工业大学校办工厂、农场情况表

工厂、农场名称	校办工厂		校办农场			校办工厂、农场职工数
	车间（个）	总产值（万元）	农场（亩）	粮食总产量（万斤）	农副业总收入（万元）	人数（人）
机械厂	6	120.64				348
农机厂	3	256.80				396
电机厂	2	103.00				180
化工厂	2	66.00				135
无线电厂	2	28.20				100
"五七"农场			315	12.01	1.30	17
合计	15	574.64	315	12.01	1.30	1176

注：1974年2月，合肥工业大学与长丰县教育局签订协议，将学校的"五七"农场移交给长丰县教育局。

［资料来源：合肥工业大学校史（1945—2005）］

为地质队举办了3期"队办校助"的短训班，为地质战线培养了一批技术骨干，提高了地质部门工人和技术人员的技术水平。学校还于1975年主编了《冲压工艺》等教材。

1970年6月，针对安徽省电子工业发展落后状况，学校教学科研人员凭着钻研科学的顽强精神和服务社会的主动意识，在当时技术落后、设备不全的条件下，克服重重困难，经过艰苦奋战，成功制成安徽省第一台单晶炉（单晶炉是电子工业的关键设备），使安徽省电子工业的发展迈出了关键的一步。1970年7月8日《新安徽报》头版头条以"我省第一台单晶炉在合工大胜利诞生"为标题作了详细报道（图2-57）。1970年至1972年三年间，学校共进行科学研究项目51项，完成28项（不包括当时已有初步成果的项目），完成厂校挂钩协作项目6项。截至1973年8月，全校已建成5个工厂16个车间，共生产国家、省计划产品13种。1970年至1976年，学校在技术革新、新产品试制等方面取得了喜人的成就，主要有：谐波励磁研究、激光全息光弹技术研究、创立高次方程的新解法、提出实行三相异量电动机一线一地供电方案、中频替代法衰减标准装置整体方案分析、弦点放样法、激光虹膜切除仪、激光视网膜焊接机、龙门刨的全射流控制、汽车射流汽化器、用氧化钼块炼钼合金钢、真空密闭回转焙烧窑、利用"三废"生产固体三氯化铁新工艺、利用尾气NO生产氮肥、铁红的水法工艺试验、微波粮食水分测量仪、从电解泥提取金银等稀贵金属、轴承检验自动化、埋入式电极盐炉、深低温冷冻治疗机、三相桥式可控硅反并联无环流可逆调速系统等，累计达41项。

图2-57　1970年7月8日《新安徽报》头版头条报道

（资料来源：合肥工业大学档案馆
档号：1970-SX12-0017）

第三章 "工业兴国"环境下
学校工科办学特色的显现

（1977—1997年）

编者按：1976年10月，党中央一举粉碎"四人帮"，"文化大革命"结束，党和国家的工作开始重新走上健康发展的轨道。1978年12月，党的十一届三中全会召开，全党解放思想，开动脑筋，实事求是，团结一致向前看，把全党工作重点转移到社会主义现代化建设上来。随着改革开放的不断深入和教育事业的不断发展，合肥工业大学经历了恢复整顿、探索前进、调整发展三个阶段，在全校师生员工的共同努力下，各项工作不断取得新进展。特别是自20世纪90年代以后，学校坚持以中国特色社会主义理论为指导，贯彻"科教兴国"战略，落实《中国教育改革和发展纲要》等一系列关于教育事业的文件精神，不断调整学校的办学指导思想，切实提高教育质量、科研水平和办学效益，主动适应社会主义市场经济的需要，在改革前进的二十年间逐步形成了自己的办学特色，在"工业兴国"的环境与背景下为我国的社会主义现代化建设作出了更大的贡献。

第一节　做好恢复整顿工作，明确工作重心转移

引言：经过十年"文革"冲击，学校面临着恢复办学秩序、实现工作重心转移的严峻形势，明确了教学与科研"两个中心"工作任务。随着改革开放不断深入，学校教育事业发展也遇到如何改善学科布局、促进办学质量与科研水平提升等难题。但学校积极应对，不断调整专业结构，实现由工科向理工结合的方向发展，在"工业兴国"道路上贡献了工大人的智慧与力量。

一、恢复办学秩序，落实教学和科研"两个中心"工作

经过十年"文革"的冲击，学校的办学与发展受到严重影响。1977年至1983年，是学校肃清"四人帮"的流毒，消除"文化大革命"的影响，拨乱反正，恢复整顿，开始改革探索的时期。学校认真落实党的政策，纠正冤假错案，调动了教职员工的积极性，为实现学校工作重心的转移，为推进学校教育事业的发展铺平了道路。

在安徽省委和第一机械工业部的关心与支持下，几次调整充实了学校领导班子，学校也不断调整设置内部党政机构。1977年，学校撤销革委会政工组，建立党委组织部、宣传部和人事处，教改组、科研生产组也相应改为处，并将机械厂从机械二系分出，由学校管辖。1978年改变了过去革委会的一些名称，行政设校长、副校长、主任、副主任、厂长、副厂长，系部党组织设总支部委员会。领导班子的调整、充实和稳定，组织机构的进一步健全，为学校实现工作重心的转移，奠定了组织上的基础（图3-1）。

图3-1 1983年合肥工业大学党政组织机构图

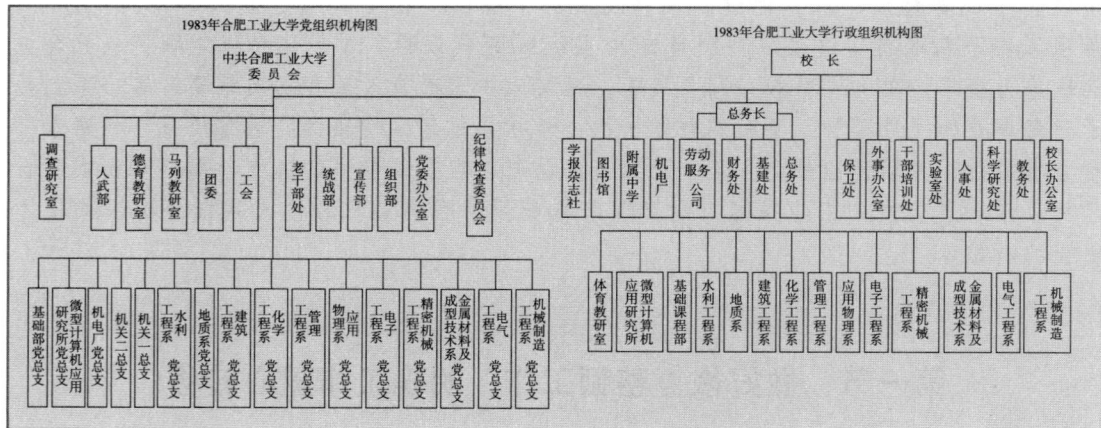

[资料来源：合肥工业大学校史（1945—2005）]

1977年7月29日，邓小平在听取教育部工作汇报时指出："要抓一批重点大学。重点大学既是办教育的中心，又是办科研的中心。"1979年1月，国家科委、教育部和农林部在北京联合召开全国高等学校科学研究工作会议，根据十一届三中全会精神和邓小平的指示，讨论了随着全党工作重心的转移，如何把高等学校办成既是教育中心、又是科学研究中心的问题。会议提出，在整个教育工作中，高等学校有着特别重要的地位，它是我国文化和科学水平的重要标志，承担着培养专门人才、发展科学技术的双重任务。会议要求全

国高等学校应当把工作重点转移到教学和科学研究工作上来。根据邓小平同志的指示和全国高等学校科学研究工作会议精神，学校认为合肥工业大学作为全国重点高等学校，应该进一步解放思想，认真总结办学经验，努力把学校办成具有较高水平的教学和科研两个中心，以培养又红又专的高级专门人才和赶超世界先进科学技术水平为奋斗目标，在出人才、出成果、促进社会主义现代化建设上做出更大贡献。为此，在1979年10月1日《合肥工大》报复刊之际，发表了题为《为把我校办成教学、科研两个中心而奋斗》一文，文章号召全校上下坚决按照教育规律办事，努力提高教育质量，并正确处理好教学和科研的关系，把主要精力转到教学、科研上来（图3-2）。

为改进教学管理，提高教学质量，学校于1979年11月进行了群众性的期中教学大检查。这次教学大检查以"高教六十条"为准绳，采取重点深入、点面结合、自查互查相结合的方法，着重检查教学质量、教学秩序、教研室工作计划执行情况等。与此同时，11月17日至19日，学校隆重举行了粉碎"四人帮"以后的第一次年度学术报告会（图3-3）。

图3-2 1979年10月1日复刊的《合肥工大》报刊登题为"为把我校办成教学、科研两个中心而奋斗"的评论

（资料来源：合肥工业大学档案馆
档号：1982-Y-DZ-0070）

会议的召开，充分反映了学校重视教师在教学、科研工作中的主导作用。会议活跃了校园学术气氛，激发了教师从事教学、科研的积极性。

1980年1月17日至21日，学校召开了教学工作经验交流会（图3-4）。校党委书记万立誉同志在讲话中强调学校要坚定不移地把工作重点转移到教学、科研上来，应该以教学为主，加强科研。学校的一切工作都要为教学、科研服务，都要围绕教学、科研来开展工作。这次会议后，学校遵循"以教学为主，加强科研"的办学指导思想，调整了部分基层教学组织，力求按学科成立教研室；整顿了教学秩序，建立健全了一系列教学制度，加强了基础理论教学；初步建立和实行教师工作量制度，对超工作量的教师发放酬金；为提高教学质量，对教师队伍特别是青年教师做了深入细致的调查分析，提出了正确对待和培养提高的意见，举办了各类教师进修班。在全校师生员工的共同努力下，学校较好地实现了工作重心的转移，各项工作逐步走上正轨。

图3-3 1979年11月20日《合肥工大》报关于举行年度学术报告会的报道

（资料来源：合肥工业大学档案馆 档号：1982-Y-DZ-0070）

图3-4 1980年2月1日《合肥工大》报关于教学工作经验交流会的报道

（资料来源：合肥工业大学档案馆 档号：1982-Y-DZ-0070）

二、调整专业结构，实现从工科向理工结合的方向发展

十年"文革"动乱造成了当时国家各条战线专门人才短缺、青黄不接的状况，整个民族文化素质大大下降。1977年上半年，邓小平同志重新恢复工作，面对千疮百孔、百废待兴的局面，他明确指出："四个现代化，关键是科学技术的现代化"；"科学技术人才的培养，基础在教育"；"不抓科学、教育，四个现代化就没有希望，就成为一句空话"。在邓小平同志的支持下，国务院批转了教育部《关于1977年高等学校招生工作的意见》及《关于高等学校招收研究生的意见》，恢复了统一招生考试制度。合肥工业大学认真地贯彻文件的有关规定，全面恢复本科生、研究生、成教生的招生工作，同时结合国家经济建设和社会发展的需要，及时调整学科、专业学制，为我国的社会主义现代化建设培养了大批德智体全面发展的高素质应用型人才。

1977年12月，全国高等学校恢复了统一招生考试制度。学校积极贯彻有关文件精神，停止招收三年制工农兵学员，恢复招收四年制本科生。1978年3月，学校招生制度改革后录取的首届（1977级）新生入学（图3-5）。从1977年开始恢复高考制度至1983年，学校招收7届本科学生共7400人。其中：1977年招生1230人，1978年招生1179

人，1979年招生795人，1980年招生939人，1981年招生970人，1982年招生1100人，1983年招生1187人。1983年在校本科学生人数共4179人，比1976年在校学生人数增加963人。

1978年恢复研究生招生制度以后，学校根据需要和自身的条件，迅速恢复了招收研究生工作，并于1978年9月1日，将恢复招生后首批录取的28名研究生名单上报省教育局审批（图3-6）。同时，学校成立了研究生科，隶属教务处，负责研究生的教学管理、生活管理及教学研究等工作。学校通过加强研究生的思想政治教育、教学管理、毕业论文和学位授予工作，有效

图3-6　学校1978年研究生录取报告

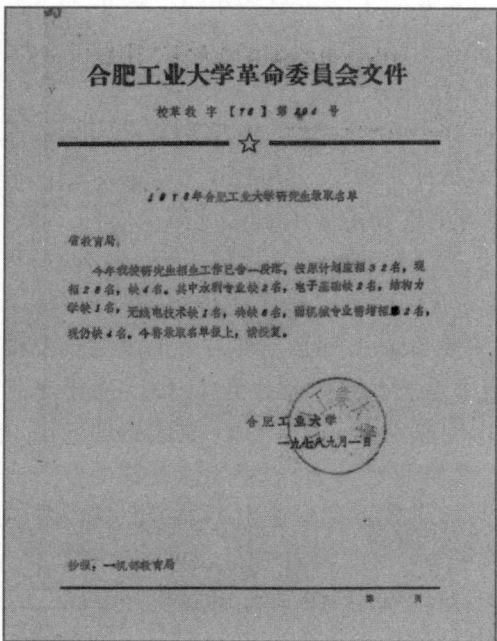

（资料来源：合肥工业大学档案馆
档号：1978-Y-DZ-0016·035）

图3-5　学校1977年本科生录取名册

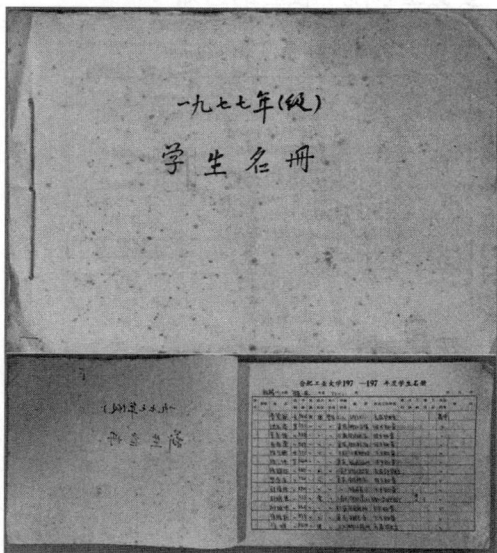

（资料来源：合肥工业大学档案馆
档号：1978-JX14-0004）

地保证了研究生的培养质量。1982年1月15日，学校举行了1981届本科生、研究生毕业典礼，这是1977年恢复高考和1978年恢复招收研究生制度以后入学学生的首次毕业典礼。

我国高等教育的模式是1952年从苏联移植的。苏联的这套模式，强调分门别类地培养立即能够使用的所谓"现成的专家"。这种教育比较强调实用知识和技能，专业设置狭窄，知识结构单一，重理轻文，文化素质有明显缺陷。所培养学生的特点是刚开始工作时显得非常能干，所谓上手很快，但发展后劲不足，面对社会生活、科学技术的发展变化，相对比较缺乏创造性和适应性。由于专业太狭窄，因而许多人用非所学，学非所用，造成巨大的

图 3-7   农业机械部关于恢复"安徽工学院"校名的通知

（资料来源：合肥工业大学档案馆
档号：02-1979-Y-DZ-0007·001）

人才浪费。从适应社会主义"四化"建设发展的需要和当代科学技术迅速发展的形势出发，学校根据国家"调整、改革、整顿、提高"的"八字方针"要求，结合学校实际，按照"适当拓宽专业面""打好基础，加强理论与实践的结合，增强适应能力"的原则，制订了原有系的调整和新专业的组建方案，对一些老的系科、专业进行了调整和改造，撤并了个别专业；逐步增加了一些新的系科、专业，并提出了由单一的工科大学向理工科大学发展的奋斗目标。

1978 年 4 月 28 日，国务院批准在原址（合肥市六安路）恢复安徽工学院，将合肥工业大学农机系等分出，改名为"安徽农业机械学院"，由部省双重领导，以第一机械工业部为主。1978 年，中共安徽省委文教部决定成立安徽工学院筹备小组，着手筹备复校工作。1979 年 5 月 23 日，恢复安徽工学院校名（图 3-7）。

1978 年 10 月 4 日，学校党委根据安徽省委指示精神，将原建筑系分开，设立建筑系和水利系。此后学校将原机械制造系分为机械制造工程和金属材料与成型技术两个系。1980 年，为加强工科专业的基础，使理工互相促进、互相渗透，学校设立了应用物理系和管理工程系，调整的专业有：原"精密计量仪器专业"改为"精密机械仪器专业"，原"铸造工艺及设备专业"改为"铸造专业"，原"工业自动化专业"改为"工业电气自动化专业"，原"发电厂及电力系统专业"改为"电力系统及自动化专业"，原"农田水利工程专业"改为"水资源利用专业"，原"地球物理探矿专业"改为"地球物理勘探专业"，原"水文地质专业"改为"水文地质及工程地质专业"，原"半导体器件专业"改为"半导体物理与器件专业"等。截至 1983 年 1 月，学校系和专业由 1977 年的 7 个系 24 个专业调整为 11 个系 25 个专业。合肥工业大学 1983 年专业设置一览表见表 3-1 所列。这些专业除机械设计专业的学制为五年外，其余专业学制均为四年。通过上述系科、专业设置的调整，学校专业设置更加趋于合理，专业结构由单一的工科朝着理工结合的方向发展。

表3-1 合肥工业大学1983年专业设置一览表

序号	系别	分序号	专业名称
1	精密机械工程系	1	精密机械仪器
		2	真空技术及设备
2	机械制造工程系	3	机械设计专业
		4	机械制造工艺及设备
3	金属材料工程系	5	锻压工艺及设备
		6	铸造
		7	金属材料及热处理
4	电气工程系	8	工业电气自动化
		9	电力系统及自动化
		10	电机
5	电子工程系	11	无线电技术
		12	电子计算机及其应用
6	建筑工程系	13	工业与民用建筑
		14	建筑学
7	水利工程系	15	水资源利用
		16	水利水电工程建筑
8	地质系	17	矿产地质普查及勘探
		18	地球物理勘探
		19	水文地质及工程地质
9	化学工程系	20	高分子化工
		21	无机化工
		22	粉末冶金材料
10	应用物理系	23	应用物理
		24	半导体物理与器件
11	管理工程系	25	机械工业管理工程
共设置有11个系25个专业			

三、改善学科布局，促进办学质量与科研水平提升

为适应国家与一机部关于工业人才培养的要求，学校在不断调整本科专业设置的同时，也积极发展研究生教育。1982年2月，经国务院批准，学校机械制造、精密机械仪器、电机、工业自动化、计算机应用、计算数学、固体力学、矿床学、构造地质学和水工结构等10个学科专业获得了硕士学位授予权。随着硕士学位授予权的增加，学校加大了研究生招收和培养工作力度。至1983年学校共有113名研究生，其中仅1983年学校就招收了63名研究生（15名为在职研究生）（图3-8）。

图3-8 1983年学校研究生录取情况统计表

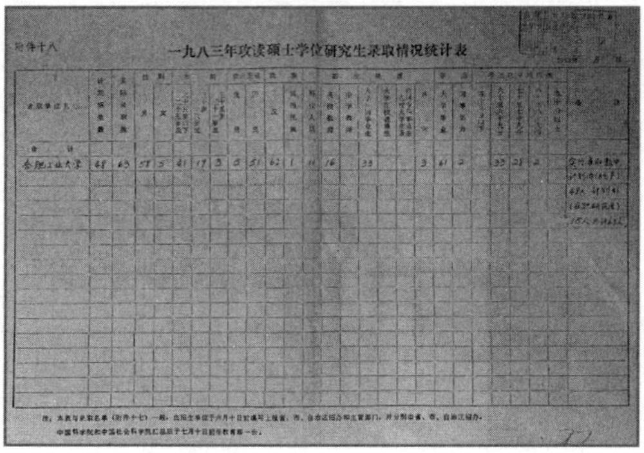
附件十八

一九八三年攻读硕士学位研究生录取情况统计表

（资料来源：合肥工业大学档案馆
档号：1983-JX13.31-0002.002）

为加强学校治理，提高办学成效，学校还相继成立了学术与学位工作机构。1978年12月，学校成立了第一届学术委员会。主任委员为蔡秉久；副主任委员为芮坤生、万迪生、顾绳谷；委员42人，其中教授、副教授30人，讲师12人。以后学术委员会成员经过调整，第二届和第三届学术委员会的主任委员为顾绳谷，副主任委员为蔡秉久、芮坤生、万迪生、刘昌键，委员会下设师资、教学、科研三个工作组，并相应地成立了各系（部）学术委员会。学术委员会的建立，加强了对学术交流和科研工作的领导（图3-9）。1979年7月，《合肥工业大学学报（自然科学版）》创刊，有效推动了校内学术活动的开展（图3-10）。1981年12月，学校成立了第一届学位评定委员会（图3-11）。校学位评定委员会设主席和副主席，主席为顾绳谷，副主席为李志勇、蔡秉久、芮坤生、万迪生，委员由22人组成。按照学位法的规定，各系（部）分委员会成员一般由7～15人组成，全校共设12个分委员会。

1977年，邓小平同志强调指出：“重点大学既是办教育的中心，又是办科研的中心。”学校结合实际，提出了“以教学为中心，加强科研”的办学指导思想，逐步恢复并加强了科学研究和学术活动，取得了较好的成绩。据统计，从1977年至1983年，学校经鉴定的科研成果有106项，发表的科技论文404篇，获得国家部委、省市奖励的科研成果有50余项。在一机部部属高等院校《1977至1979科研成果选编》中，合肥工业大学被选上的科研成果29项，科学论文91篇，著作13部。特别是1983年，全校承担187个课题研究工作，其中国家部委重点课题42项，提前和按计划完成的有25项；合同项目88项，按计划完成57项；校级项目57项，完成17项。全年完成鉴定的项目共30项，是学校历年来通过

鉴定项目最多的一年。同时，为保障与促进科研工作开展，学校还成立了一些学术研究机构，如：微型计算机应用研究所、应用力学研究室、特种加工工艺研究室、工业自动化研究室、激光技术研究室、高分子复合材料研究室等。这些学术研究机构为提高学校科研水平，扩大学校知名度起到了重要的促进作用。

图3-9 关于成立合肥工业大学学术委员会的通知

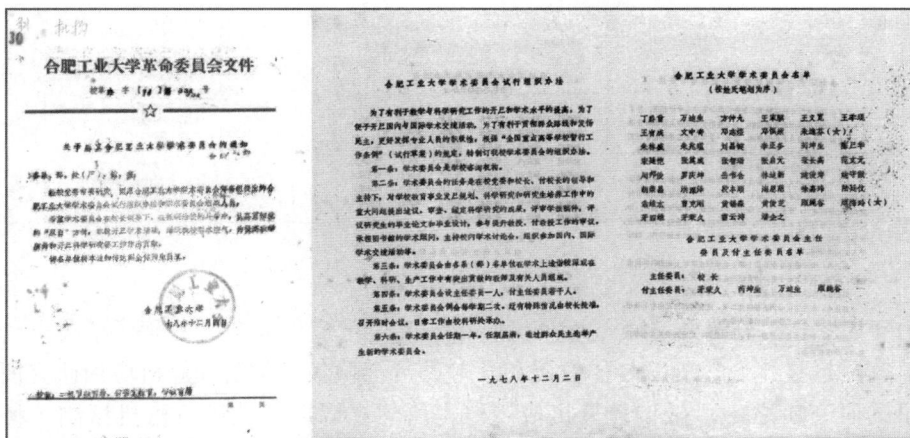

（资料来源：合肥工业大学档案馆 档号：1978-Y-DZ-0018·030）

图3-10 《合肥工业大学学报》发行的报告与批复

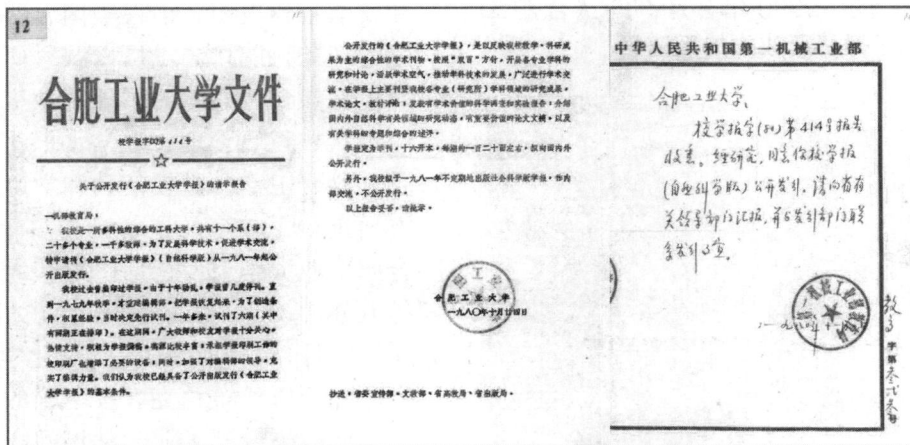

（资料来源：合肥工业大学档案馆 档号：1980-Y-DZ-0010·012）

图3-11　校学位委员会成立的批复与通知

（资料来源：合肥工业大学档案馆　档号：1981-Y-DZ-0015·019）

1980年3月，学校召开"微型计算机应用研究所"成立大会，并聘任了美国哥伦比亚特区大学教授赵鉴芳为学校的名誉教授和学术委员会顾问，微型计算机应用研究所是当时高校最早的研究所之一。微型计算机应用研究所建立以后，在进行微机试制、科研的同时，还为全国许多高校、科研单位和学校各系、厂培训了几百名技术人员，得到了国内同行的高度认可，产生了广泛的影响（图3-12）。

改革开放以后，学校的国际交往日益增多，学术交流活动也日益频繁。1978年以后，学校先后参加中国机械工程教育代表团和安徽省代表团，前往美国、西德等国家的理工科院校、工厂以及科研实验部门进行参观考察，对国外的理工科院校的现状、行政管理、教学水平、系科设置、科研工作、教授活动和学生生活等方面进行了较多的了解。1979年11月，合肥工业大学与西德斯图加特大学在平等互惠基础上发展两校间的交流与合作。11月7日，斯图加特大学化学处理技术研究所所长布兰克教授率领的一行五人，应邀来合肥工业大学访问，进行学术交流，商谈建立校际联系有关事宜。斯图加特大学是西德的一所著名大学。

图3-12　1980年2月1日《合肥工大》报关于微机所成立的报道

（资料来源：合肥工业大学档案馆
档号：1982-Y-DZ-0070）

该校所设专业范围很广，合肥工业大学的机械、电气、电子、建筑、化工等专业与该校有关专业基本对口，有利于进行广泛的学术交流和合作。访问期间，双方进行了座谈讨论，取得一致意见，同意在平等互惠的基础上发展两校之间的交流与合作，并签署了《中华人民共和国合肥工业大学与德意志联邦共和国斯图加特大学关于建立校际学术交流合作关系的会谈纪要》。1980年12月4日至14日，合肥工业大学代表团应邀访问了西德斯图加特大学，主要就两校合作挂钩问题进一步进行商谈。通过这次访问，双方在1979年11月签订会谈纪要的基础上，经过补充更改，拟出正式协议条文，并举行了草签仪式。1981年2月25日，西德斯图加特大学代表团访问我校，学校与斯图加特大学签订了第一个校际合作交流协议。在此基础上，两校在科技交流和互派教师讲学、学生留学等方面进行了更加广泛、长久的合作（图3-13）。1981年5月13日，合肥工业大学还与福州大学正式签署了《校际联系合作协议书》。学校通过广泛的对外学术交流，活跃了学术气氛，加强了相互了解，扩大了学校的对外影响，促进了学术繁荣，促进学校的对外交流与合作。

图3-13 合肥工业大学与斯图加特大学签署的合作协议文本

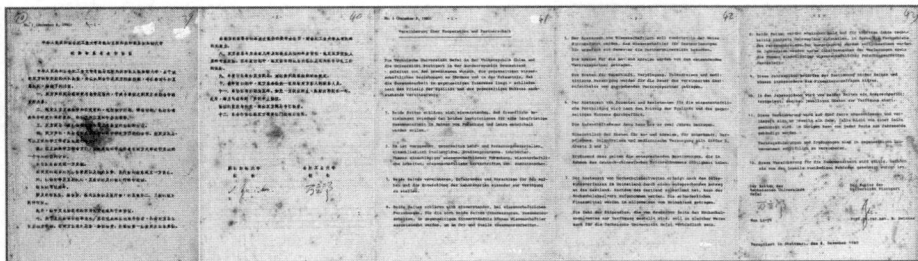

（资料来源：合肥工业大学档案馆 档号：1981-Y-DZ-0016·009）

1977年，邓小平同志在《关于科学和教育工作的几点意见》中指出："教育还是要两条腿走路。就高等教育来说，大专院校是一条腿，各种半工半读的和业余的大学是一条腿，两条腿走路。"1980年国务院印发了教育部《关于大力发展高等学校函授教育和夜大学的意见》，明确提出把成人教育纳入高等教育事业计划，并要求高等学校贯彻两条腿走路的方针，采取多种形式办学，积极恢复并大力发展函授教育和夜大学的工作。据此，学校于1980年9月恢复了夜大学，举办了干部专修科、各类培训班，为社会主义现代化建设培养了大量各类急需人才（图3-14）。

此阶段，学校在"调整、改革、整顿、提高"要求下，不断调整学科与专业设置，完善与充实办学条件，扩大服务于国家、社会与行业对工科专业人才需求的范围，在"工业兴国"道路上不断作出新的贡献。

图3-14 学校承办短训班工作报告

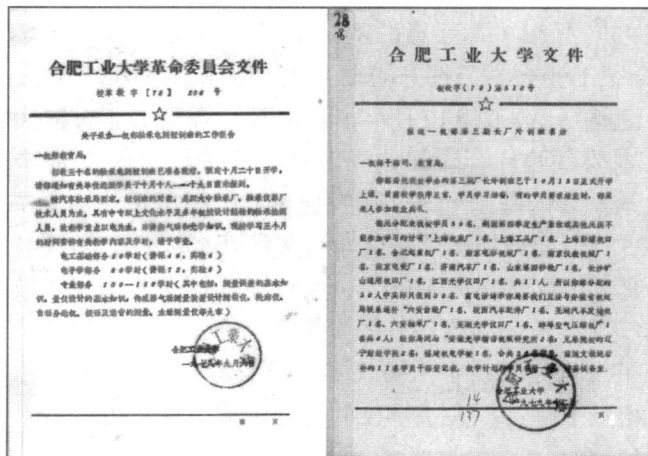

（资料来源：合肥工业大学档案馆 档号：1978-Y-DZ-0016·047、1979-Y-DZ·0022-028）

第二节 调整办学思想，做好内部管理体制改革

引言：经过恢复整顿，学校各项事业走上正轨。在改革开放与"四化"建设的总体要求下，学校及时调整办学思路，深化管理体制和教学改革，把学校办成两个中心（教育中心和科研中心），为践行"工业兴国"准备条件。

一、调整办学思路，制订学校发展规划

1983年以后，随着我国改革开放的不断深入和教育事业的不断发展，在党的教育方针政策的指引下，学校按照社会主义教育事业的发展规律，深化改革，适时调整办学思想，围绕"两个中心"的目标任务，制订学校各项工作发展规划，各项工作进入新时期。

制订《合肥工业大学1984—1990年发展规划》。1984年12月，学校为贯彻邓小平同志关于"教育要面向现代化、面向世界、面向未来"以及重点大学要办成既是教育中心又是科研中心的指示，根据机械工业和"四化"建设发展的需要，并参照世界先进科技发展的趋势和新技术革命的要求，结合我校学科发展的实际情况和原有水平，制订了《合肥工业大学1984—1990年发展规划》，并提交首届教职工代表大会讨论、审议。这一规划提出我校1984—1990年的奋斗目标是：把我校逐步建成理工管结合、以工为主，既是教育中心又是科研中心，具有国内先进水平的有特色的重点大学。为此，学校的学位建设与学术地位要进入全国先进大学行列；实行多层次办学，努力提高教育质量，研究生、本科生的培

养质量达到国内先进水平；加强应用技术研究，同时注重开发研究与基础理论研究；不断提高师资水平，培养和造就一支又红又专、治学严谨、学术水平较高、结构合理的师资队伍；建成计算中心、机械工程测试中心、电气工程测试中心、理化分析及电子显微分析中心和信息中心，使其达到国内先进水平；搞好学校建设的总体规划；大力加强思想政治工作，树立良好的校风校纪，建成精神文明的基地（图3-15）。

图 3-15 合肥工业大学 1984—1990年发展规划（部分）

（资料来源：合肥工业大学档案馆 档号：1984-Y-DZ-0028·005）

实施"七五"规划，建设教学、科研两个中心。1987年学校对原制订的《合肥工业大学1984—1990年发展规划》进行重新修正，制订出《合肥工业大学"七五"发展规划》，并提交1987年5月13日召开的第二届教职工代表大会讨论、审议。"七五"期间学校办学的主要指导思想是：坚持社会主义办学方向，全面贯彻党的教育方针；把德育放在学校工作首位，加强思想政治工作；坚决贯彻中共中央关于教育、科技体制改革的两个决定，努力适应机电行业和国民经济发展的需要，加强基础设施建设，充实和改善办学条件；以教育、科研工作为主体，大力提高教学质量和科技、学术水平；狠抓本科生和研究生教育质量，同时努力提高培养博士生、硕士生等高层次人才的比例；集中人力、物力、财力，加强重点学科建设，带动其他学科发展，增加博士、硕士学位点；使学校形成教学、科研两个中心。通过内部管理改革，提高办学效益，把学校办成具有国内先进水平的有特色的重点大学（图3-16）。

图3-16 《合肥工业大学"七五"发展规划》

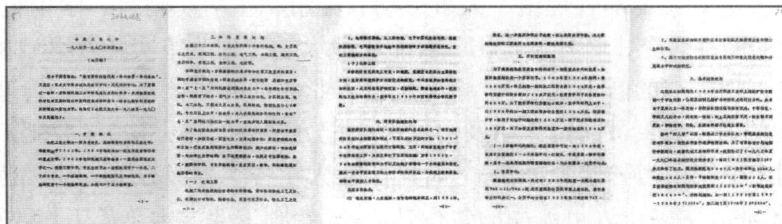

（资料来源：合肥工业大学档案馆 档号：1984-Y-DZ-0028·005）

规划"八五"蓝图，力争早日跻身"211工程"。1992年以后，党中央、国务院以及国家教委对高等教育改革从办学体制、内部管理体制、教学工作、科技工作、学位与研究生教育、招生和毕业生就业制度等方面都提出了具体的改革意见。1993年2月，中共中央、国务院颁布了《中国教育改革和发展纲要》。《纲要》认真分析了教育面临的形势和任务；提出了教育事业发展的目标、战略和指导方针；对教育体制改革的具体内容和要求以及如何全面贯彻教育方针、全面提高教育质量、加强师资队伍建设、筹措教育经费的具体措施都做了详细阐述。《纲要》正式设置"211工程"项目（面向21世纪，重点建设100所左右的高等学校和一批重点学科点）。为了认真贯彻《纲要》精神，学校于1993年12月27日至12月30日召开第三届教代会第二次会议，会议主题是：学习贯彻《纲要》，修订学校"八五"规划，齐心协力，认准目标，深化改革，创造条件，促使学校教育质量、科研水平和综合实力跃上新台阶，为早日跻身"211工程"而努力奋斗。会议明确提出，学校各项工作都要与"211工程"接轨。这标志着合肥工业大学办学指导思想已转移到"深化改革，提高办学水平、办学层次和办学效益，向国内先进水平迈进"上来（图3-17）。

图3-17 合肥工业大学八五事业规划（部分）

（资料来源：合肥工业大学档案馆 档号：1989-Y-DZ-0026·002）

二、改革内部管理体制，激活办学活力

学校管理体制改革的全面展开。根据全国改革发展形势，按照机械工业部党组和安徽省委的要求，学校研究决定：在党委领导下，成立改革办公室，负责调查研究，拟制改革方案。改革办公室下设干部管理组、人事劳动分配组、生活后勤组、学生组等4个小组。经过深入细致的调查研究，学校制定出《合肥工业大学管理改革实施方案》及《合肥工业大学关于实施管理改革的若干规定》，报经机械工业部批准并颁布实行。管理改革方案包括《合肥工业大学各类人员岗位津贴及岗位考绩记分奖惩实施办法》《合肥工业大学机关岗位责任制制定原则及考核奖惩办法》《合肥工业大学各类各级教师工作规范及考绩记分办法》《合肥工业大学关于人员流动的暂行办法》《合肥工业大学总务工作改革实施方案》《合肥工业大学机电厂改革实施方案》《合肥工业大学微型计算机研究所管理改革方案》等七个具体的改革实施细则。上述改革方案在"七五"期间对学校工作的深入开展起到了积极的作用，部分方案实施后，取得了明显成效（图3-18）。

管理体制改革的逐步深化。"八五"以后，随着教育工作在体制结构、重点工作等方面的逐步调整，特别是1992年及1993年间，中共中央、国务院对教育工作给予了极大关注和重视，颁布了《中国教育改革和发展纲要》。国家教委、机械工业部相继印发了一系列关于高等教育管理体制改革、教学改革、科技工作改革、招生和毕业生就业制度改革等文件。学校于1992年开始研究进一步深化学校内部各项管理体制改革的工

图3-18　合肥工业大学管理改革实施方案

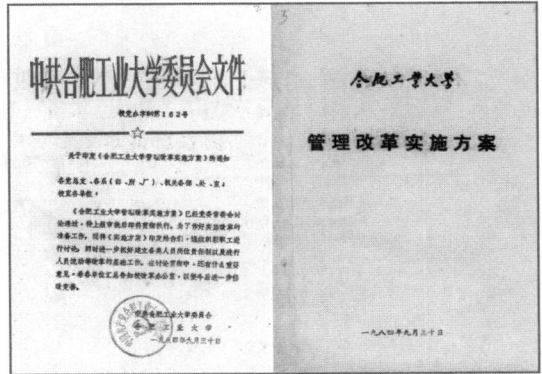

（资料来源：合肥工业大学档案馆
档号：1984-Y-DZ-0028·005）

作。拟制出《合肥工业大学校内管理体制改革方案》及《合肥工业大学加强校系两级行政管理及实行任期工作目标责任制实施方案》《合肥工业大学各类人员定编实施办法》《合肥工业大学人员聘任实施办法》《合肥工业大学人才交流管理暂行办法》《合肥工业大学校内分配制度改革方案》《合肥工业大学住房制度改革实施方案》等一整套文件，于1994年起分步付诸实施（图3-19）。

图3-19　合肥工业大学校内管理体制改革方案

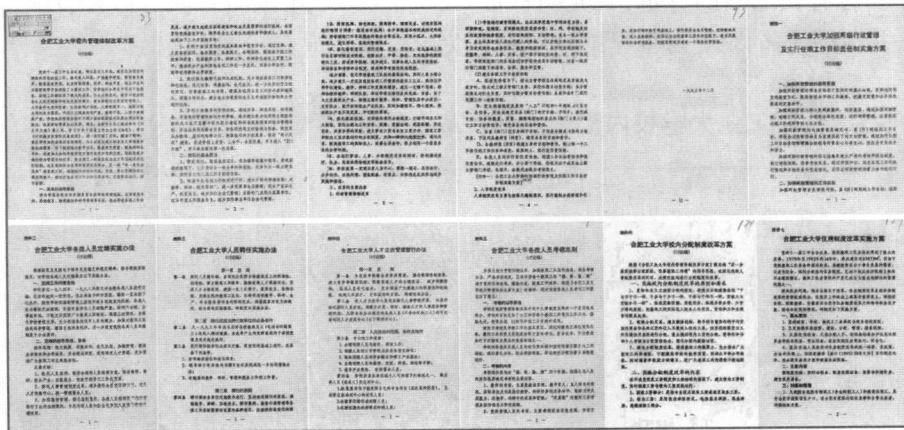

（资料来源：合肥工业大学档案馆　档号：1993-DQ16-0002·014）

图3-20 关于《合肥工业大学微机所改革试点》的批复

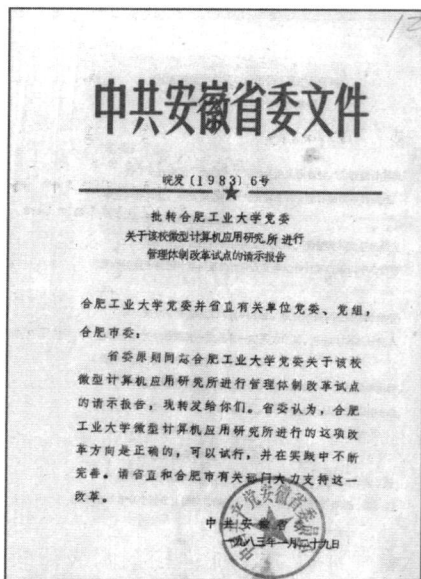

（资料来源：合肥工业大学档案馆
档号：1983-Y-DZ-0047·001）

学校此阶段的内部管理体制改革，以微机所试点改革、劳动服务公司的兴办为主要代表。为充分调动广大教职工的积极性，为我国计算机事业多做贡献，校党委决定在微型机应用研究所进行管理体制改革的试点。1983年1月，学校制订的《合肥工业大学微机所改革试点方案》，上报安徽省委批准后实施。微机所改革措施主要是实行承包责任制；独立核算，自负盈亏；筹集研究所基金；工作人员实行聘任制；在技术职称方面，按照相关权限规定，分级各自评定审批（图3-20）。经过一年试点，取得了较好成绩，积累了有益的经验。省委指示："合肥工业大学微型机应用研究所进行的改革，方向是正确的，可以试点，并在实践中不断完善。"这项改革试点工作受到了省委副书记袁振同志的高度赞扬。1982年2月，合肥工业大学劳动服务公司成立。公司独立核算，自负盈亏，按劳分配，多劳多得，由学校转来的职工，原身份不变，对吸收和安置的待业青年，实行能进能出的用工制度和基本工资加利润分成的分配办法，形成了机构精干、层层定包，工人劳动热情高、服务态度好的局面。我校劳动服务公司"改革大学办社会，实行后勤工作社会化，统筹安排待业知青就业"的成功经验，先后在国家劳动人事部、教育部和省市召开的多次会议上做了介绍，受到国家经委、劳动人事部、教育部、机械工业部和省有关部门的肯定，《光明日报》《文汇报》《中国教育部》以及省电台先后予以报道，并吸引了省内外32个兄弟院校和有关单位前来取经（图3-21）。

图3-21 合肥工业大学校内管理体制改革方案

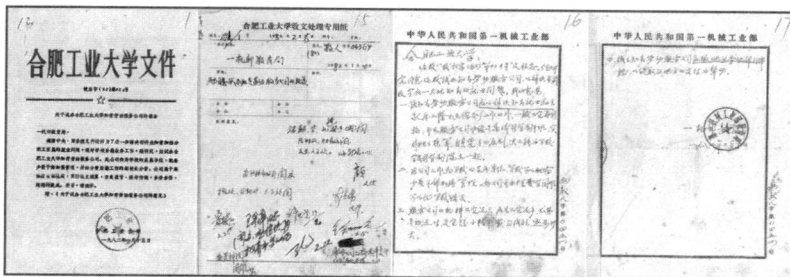

（资料来源：合肥工业大学档案馆 档号：1982-Y-DZ-0010·013）

三、深化办学体制改革，提升办学质量

为增强办学活力，提高办学层次，更好地为经济建设服务，学校从1987年起就积极探索办学体制的改革。1992年后，在《中国教育改革和发展纲要》的精神指导下，学校加快办学体制改革步伐。

筹建学院，联合办学。1987年，第二届教代会审议学校"七五"发展目标，确定在"七五"期间，按照学科门类和同类相关学科，在有关系（所）基础上规划建成若干个学院，"逐步实现大学内设学院，学院内按学科设系，系内按专业组建学科队伍的管理体制。"这为后来学院的成立和规划工作打下了良好基础。1992年11月10日，合肥工业大学乡镇工业学院成立（图3-22）。该院是当时安徽省唯一的一所为乡镇企业培养人才的高等学院。学院由学校和省乡镇企业局联合创办。学院实行董事会领导下的院长负责制。1994年12月8日，合肥工业大学化工学院成立（图3-23）。该院是当时安徽省第一个化工专门学院，是在化工系的基础上筹建的。学院实行董事会领导下的院长负责制。合肥工业大学还积极推进与合肥地区高校的多种形式的联合办学，扩大学科专业门类，进一步突出多学科相互渗透的优势，提高学校的规模效益和办学水平。

图3-22　关于成立"合肥工业大学乡镇工业学院"的请示与批复

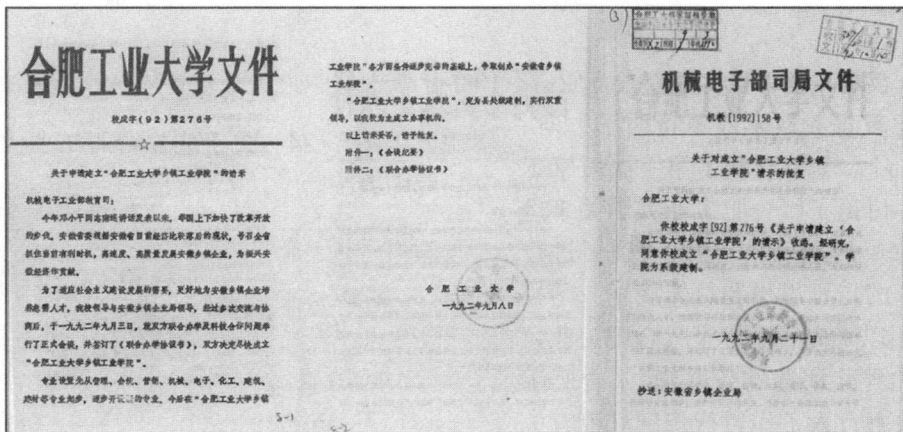

（资料来源：合肥工业大学档案馆　档号：1992-XZ11-0009·003）

成立合肥工业大学董事会。为贯彻中共中央、国务院关于《中国教育改革和发展纲要》和国家教委《关于加快改革和积极发展普通高等教育的意见》精神，加强学校与社会的联系，动员社会各界人士和校友关心、支持学校建设，1994年4月校党委决定筹建"合肥工业大学董事会"。同时，校党委和行政联合印发了《合肥工业大学董事会章程（草

图3-23　关于成立"合肥工业大学化工学院"的决定

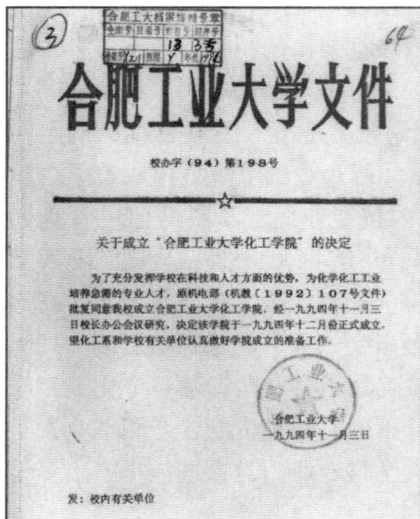

（资料来源：合肥工业大学档案馆
　　　　档号：1994-XZ11-0013·003）

案）》。1994年5月28日学校召开董事会筹备组会议。会议确认：成立董事会是我校教育改革的重大举措，是我校办学体制改革的进一步深化，有利于建立学校与社会双向参与的机制，发挥产学研合作的优势。会议要求全校各单位要认清教育发展的大好形势，抓住机遇，加快改革，练好内功，充分利用学校外部环境，促使教育质量和办学效益跃上新台阶，为学校早日跻身"211工程"打下坚实基础。1994年10月，校党委和行政联合下发《关于加快合肥工业大学董事会筹建工作的几点意见》（党办字〔1994〕第73号）。经过一年多的筹备，全国各地已有8家大中型企业、企业集团和地方政府决定参加工大董事会，并确定了董事人选。1995年4月12日，校党委和行政联合上报党办字〔1995〕第31号文件，请求机械工业部发文成立合肥工业大学董事会。机械工业部对此给予大力支持，于5月3日下发了《关于成立合肥工业大学董事会的通知》（机械教〔1995〕364号）文件（图3-24）。

推进教学改革，稳步提高教育质量。1985年《中共中央关于教育体制改革的决定》给学校深化教育、教学改革指明了方向。1985年1月，学校召开了第一次教学工作会议，讨论了《合肥工业大学关于进行教学改革的意见》，会议明确了进行教学改革的指导思想和总体规划。学校自1985年以来先后制定了《合肥工业大学教学优秀奖评选试行办法》《合肥工业大学教书育人工作暂行条例》等有关政策和制度，鼓励教师参与教学改革，开展了数次优秀教学成果、教书育人奖的评选。1986年，针对本科教学面临被削弱的局面，学校制定并认真落实了《关于深入进行教学改革，加强本科教育，提高教学质量的措施》，使全校师

图3-24　关于成立合肥工业大学董事会的通知

（资料来源：合肥工业大学档案馆
　　　　档号：1995-DQ11-0010·001）

生对本科教育的地位、作用有了正确认识。1991年学校制订了"八五"期间教学改革指导思想和总体规划。在教学改革和教学工作方面，围绕提高教育质量，提出了要以"三严"（严谨治学、严格要求、严格管理）来管理教学工作。1992年5月学校召开第二次教学工作会议，对学校教学改革工作进行总结，同时号召全校师生员工，"深化教学改革，加强教学工作，全面提高教学质量"，把学校教学改革工作推向新的高潮。1993年，为了适应社会主义市场经济体制的要求，《中国教育改革和发展纲要》及《中共中央　国务院关于〈中国教育改革和发展纲要〉的实施意见》（图3-25）先后下发。为认真贯彻《中国教育

图3-25　中共中央　国务院下发的《中国教育改革和发展纲要》及其实施意见

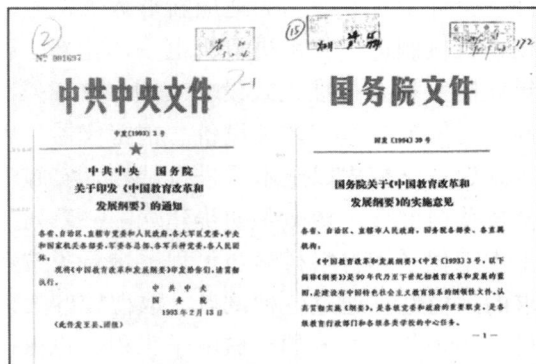

（资料来源：合肥工业大学档案馆
档号：1993-DQ11-0037·001、
1994-XZ11-0024·015）

改革和发展纲要》及其实施意见精神，学校制订了《合肥工业大学教学改革方案（初稿）》。方案中提出，教学工作是学校工作的主旋律，教学改革是学校一切改革的核心，从而明确了学校教学改革的总体思路：以改革教学制度为突破口，继而全面开展教学改革，深入进行教学内容和教学方法改革；以稳定教学秩序为前提，提高教学质量为目标，稳步开展教学改革；抓好试点，稳步推开；明确方向，抓住核心，看准关键，注重基础。

为保证教学与人才培养质量，学校采取一系列措施推进了教育思想、教学内容、教学方法改革。1984年以后，在充分进行教育思想讨论的基础上，全校教师逐步认识到，学校培养学生的类别应该由单纯的工科类向工理文管类发展，学生的素能结构应该由原来单纯的"知识型"向"智能型"转变，工科大学培养出来的学生应该完成工程师的基本训练，应着重抓好计算机、外语和工程实践能力的培养。教学内容是教学活动的依据，也是决定学生知识能力结构的主要因素和实现培养目标的重要保证。在制订全校各专业教学计划时，学校始终贯彻"拓宽专业，打好基础，注重实践，培养能力"原则。为使教学计划内容适应社会主义建设和不断深化教学改革的需要，1986年至1992年学校对各专业教学计划先后做了五次修订。学校将教学内容改革同课程基本建设有机地结合，要求教师在教学法研究上勤于耕耘，常教常新，提倡和推广"启发式"教学方法，摒弃"填鸭式"教学方法，不断提高教育质量。

加强学科专业建设与改革。学校按照"以工为主，理工文管相结合的综合性工科大学"的目标，多次调整专业设置并设置了一批新专业。到1995年，学校共设有本科专业38个，其中工科专业31个、经济管理类专业4个、文科专业2个、理科类专业1个。新设

置了英语、思想政治教育、检测技术及仪器、焊接工艺及设备、给水排水工程、机械电子工程、环境工程、贸易经济、工业外贸、交通土建工程、通信工程、半导体物理与器件、会计学等专业。为适应新形势下机电人才培养的需要，促进学科交叉，1985年，学校在机械制造工程系进行机电一体化新学科建设试点，创办了机械电子工程专业，1992年获国家教委批准正式设立（图3-26）；为拓宽学生专业面，增强学校人才培养的适应性，对机械制造工艺及设备、精密仪器、思想政治教育等专业进行了专业改造。自1984年开始，学校先以土木系进行试点，实施学分制，1985年在总结试点经验的基础上，在全校普遍推行，1986年初步建立了一系列关于学分制的管理制度。自1988年起，学校在土木工程系和材料科学与工程系进行了按系招生的试点工作，增强了人才培养对市场需求的适应性。通过各种试点，取得较好效果，1988年机械部批准精密仪器专业为重点学科。1990年，学校的机械电子工程、机械设计与制造、检测技术及仪器仪表、思想政治教育、工业管理工程5个专业的相关工作成果分别获国家、省优秀教学成果奖（图3-27、

图3-26 国家教委对机械电子工程专业设置的批复

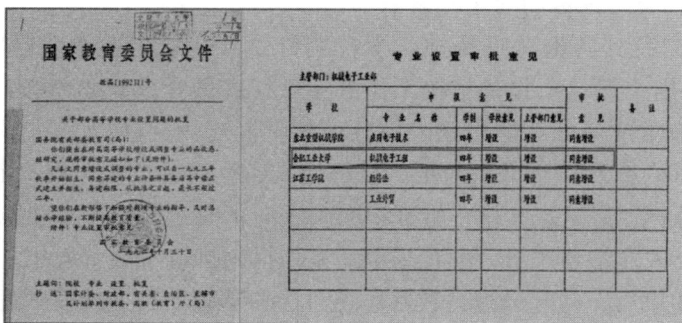

（资料来源：合肥工业大学档案馆 档号：1992-JX12-0001）

图3-27 学校获得的优秀教学成果奖表彰文件

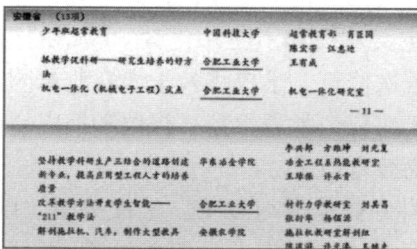

（资料来源：合肥工业大学 校史册）

图3-28）。

四、发展研究生教育，助推学科与科研工作发展

1960年，学校被中共中央增列为全国重点高等学校后，即开始招收研究生，但由于受"文革"的干扰和破坏，学校自1966年起停止招生十余年，直至1978年才恢复研究生招生工作。1978年后，我校的研究生教育发展迟缓，招生数量较少，教育层次单一，1984年实际招生专业数只有20个。1985年以来招生规模不断扩大，1994年已有34个专业可以招收硕士研究生，办学层次提高。1987年学校开始招收博士研究生。1985年、1986年经国家教委批准，学校开办了研究生

图3-28 校机电一体化（机械电子工程）试点项目获国家教学成果奖

（资料来源：合肥工业大学档案馆
档号：1992-JX12-0001）

班教育。在学位授予方面，培养学科类别也不断增加，由单一的工科硕士学位发展到工、理、教育学科的博士、硕士学位。到1994年，学校有硕士学位授予权的学科、专业34个，博士学位授予权的学科专业4个，部级重点学科6个，硕士研究生导师238人，博士研究生导师5人；有在校硕士研究生396人，博士研究生15人。形成了博士、硕士、学士三级学位结构。学校已具有培养高层次人才的办学条件和办学能力。1987年9月，学校第一次招收博士研究生。1990年11月22日，学校培养的第一位博士研究生雷新勇通过论文答辩获得博士学位（图3-29）。

1978年恢复研究生招生工作后，根据当时具体情况，学校成立了研究生科，隶属教务处，负责研究生的教学管理、生活管理及教学研究等工作。随着国家经济建设的发展和学校学位点建设的加快，学校研究生教育规模也有了很大的发展。为加强研究生教育及管理工作，1985年，学校在原研究生科的基础上，成立了研究生部和研究生党总支，后改为研究生部党总支，并由分管教学的副校长主管研究生教育工作（图3-30）。

图3-29 校首届博士学位论文答辩会

（资料来源：合肥工业大学档案馆
档号：1990-Y-SX12-0016）

做好研究生招生工作的改革。学校始终严格坚持贯彻"德、智、体全面衡量，择优录取、确保质量、宁缺毋滥"的原则和有关规定，狠抓研究生招生工作。同时，学校在坚持"按需招生"原则的前提

图3-30 1986年3月17日《合肥工大》报专文报道学校加强研究生管理

（资料来源：合肥工业大学档案馆 档案号：1990-Y-SX12-0016）

下，不断深化研究生招生工作改革。1985年，根据国家教委文件精神，学校开始试行推荐优秀应届本科毕业生免试攻读硕士学位，并保持每年为本校推荐40名左右；自1994年起，学校又试行硕士学位、博士学位连续攻读的改革办法（简称"硕博连读"），这对提高硕士生培养质量、拓宽博士生生源、提高研究生学术论文的学术水平和学术价值都具有积极的作用。自1983年起，学校根据办学条件和富余的培养力量，为满足用人单位对高层次人才的需求，在完成国家计划招生任务的基础上，招收了一定数量的委托培养研究生；为满足重点部门和国家边远省份对高层次人才的需要，根据国家教委有关文件要求，学校从1988年起在国家招生计划内招收一定比例的定向培养研究生，其比例约为每年招生计划的30%～50%。根据国家教委《关于改进和加强研究生工作的通知》的精神，从1986年起学校进一步扩大从具有两年以上实践经验的在职人员中招收研究生的比例，还试行了本科应届毕业生录取为硕士研究生保留入学资格，先到专业对口的单位工作1～3年，再回到学校攻读学位，学校每年从其中选留一部分担任专职学生辅导员工作（简称"双肩挑"）；从1988年开始，经国家教委批准，学校还试行了对本科毕业后在本专业或相近专业连续工作4年以上、思想政治表现突出、工作上有突出成就的优秀在职人员进行单独考试的办法；自1988年之后，增加同等学力考生比例，在录取时，学校对其加强了复试和审查，1989年学校被列入国家第二批在职人员申请学位试点单位；自1984年以来，学校先后与国内相关科研院所、高校等学科专业联合培养硕士研究生。

自20世纪70年代末以来，学校紧紧抓住学科学位建设这一中心环节做工作，同时，积极抓好重点学科建设，以带动其他学科建设。到1984年，经国务院学位委员会批准，学校又有2个专业具有硕士学位授予权。此后，学校进一步加强了学科学位建设工作，在编制《合肥工业大学1984—1990年发展规划》时，首先确定了学科学位建设的发展目标，"要在1985年取得三至五个学科（专业）博士学位授予权的基础上，争取在机械制造、精密机械仪器、固体力学、矿床学、构造地质学等学科中进一步取得三至四个学科（专业）博士学位授予权……"根据这一目标，学校制订了具体的建设措施，确定了11个重点科研方向，对23个基础较好的学科（专业）进行重点扶持和建设，力争承担国家级重点项目，以提高科研水平，支撑学科建设。在1986年第三批学位点申报工作中，学校取得了2个博士点、15个硕士点的好成绩，实现了工大博士学位授权点的零的突破。1990年之后，学校制订了"八五"发展规划，重新确立学科建设特别是重点学科建设的地位。1990年在国家审批第四批学位点工作中，工大新增了1个博士点和1个硕士点。经过"八五"前三年的努力，学校在1993年第五批学位点申报工作中，又获得了1个博士点和5个硕士点。自1981年至1993年通过五次学位点申报，学校共获得4个博士点和34个硕士点。前五批学校获批的学位点统计表见表3-2所列。

表3-2　前五批学校获批的学位点统计表

批次	硕士点	博士点
1981年 （第一批）	计算数学、矿床学、构造地质学、固体力学、机械制造、精密仪器及机械、电机、计算机应用、水工结构工程、工业自动化（共10个）	
1984年 （第二批）	电力系统及自动化、工程水文及水资源（共2个）	
1986年 （第三批）	教材教法研究（物理）、结构力学、实验力学、机械学、金属材料及热处理、电力传动及自动化、信号电路与系统、半导体器件与器件、建筑设计、岩土工程、结构工程、水力学及河流动力学、工程测量、应用化学（表面加工）、工业管理工程（共15个）	矿床学、计算机应用（共2个）
1990年 （第四批）	高分子材料（共1个）	机械制造（共1个）
1993年 （第五批）	复合材料、电力电子技术、金属塑性加工、真空工程、思想政治教育（共5个）	精密仪器及机械（共1个）

1986年—1994年，经国务院学位委员会审核确定，工大张奠成、岳书仓、陈心昭、费业泰、王治森5位教授为博士研究生指导教师。截至1994年，学校共有矿床学、机械学、机械制造、精密仪器及机械、计算机应用、工业自动化、复合材料、电力电子技术8个部级重点学科。由于学校学科专业建设的迅速发展，学校科研技术力量得到增强，教学水平也有了较大程度的提高。故此，1986年经国家教委批准，学校具备了副教授任职资格

图3-31 学校1986年获副教授任职资格审定权

（资料来源：合肥工业大学档案馆
档号：1986-Y-DZ-0048·034）

项，国家发明奖三等奖1项，省部级科技进步奖、科技成果奖近百项（图3-33、图3-34、图3-35）。

此阶段，学校坚持以中国特色社会主义理论为指导，遵照中央颁布的《中国教育改革和发展纲要》等一系列关于教育事业的文件精神，不断调整学校的办学指导思想，切实提高教育质量、科研水平和办学效益，主动适应社会主义市场经济的需要，形成了自己的办学特色，为社会主义现代化建设作出了更大的贡献。

审定权（图3-31）。1992年学校又获得教授及有关系列正高职称任职资格审定权（图3-32）。这对激励优秀人才的成长，培养骨干队伍，加强师资队伍建设和重点学科建设，都创造了良好的条件。

学校认真贯彻中共中央关于科技体制改革的决定，根据科技为经济服务的方针以及学校培养人才与科研相结合的指导思想，按照各学科、专业现有基础与机械工业发展的需要，发挥学科门类齐全、科研力量雄厚的优势，确立了加强应用技术研究、重视开发研究与基础理论研究的目标方向，不断扩大研究成果，提升科研水平与层次。此阶段，学校在服务于地方经济建设、科技成果开发等方面均做出较好成绩；同时，强化科研工作规范管理，保障科研工作提质增效。学校主持的科研项目逐渐增多，经费有了大的增加，成果越来越丰硕，打开了学校科研工作的新局面。这期间，学校共获得国家科技进步奖一等奖1项、二等奖2项、三等奖3

图3-32 学校1992年获教授任职资格评定权

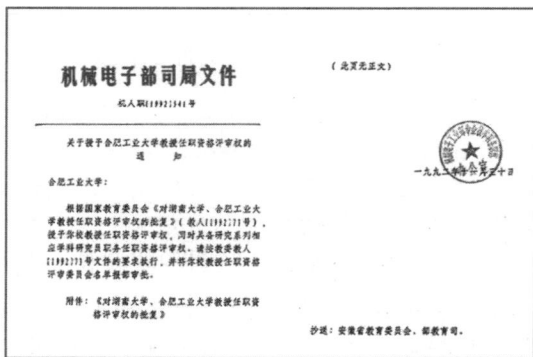

（资料来源：合肥工业大学档案馆
档号：1992-XZ12-0008·001）

图 3-33　学校 1983—1990 年科研获奖等成果统计

合肥工业大学 1983—1990 年科研经费及获奖成果统计表

年份	科研经费数（万元）	获奖项目数				专利	发表论文数			出版著作数
		合计	国家级	省部级	地市级		合计	国内	国际	
1983	77.6	7		7						
1984	103.8	16		14	2					
1985	181.0	13		8	5		151	142	9	7
1986	373.2	61		19	42	3	253	231	22	11
1987	422.5	25	2	16	7		242	223	19	8
1988	707.8	16	1	12		9	323	285	38	32
1989	767.3	9	1	4		7	319	298	21	7
1990	830.6	9		4		6	350	310	40	26

（资料来源：合肥工业大学校史（1945—2005））

图 3-34　学校 1987—1990 年获得国家级奖项一览表

合肥工业大学 1987—1990 年获国家级奖项一览表

年份	成果名称	完成单位	完成人	奖励种类	奖励等次
1987	光学冷加工最佳工艺参数的研究		李焕生	科技进步奖	二等奖
1987	机电一体化预测与综合分析	预测研究所	陈玉祥 毛家杰 颜卫生 李俊生	科技进步奖	三等奖
1988	JWG 激光微区光谱分析仪	激光研究所 电气工程系	龚维纯 李国纯 董亚林 张文超	科技进步奖	二等奖
1989	三相异步电机分层多目标优化设计软件系统	电机优化所	胡毓喜 成良玉	科技进步奖	一等奖
1990	激光隐身涂料	化学工程系	左光汉	国家发明奖	三等奖
1990	舒城等 12 个试点县农村能源建设综合规划方法及其应用	材料工程系	章学筠	科技进步奖	三等奖

（资料来源：合肥工业大学校史（1945—2005）

图 3-35　1989 年获得国家科技进步一等奖证书

（资料来源：合肥工业大学档案馆　　档号：1989-Y-SW-0017）

第三节 谋求全面发展，提升整体办学水平

引言：为了更好地发挥在"工业兴国"建设中的作用，学校积极谋划发展，确立了学科建设的龙头地位，明确了教学工作的核心作用，初步形成了科研工作特色。在不断提升整体办学水平的同时，还积极谋求各方面支持，推进省部共建，谋划"211工程"建设等。

一、谋划办学定位，确立了学科建设的龙头地位

学科建设水平是反映学校办学层次的一个重要标志，它体现学校的优势和办学特色，建设重点学科是带动学校整体水平提高的有效途径。"八五"和"九五"期间，学校各项工作始终坚持以学科建设为龙头。根据行业和地方经济建设、社会发展、科技进步的需要，按照"有限目标、突出重点、择优扶持、分步建设、整体提高"的原则，学校适时调整学科结构，增加学科建设投入，培育新兴学科。通过努力，学科建设取得明显进步，使学校的办学水平和办学层次上了一个新的台阶。

1990年，学校制订的学校"八五"发展规划（图3-36），重新确立了重点学科建设在学校工作中的龙头地位，明确了加强重点学科建设的具体举措，即：加强学校对重点学科建设的领导，统一全校教职员工的思想认识，建立规章制度，强化日常管理；制定有关政策，拟订具体办法，建立重点学科建设评估指标体系，定期召开重点学科建设检查评比会议，通过检查，发现并解决重点学科建设中存在的问题；认真选拔和培养学科带头人，组建好学科梯队，制订计划，严格要求，精心培养，倾斜政策，把一批有发展前途的中青年教师推到学科建设工作的前沿；狠抓重点学科的研究方向，力求准确恰当，体现特色，相对稳定，形成学科优势。在此基础上，由相关学科有机组合成学科群，形成整体力量和优势；建立重点学科建设项目的申报和专家评审制度，保证和促进重点学科水平的提高和发展；提高基础学科的学术水平，引导基础学科与工程类学科相互结合、相互促进，共同提高；根据学科建设目标，定期组织模拟申报工作；学校在住房、职称评定及工作条件等方面对学科带头人和学术骨干，在政策上给予优惠。

1995年，学校又制订了"九五"发展规划（图3-37）。按照"扶优创新、综合交叉、有限目标、突出重点、分步发展、整体推进"的建设原则，学校继续贯彻全校办重点学科的指导思想，加大了全校办重点学科的力度。在建设中更新学科内容、发展新兴学科、优化学科结构、组织学科群体、提高学科水平、突出学科特色。

"九五"期间学校提出的学科建设的目标是：在巩固和加强学科点建设的基础上，重点建设先进制造技术学科群，力争使其进入国家先进行列，争取在本学科群设立博士后流动站、建成国家重点实验室或国家工程技术研究中心，本学科群的机械制造学科力争达到

图3-36　学校"八五"发展规划（关于学科方面）

（资料来源：合肥工业大学档案馆　档号：1991-Y-DZ-0019·006）

国家级重点学科水平。加强对机械设计及理论、工程力学、材料学、电力电子与电力传动、管理科学与工程、车辆设计与制造工程等学科的建设，争取建成3～4个博士点。发展新兴交叉学科，发挥相关学科的整体优势，力争新增环境工程、流体力学、市政工程、应用数学、生物医学工程、化工工艺学、产业经济、模式识别与智能系统、物理电子等10～12个硕士点。优选部分学科，在人、财、物方面予以扶持，努力办出特色，建成农产品加工工程、结构工程、真空工程、金属塑性加工、农业机械设计制造、车辆设计与制造、建筑设计及理论等5～8个部级重点学科。

图3-37　学校"九五"发展规划（目录）

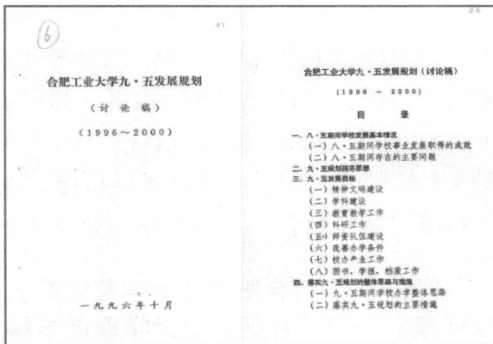

（资料来源：合肥工业大学档案馆
档号：1997-XZ11-0007·001）

为此，学校也明确了"九五"期间加强学科建设的具体措施，即：继续贯彻全校办重点学科的指导思想，提高全校师生对建设重点学科的重要性的认识，增强紧迫感和责任感，形成全校上下人人关心重点学科建设的局面；对重点学科建设，学校给予资金保证，资金切块，落实到位。学校在人、财、物调配方面统一规划，加大全校重点学科的操作力度，确立学科建设在学校各项工作中的龙头地位；加快"人才工程"建设，制定政策，吸引学历层次高、学术造诣深、在国际和国内知名度较高的专家学者补充学术带头人队伍；创造条件吸引留学人员中优秀人才回校工作，鼓励他们以各种形式为学校服务。同时，有重点、有计划地选拔和培养跨世纪学科带头人和学术骨干，组建学术梯队，提高学校学科整体水平；突出学科优势和特色，在组织科研开发及重点项目建设方面，选准有发展前途的学科或学科群予以倾斜，努力形成学校的学科优势；学科建设的核心是队伍建设，因此，学校又提出了建设"3318"工程，即争取在"九五"末，有博士生导师30名、培养跨世纪学科带头人30名、跨世纪学术骨干100名、在校教师中有博士学位的达到80名。

在1996年10月23日至26日召开的学校四届教代会上，讨论并通过了《合肥工业大学关于加强学科建设的若干意见》（图3-38），具体规划了学校学科建设的蓝图。

图3-38 《合肥工业大学关于加强学科建设的若干意见》的决议

（资料来源：合肥工业大学档案馆 档号：1996-DQ16-0003·011）

经过学校几年来的筹划、组合和建设，1996年学校为迎接教育部对我校进行"211工程"重点学科建设规划部门预审，制定了《合肥工业大学整体建设论证报告》和《合肥工业大学重点学科建设论证报告》（图3-39），报告中明确提出了学校初步形成和规划建设的8个学科群：先进制造技术学科群；电气、电子、计算机科学与技术学科群；资源环境与持续发展学科群；材料科学与化学工程学科群；土木、力学及建筑工程学科群；车辆设计与制造工程学科群；人文、经济、管理工程学科群；生物机电工程学科群。

图3-39 《合肥工业大学整体建设论证报告》和《合肥工业大学重点学科建设论证报告》

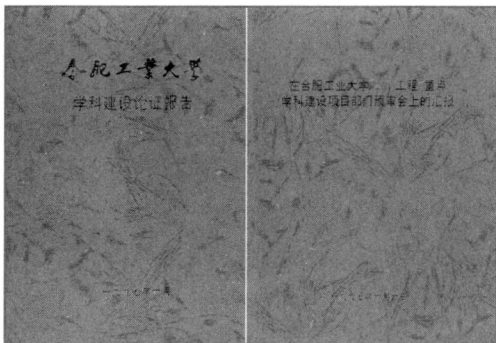

（资料来源：合肥工业大学档案馆 档号：1997-XZ11-0015·035）

由于学校对学科建设的重视并采取了切实可行的促进措施，此阶段学校的学科建设工作取得了新的进展。截至1997年，学校形成了机、电、土、化、农、经、管、文等学科相互渗透、协调发展的学科结构体系。学校共有博士点4个，硕士点41个，部级重点学科10个。学科共分布在5个学科门类的19个一级学科之中。不仅为学校后面的学科建设与发展打下了良好基础，也通过办学定位与学科建设的推进，逐步在服务装备制造等方面形成了特色，体现了学校"工业兴国"的初心。

二、深化教学改革，明确了教学工作的核心作用

学校在做好办学定位与重点学科发展规划的同时，也不断强化教学改革，制订了"八五""九五"期间教学改革的指导思想和总体规划，明确教学改革是学校各项改革工作的核心。1992年5月，学校召开第二次教学工作会议，对学校教学改革工作进行总结；同时号召全校师生员工要"深化教学改革，加强教学工作，全面提高教学质量"，把学校教学改革工作推到了一个新的阶段（图3-40）。1993年，为了适应社会主义市场经济体制的要求，认真贯彻《中国教育改革和发展纲要》精神，学校制订了《合肥工业大学教学改革方案》，提出教学工作是学校工作的主旋律，教学改革是学校一切改革的核心。学校遵循这一教学改革指导思想，明确了教学改革的基本思路是：学校在制订教学改革总体方案时，明确以改革教学制度为突破口，继而全面开展教学改革，深入进行教学内容和教学方法的改革；以稳定教学秩序为前提，提高教学质量为目标，稳步开展教学改革；抓好试点，稳步推开；明确方向，抓住核心，看准关键，注重基础。学校"九五"规划关于教学工作提出：在教学改革方面，要进一步转变思想，改革教学内容和教学方法，按照现代化建设的需要调整课程结构，用现代科学文化发展的新成果充实和更新教学内容；拓宽专业服务范围，加强实践环节教学和训练，促进教学、科研、生产三结合，注重学生的素质教育和能力培养。

为此，学校关于教学改革工作采取了一些有效的改革措施。学校鼓励教师进行教学改革，在教师评定职称时，强化对教学研究和教学改革的要求：晋升中级职称必须有教学研究和教学改革方面的论文；晋升高级职称时，经过鉴定的教学改革成果、主编教材、公开发表的教育教学法研究论文与同级别的科研成果、科研论文同等有效。这一改革措施调动了广大教师关心教改投身教改的积极性，对促进学校教育教学改革的发展起到了较好作用。

学校还积极推行教育思想、教学内容、教学方法的改革。为了适应社会主义市场经济体制的要求，在保证完成国家招生任务的前提下，试行了扩大调节性招生计划的招生制度改革。在部分系还实行了按系招生的试点工作。为了使教学计划适应经济建设的需要，学校多次适时地进行教学计划修订，把教学内容改革与课程基本建设结合起来，以保证教学内容改革的最好效果。在教学方法

图3-40　1992年5月30日《合肥工大报》对学校召开第二次教学工作会议做专题报道

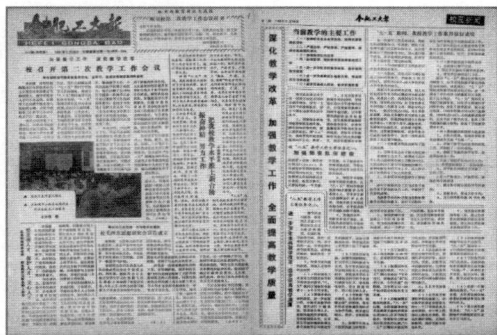

（资料来源：合肥工业大学档案馆
档号：1994-Y-DQ14-0004）

改革方面，学校要求教师要更新教育思想和教学观念，要勤于研究、勤于探索、勤于总结、大胆改革，要常教常新，提倡和推广启发式教学方法。在总结经验的基础上，学校于1994年对学分制管理制度进一步加以完善等，1995年在部分系实行了完全学分制试点，对学分制教学管理做了积极的探索和尝试。

学校始终坚持把教学改革与教学基本建设相结合，重视教学基本建设的保障和质量提高的根本和基础作用。学校在专业建设、课程建设、教材建设等方面均进行了改革并取得良好成效。

在专业建设方面：为促进学科交叉，培养既懂机械又懂电子的复合型人才，学校于1990年申报了机械电子工程专业，1992年正式获批。学校总结按系招生、分类培养、按需分流进行专业管理改革经验后，在全校范围内进行了推广，全校按科类统一设置一二年级的基础课程，实行全校统管，三四年级分上专业课。这一改革，全面地提高了教育质量。学校加强对老专业的改造，采取专业水平评估等措施，有针对性地解决专业存在的问题，促进了专业办学水平的提高。1996年5月，全国高等学校建筑学专业教育评估专家组对我校建筑学专业进行了为期5天的考察评估。评估专家将评估结论向建设部汇报后，建设部做出了"关于通过合肥工业大学建筑学专业教育评估、合格有效期4年；通过建筑学硕士学位专业建筑设计及理论教育评估、合格有效期4年"的决定，通过评估，促进了该专业办学水平的提高。表明我校授予的建筑学学士、硕士学位将得到国际认可（图3-41）。

在课程建设方面：调整课程结构，优化课程体系。学校统一规范全校的公共课、基础课、技术基础课的课程目录，以保证各专业具有合理的课程结构，并通过系列课程的设置优化课程结构。为满足人才市场对毕业生计算机知识和能力的要求，1994年学校设置计算机基础系列课程，并在机械制造工程系和化工系进行了试点。建立校系两级管理的重点课程，从1990年起，学校将面向全校开课的高等数学、英语、程序设计语言等29门课定位校管课程，要求实行"基本要求、课程大纲、教材、教学进度、考试"五统一。通过课程评估建设一类课程，按照《合肥工业大学本科一类课程评估指标体系》的标准，学校加大了课程评估工作的力度，从而大力提高了学校设置课程的水平。1990年材料力学课程参加安徽

图3-41 中华人民共和国建设部关于我校"建筑学"专业教育的评估意见

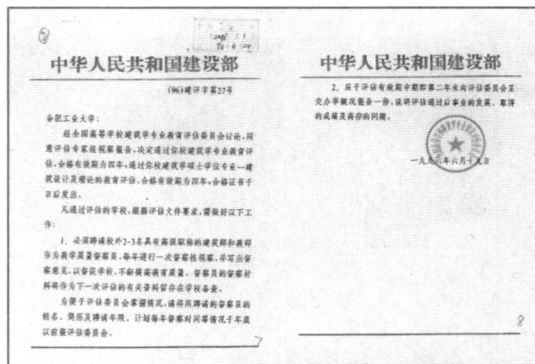

（资料来源：合肥工业大学档案馆
档号：1996-XZ11-0047·002）

省工科院校的课程评估，获得总分第一和省级优秀课程称号。1993年，学校对材料力学课程进行复评，定为校级一类课程；对化工原理课程进行评估，评为校级一类课程。1994年，"化工原理"课程参加全国课程评估，获全国优秀课程称号（图3-42）。1995年，学校组织专家对高等数学、理论力学2门课程进行评估，均被评为校级优秀课程。

在教材建设方面：教材是学生学习和巩固知识的最重要的辅助载体。在学校教材建设委员会的督促指导下，在学校通过补贴教学工作量等政策的鼓励下，学校教师参与编写教材的积极性与工作质量均有所提升。"八五"期间，学校教师主编了（含修订版）教材31本，其中获国家优秀教材二等奖2部、国家优秀教材奖1部、机械工业部优秀教材一等奖1部、机械工业部优秀教材二等奖2部、安徽省优秀教材二等奖1部、安徽省优秀图书一等奖1部（图3-43）。

图3-42　1994年"化工原理"课程被评为国家级优秀课程

（资料来源：合肥工业大学档案馆
档号：1994-DQ11-0016·004）

图3-43　1996年由我校主持编著的《测量学》获全国优秀教材二等奖

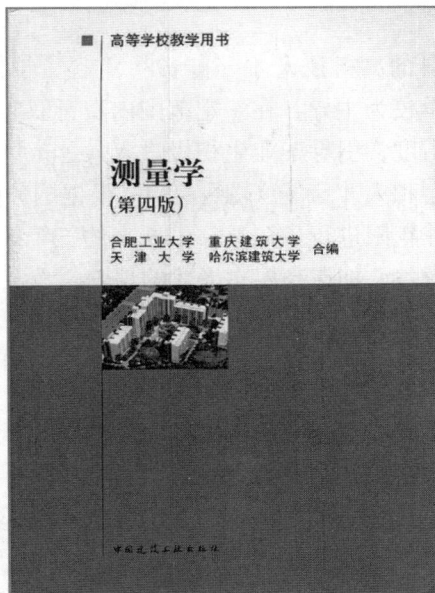

（资料来源：合肥工业大学档案馆
档号：1995-JX16-0016·008）

由于学校教学管理制度健全、规范，教学效果和毕业生质量都得到了教育主管部门和社会的认可。1992年学校获全国招生工作先进集体，1993年获安徽省1977—1992年招生工作先进集体，1993年获全国优秀教务处称号，1994年获全国高校教材管理工作先进集

图3-44 1994年学校被国家教委评为全国普通高校毕业生分配工作先进单位

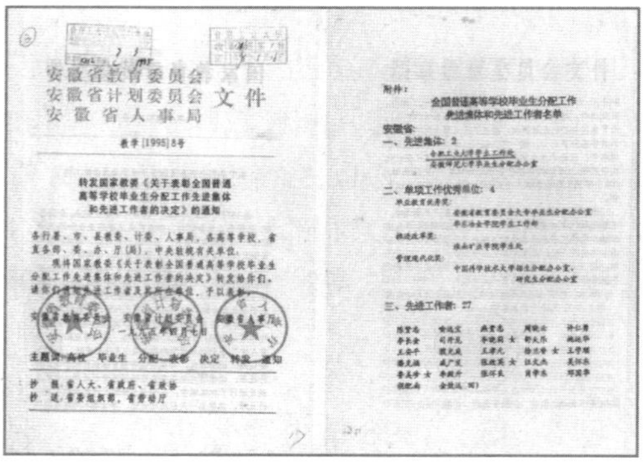

安徽省教育委员会
安徽省计划委员会 文件
安徽省人事局

教学[1995]8号

转发国家教委《关于表彰全国普通高等学校毕业生分配工作先进集体和先进工作者的决定》的通知

各行署、市、县教委、计委、人事局，各高等学校，省直各部、委、办、厅(局)，中央驻皖有关单位：

现将国家教委《关于表彰全国普通高等学校毕业生分配工作先进集体和先进工作者的决定》转发给你们，

主题词：高校 毕业生 分配 表彰 决定 转发 通知

抄报：省人大、省政府、省政协

附件：

全国普通高等学校毕业生分配工作先进集体和先进工作者名单

安徽省：

一、先进集体：2

二、单项工作优秀单位：4

三、先进工作者：27

（资料来源：合肥工业大学档案馆 档号：1995-XZ12-0007·003）

体。1991年学校被评为机电部毕业生分配计划编制十佳单位，1993年学校被机电部列为《高等学校毕业生分配制度改革方案》第一批试点院校。1994年学校被国家教委评为全国普通高校毕业生分配工作先进单位（图3-44）。这充分证明我校教育教学质量高，人才培养有特色。

为适应国家建设对高层次人才的需要，学校一直坚持大力发展研究生教育、积极发展本科生教育的办学思路。随着学校学科学位建设的不断发展，学校科技工作的长足进步，学校研究生教育的规模快速扩大，教育教学条件得到保证。为提高研究生招生生源质量，学校鼓励跨学科联合培养研究生，以促进学科发展，培养新兴学科、边缘学科、交叉学科的高科技人才。自1988年起，学校在全国率先实行“在国家就业方针政策指导下，以学校为主导，在一定范围内实行双向选择”的就业办法，扩大了研究生毕业分配工作的自由度，引导毕业生积极进入人才市场。在学生工作部门的组织下，学校召开数次人才洽谈会和人才市场（图3-45）。根据国务院学位办有关文件精神，学校于1994年对硕士生的培养年限进行了调整，由原来的三年或四年统一缩短为两年半。以提高研究生的培养质量和效益，加速高层次人才的培养。

此阶段，学校围绕机电行业人才培养与市场需求，不断解放思想，坚持教育教学改革，着力提高人才培养质量，在“工业兴国”的理想道路上一直在努力。

图3-45 学校举办的毕业生就业市场

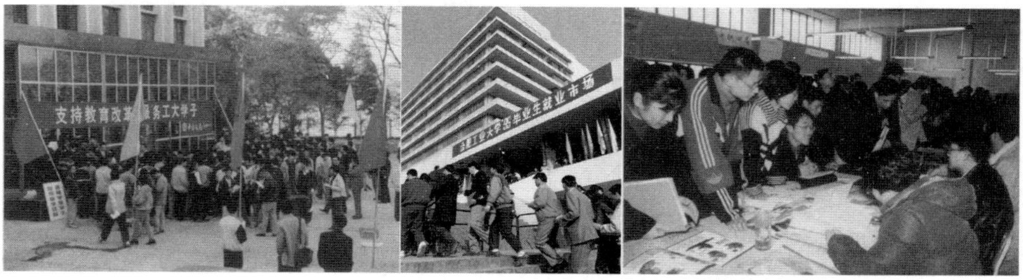

（资料来源：合肥工业大学档案馆 档号：1995-Y-SX12-0007）

三、发挥学科优势，形成了科研工作的初步特色

"七五"期间，学校的科技工作取得了较好成绩，无论在科技工作的工作条件、队伍建设、思想观念，还是在科研课题、项目的完成情况和成果的获奖层次上，都为后期的发展打下了良好的基础。全校上下统一认识，充分认识和体验到科技工作在推进学校上层次、上水平方面所起到的巨大作用。这期间是学校当时历史上科技工作最活跃、成果最丰硕、获奖最多、效益最好的时期。在承担国家重大科研任务、取得重大科技成果等方面有重要突破。承担了国家、省、部级科研课题和项目400余项，获得了包括国家科技进步一等奖在内的科技成果奖励100余项（图3-46）。根据国家教委统计，学校科技工作的发展规模，已跃居全国高校前40名之列。这些科技工作成就，促进学校向教学、科研"两个中心"的办学理念的转变和不断成熟，也有力地促进了学校的学科建设。进入"八五"时期，在国家提出的"稳住一头，放开一片"的科技工作指导方针指引下。学校在积极争取和开展基础研究和国家的各类高科技研究课题的同时，大力开展面向企业、直接服务于经济建设的科技开发和技术研究、咨询工作。学校大多数研究所面对企业市场，广大科技工作人员走出校门，奔赴经济建设第一线，在市场竞争中展现工大的科技实力，追求自我开拓、自我积累、自我发展和自我完善。学校也适时地进行科技工作政策和运行机制的调整，推进了学校科技工作的蓬勃发展。

图3-46 学校教师从事科研工作场景

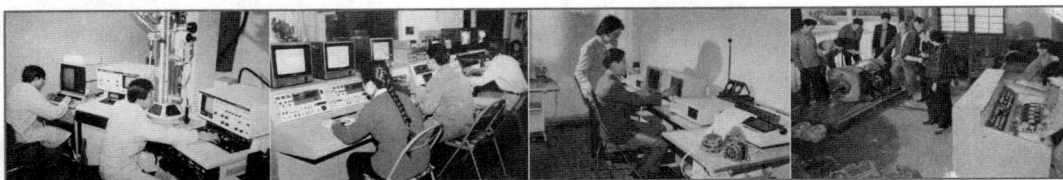

（资料来源：合肥工业大学档案馆 档号：1995-Y-SX12-0015）

1991年6月5日，学校召开了全校科技工作大会（图3-47）。在总结"七五"科技工作成绩，分析查找存在的问题的同时，认真制订了学校"八五"期间的科技工作规划，提出了学校"八五"科技工作的指导思想、思路和措施。大会指出"八五"期间学校科技工作的指导思想是：学校科技工作在经济建设主战场、高科技研究和高新技术产业化发展、基础理论研究三个层次开展，要充分发挥已有优势，争取多承担高层次科技任务，在提高国家科技、教育水平和解决社会经济发展的重大问题中发挥作用；结合机电行业、其他行业和地区经济科技发展的需要，使学校科技工作纳入行业、地区的科技计划，以取得较为稳定的科研任务渠道和经费来源；加强同产业界的联合和合作，推动学校高新技术成果商

图 3-47　1991 年 6 月 15 日
《合肥工大报》就学校召开科技工
作会议的报道

（资料来源：合肥工业大学档案馆
档号：1991-Y-DZ-0017）

品化、产业化进程，改善办学条件，增强学校科研投入能力；结合学校学科研究方向开展科技工作，加强学科前沿的科学研究、培养学科带头人，使科研工作为学科专业建设服务；实行教育、科研、生产相结合，既出人才，又出成果，提高办学综合效益。"八五"期间学校认真贯彻"科学技术必须面向经济建设"的方针，加强应用性技术的研究和高新技术的研究，搞好科技成果的推广、应用和开发，使科技成果向"商品化、产业化、国际化"迈进。此期间，学校把竞争机制引入科技工作之中，实行目标管理制度，将课题和经费分解到各科研单位，明确考核指标体系和奖罚措施，从而极大地调动了教师、科技人员开展科技工作的积极性。

"九五"期间学校科技工作的整体思路是：坚持科研工作与人才培养相结合、与学科学位建设相结合的原则，围绕学科上质量、

图 3-48　1991 年 3 月 30 日
《合肥工大报》就学校主持国家自
然科学基金重大项目的报道

上层次，配合跨世纪人才培养特别是学术带头人队伍建设，大力开展基础理论高级别课题的研究，不断提升科研水平，支撑学科建设；继续面向经济建设主战场，进一步促进与行业和地方的结合，围绕国民经济发展中的关键技术和引导企业技术进步、具有显著经济效益的推广应用工程进行研究和开发；在先进制造技术、管理与决策系统工程、建筑与环境工程、材料工程技术、计算机技术应用工程、电气电子综合自动化技术及工程基础学科与人文等学科门类方向上拓宽项目和课题渠道，力求形成特色（图 3-48）。

为了有利于以纵带横、以横促纵，加强学校对科技工作的宏观管理。学校于 1991 年 3 月及时调整了科研管理机构和科技工作管理办法，将原来分设

（资料来源：合肥工业大学档案馆
档号：1991-Y-DZ-0017）

的纵横向科研管理机构（科研处、科教开发部）合并。1993年学校在电气工程系进行教学、科研机构合一的改革试点，即教学研究室和科研室（所）合一，并实行系所合一建制。此后，各系及校管系属所实行系主任兼所长的领导体制，以统一协调教学科研工作，使教学、科研互补，促进学科发展。对主要承担科研任务的科研机构实行半企业化管理，学校使之在业务工作方面相对独立，鼓励其不断提高科研工作的层次。1993年，学校对微型计算机应用技术研究所和建筑设计研究院实行了企业化管理试点，以促使其挖掘潜力，加速成果转化，创造更好的效益。

"八五"和"九五"期间，学校发挥了作为全国重点大学的应有作用，主动抓机遇、创条件，充分发挥学校的工科特色，利用学校科技工作整体实力和科技开发的优势，积极争取社会各界对学校科技工作的关心和支持，密切合作关系，学校科技成果的推广应用与开发工作取得了较为显著的成绩，特别是对地方经济的发展作出了较大的贡献。仅1994年，学校运行的科技开发中项目就有400余项，开发项目的进账经费达2046万元。其在安徽省内通过验收的有较大影响和较好效益的、经费超过百万的大型项目有：与淮北矿务局相城矿镀膜厂合作的"大尺寸磁控溅射玻璃生产线"项目，总经费830万元；与安庆石化总厂合作项目"大中型企业计算机管理信息和决策支持系统"，一期工程400多万元（图3-49）；马钢轮箍生产线在线检测装置的研制项目，一期工程200多万元等；与芜湖灯具厂合作的"全玻璃真空集热管生产线"项目，总经费250万元；与合肥矿机厂合作的"数控焊机的研制"，总经费88万元；与上海新力机器厂合作的"6寸管径光伏水泵系统"总经费100万元；与合肥自来

图3-49　我校主持的"安庆石化总厂计算机辅助管理及生产过程监测系统"获安徽省科技进步一等奖

（资料来源：合肥工业大学档案馆
档号：1996-Y-SW-0012）

水公司合作的"自来水工程自动化调度、测控系统"，其研制经费为173万元等一系列大型科技开发合作项目。1994年4月，学校随安徽省经济成果展览团携8项重大成果赴北京参展，江泽民、乔石、李瑞环、李岚清、孙起孟、张劲夫等党和国家领导人，以及国家机关、中央部委的60多位负责同志先后到我校展台观看展览，对我校所取得的科技成就给予了高度评价。

此阶段，学校面向经济建设主战场，充分发挥工科高校的学科优势，立足于服务经济建设，应用技术研究水平高、科技开发能力强的科技工作特色已初步形成。不仅是"安徽省的一个支柱"，而且在科研战线中践行着"工业兴国"的抱负。

四、推进省部共建，谋划跻身"211工程"与并校等重点工作

1. 推进省部共建

1992年11月，全国普通高等教育工作会议通过了《关于中央部门所属普通高等学校深化领导管理体制改革的若干意见》。《意见》要求改革高等教育管理体制，理顺中央部门和地方的关系，促进部省共建。1993年2月，中共中央、国务院印发了《中国教育改革和发展纲要》，指出：要改变政府包揽办学的格局，逐步建立以政府办学为主体、社会各界共同办学的体制。扩大省的教育决策权和包括对中央部门所属学校的统筹权。随着中央业务部门职能的转变和政企分开，中央业务部门所属学校要面向社会，其办学体制和管理体制分别不同情况，采取继续由中央部门办、中央部门和地方政府联合办、交给地方政府办、企业集团参与和管理等不同办法。根据上述精神，学校主动开阔办学视野，做了一系列与地方政府、高校、企业联合共建的工作，有力地推进了省部共建工作的进展。

自1992至1995年，学校在人才培养、科技合作、推进合作办学等方面进行了积极的探索和尝试，为部省共建协议的签订，奠定了基础。

1995年12月6日，为了落实党中央、国务院提出的在"一省一市一部"（一部：即机械部）进行全国高等教育体制改革试点的改革举措，机械工业部与安徽省共建合肥工业大学签字仪式在北京机械部外宾接待室隆重举行。部长何光远、省长回良玉分别代表机械部和安徽省共同签署了《机械工业部和安徽省人民政府关于共建合肥工业大学的意见》（图3-50）。

图3-50 机械工业部与安徽省关于共建合肥工业大学的意见

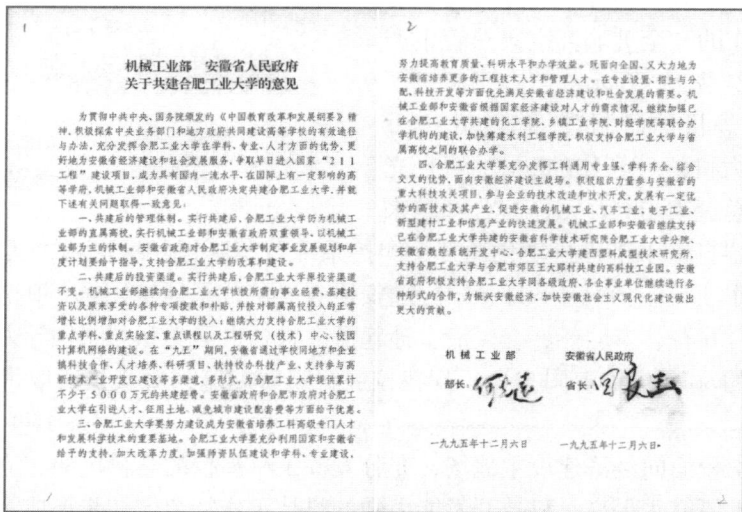

（资料来源：合肥工业大学档案馆 档号：1995-XZ11-0001）

《意见》主要包含以下主要方面内容。

共建目的：充分发挥合肥工业大学在学科、专业、人才等方面的优势，更好地为安徽省经济建设和社会发展服务，争取早日进入国家"211工程"建设项目，成为具有国内一流水平、在国际上有一定影响的高等学府。

共建意见：一是共建后的管理体制。实行部省共建后，合肥工业大学仍为机械工业部的直属高校，实行机械工业部和安徽省政府双重领导、以机械工业部为主的体制。安徽省政府对合肥工业大学制定事业发展规划和年度计划要给予指导，支持合肥工业大学的改革和发展。二是共建后的投资渠道。实行共建后，合肥工业大学的投资渠道不变。机械工业部继续向合肥工业大学核拨所需的事业经费、基建投资以及原来享受的各种专项拨款和补贴，并按对部属高校投入的正常增长比例增加对合肥工业大学的投入：继续大力支持合肥工业大学的重点学科建设、重点实验室、重点课程以及工程研究（技术）中心、校园计算机网络的建设。在"九五"期间，安徽省通过学校同地方和企业搞科技合作、人才培养、科研项目扶持校办科技产业、支持参与高新技术产业开发区建设等多渠道、多形式，为合肥工业大学提供累计不少于5000万元的共建经费。安徽省政府和合肥市政府对合肥工业大学在引进人才、征用土地、减免城市建设配套经费等方面给予优惠。合肥工业大学要努力建设成为安徽省培养工科高级专门人才和发展科学技术的重要基地。……积极支持合肥工业大学与省属高校之间的合作。合肥工业大学要充分发挥工科通用专业强、学科齐全、综合交叉的优势，面向安徽经济建设主战场。积极组织力量参与安徽省的重大科技攻关项目，参与企业的技术改造和技术开发，发展有一定优势的高技术及其产业，促进安徽的机械工业、汽车工业、电子工业、新型建材工业和信息产业的快速发展……安徽省政府积极支持合肥工业大学同各级政府、各企事业单位继续进行各种形式的合作，为振兴安徽经济，加快安徽社会主义现代化建设作出更大的贡献。

与高校、企业联合共建的工作通过以下几项工作得以进一步体现：继1992年当时安徽省唯一一所为乡镇企业培养专门人才的新型高等学院——合肥工业大学乡镇工业学院成立，1994年安徽省第一个化工学院——合肥工业大学化工学院成立后，1995年10月7日，合肥工业大学财经学院成立。该学院是学校和安徽省财政厅，在安徽省财政学校的基础上联合共建的，安徽省财政厅向合肥工业大学捐赠20万元作为董事会基金。经事前多方筹备，机械部批准（《关于成立合肥工业大学董事会的通知》（机械教〔1995〕364号）），1995年10月7日，合肥工业大学董事会成立。首届董事会由以机械行业和安徽省内企业为主，包括电机电气、汽车、重机、内燃机、石油、化工等行业的96家单位组成。1993年12月29日，安徽省科学技术研究院合肥工大分院成立。该分院是学校和安徽省科学技术研究院联合创办的。分院的成立是学校加强科学研究基地建设的重要举措。其宗旨是：面向经济建设主战场，以市场需求为导向，立足于高起点、高效益，发挥科研院所与学校科技实力的联合优势，对校内从事科技研究的院、所、中心实行统筹规划和领导，努力使分院成为合肥工业大学的高科技研究中心和科研基地。1994年8月18日，合肥工业大学王大郢高科技工业园成立。该园是合肥工业大学与合肥市郊区王大郢村在优势互补、互惠互利的基础上合作共建的高科技工业园区。

2. 全力推动"211"工程建设

《中国教育改革和发展纲要》中指出，在教育事业发展上，不仅教育的规模要有较大发展，而且要把教育质量和办学效益提高到一个新的水平。为了迎接世界新技术革命的挑战，要集中中央和地方等各方面的力量办好100所左右的重点大学和一批重点学科、专业，力争在下世纪初，有一批高等学校和学科、专业，在教育质量、科学研究和管理方面，达到世界较高水平。《关于〈中国教育改革和发展纲要〉的实施意见》中明确了实施"211工程"的意见：面向21世纪，分期分批重点建设100所左右的高等学校和一批重点学科，使其到2000年在教育质量、科学研究、管理水平及办学效益等方面有较大提高，在教育改革方面有明显进展。争取有若干所高等学校在21世纪初接近或达到国际一流大学的学术水平。"211工程"从概念上讲，是一个建设过程，只有通过一段时间的规划、建设和发展，学校才能提高整体教育质量和学术水平，在人才培养、教学科研和面向社会服务方面作出实际贡献，最终得到社会的认可。

由于我校办学条件和基础较好，积淀了厚实的办学经验，形成了以工为主、学科齐全、覆盖面宽，为机械行业和地方的发展综合配套服务能力强的学科特色；面向制造行业、服务于地方经济建设和社会发展优势明显的科技工作特色；下得去、用得上、留得住，思想品德好、计算机外语和基础理论扎实、专业技能水平高的人才培养质量特色。合肥工业大学自1991年至2005年，一直按照"211工程"项目建设的要求，在积极地练好内功、加快改革与发展，一直为进入"211工程"创造条件、做不懈的努力，争取早日进入"211工程"。

获悉中共中央、国务院即将正式批准实施"211工程"计划，学校于1992年12月中旬，及时向国家教委、机电部教育司、安徽省教委以及部、省有关单位和领导呈送了《合肥工业大学关于申报重点大学及重点学科建设项目（211工程）的报告》（图3-51）。1993年2月，国家正式确定了"211工程"建设项目后，为了做好对学校办学条件和办学水平的分析论证等申请进入"211工程"项目的基础工作，做好有关"211工程"的校外联络、校内协调，学校于当年10月7日成立了合肥工业大学"211工程"领导小组，并于10月25日召开了建设"211工程"、全面贯彻《中国教育改革和发展纲要》动员大会。1994年6月，机械工业部决定将合肥工业大学列入机械部"211工程"项目建设滚动计划第一批备选学校之一（另有吉林工业大学、湖南大学共三所）。根据部党组这一决定和机械部教育司的要求，学校于1994年7月向机械工业部报送了《合肥工业大学申请进入'211工程'预审材料》。在申请进入"211工程"过程中，学校遵照《中国教育改革和发展纲要》和"211工程"建设工作的要求，积极推进省部共建，主动加强与机械部、安徽省、国务

图3-51 《合肥工业大学关于申报重点大学及重点学科建设项目（211工程）的报告》

（资料来源：合肥工业大学档案馆 档号：1992-XZ11-0024·002）

院学位办等主要领导及地方各级政府和社会相关部门的联系，取得支持。1994年7月，安徽省人民政府向国家教委211工程办公室致函，支持合肥工业大学首批进入"211工程"，并随函报送了《机械工业部何光远部长等与安徽省傅锡寿省长关于联合支持合肥工业大学进入"211工程"的会谈纪要》（图3-52）。1996年4月17日，中共中央政治局委员、国务院副总理李岚清来校视察指导工作，他对学校推进体制改革实行省部共建以及两校合并等工作给予了明确指导意见。

1996年10月10日，"211工程"部际协调小组第三次会议纪要印发。按照该意见精神，学校于1996年12月2日，向机械工业部呈报了《关于申请对我校〈"211工程"建设方案〉进行部门预审的报告》（校办字〔1996〕286号）。12月12日，机械工业部下发了《关于合肥工业大学开展"211工程"重点项目预审准备工作的通知》（机教〔1996〕095号）。由于学校多年来一直在对"211工程"项目进行规划和建设，迎接预审的准备工作比较充分，学校于12月14日向机械部报送了《关于对〈合肥工业大学"211工程"重点学科建设规划方案〉进行预审的请示》（校办字〔1996〕316号）。12月15日，机械工业部下发《关于对合肥工业大学进行"211工程"重点项目预审工作的通知》（图3-53），要求学校按照"211工程"建设的要求，制定好重点学科建设规划和建设方案，并要求学校尽快拟定"211工程"重点学科建设项目预审工作的日程安排，报机械部教育司批准。至此，学校争取滚动进入"211工程"重点学科建设规划方案部门预审工作正式拉开序幕。

图3-52　《机械工业部何光远部长等与安徽省傅锡寿省长关于联合支持合肥工业大学进入"211工程"的会谈纪要》

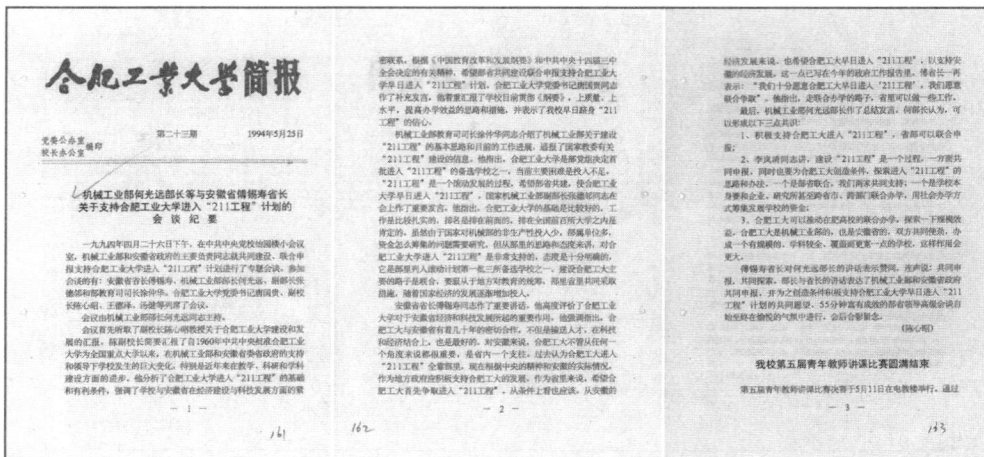

（资料来源：合肥工业大学档案馆　档号：1994-DQ11-0014·008）

图3-53　机械工业部下发的《关于对合肥工业大学进行"211工程"重点项目预审工作的通知》

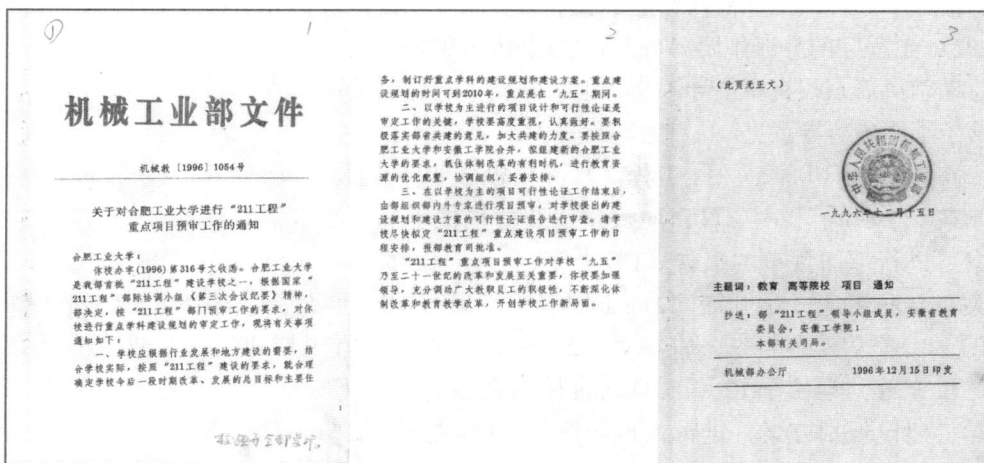

（资料来源：合肥工业大学档案馆　档号：1997-XZ11-0023·001）

1997年5月，学校紧紧抓住争取滚动进入"211工程"重点学科建设项目规划的契机，突出学科建设的龙头地位，把重新规划学科群、制定重点学科建设规划放在重要位置，根据行业和地方经济建设、社会发展和科技进步的需要，合理调整学科结构。在认真分析论证的基础上，根据两校学科专业的实际情况，学校确定以博士点和特色明显的硕士点为带头学科，形成了以工为主，工、理、经、管、文等多学科交叉渗透、协调发展的学科结构。

1997年6月6日至8日，受机械工业部委托，以中科院院士、华中理工大学校长杨叔子教授为组长的"211工程"部门预审专家组，对合肥工业大学争取滚动进入"211工程"重点学科建设项目规划进行评审。专家组在校期间听取了学校关于"211工程"重点学科建设项目规划的汇报，考察了有关学科群、学科、专业及部分公共设施，召开了教师座谈会，对学校重点学科建设的基础条件和规划进行了认真的审查和讨论，就学校争取滚动进入"211工程"重点学科建设项目规划部门预审作出了评审意见。学校"211工程"重点学科建设项目规划通过了部门预审（图3-54）。

由于客观原因，学校"211工程"重点学科建设项目规划虽然通过了部门预审，但仍未列入国家正式计划。此后，全校教职工齐心协力，按照"211工程"建设的标准，不断加强自身各项建设，增强学科综合实力，持之以恒地争取滚动进入"211工程"。在此期间，学校领导利用各种机会多次向教育部、财政部及国家有关部委负责人实事求是地汇报了学校发展状况和学科建设水平，以及迫切希望进入"211工程"的强烈愿望，多位部委负责人对学校的请求表示理解和支持。这些基础工作对学校最终能进入"211工程"发挥了重要作用。2005年9月8日，根据国务院批准的《"211工程"总体

图3-54 学校举行"211工程"重点学科建设规划预审会

（资料来源：合肥工业大学档案馆 档号：1997-Y-SX12-0003）

建设规划》和"211工程"部际协调小组第三次会议纪要的有关精神，经国家发改委、财政部、教育部批准，学校进入国家"211工程"建设行列，萦绕工大人10余年的梦想终于成为现实。10月16日，教育部下达关于合肥工业大学2005年"211工程"项目建设方案的批复（图3-55）。学校"211工程"项目总体建设目标是，重点建设学科达到国内领先水平，力争在解决经济建设和企业发展的关键技术上有重大突破，创造对制造行业和区域经济发展有重要贡献的标志性成果，促进学科的整合与交叉，锤炼学科的创新团队，构建条件精良的学科基地，充分发挥学校在高素质应用型人才培养、构建条件精良的学科基地、社会发展重大问题的作用，保持和发展学校特色，促进学校全面发展，为合肥工业大学建设成为国内一流的高水平大学奠定坚实的基础。

图3-55　《教育部关于合肥工业大学2005年"211工程"项目建设方案的批复》

（资料来源：合肥工业大学档案馆　档号：2005-Y-XZ-0716）

3. 做好两校合并工作

1992年以来，在党中央、国务院的关心和指导下，在各部门、各级政府的重视支持下，我国高等院校按照"共建、调整、合作、合并"的方针，针对原有管理体制存在的条块分割、学校规模效益、办学效益低以及单科性院校过多、人才培养模式单一等弊端进行了大刀阔斧的改革，以扭转长期以来形成的部门和地方条块分割、重复办学的局面，实现教育资源的优化配置、办学效益的明显提高。1995年年初，国家教委把机械工业部列为高教管理体制改革试点的"一省（广东省）一市（上海）一部（机械部）"之一。为此，机械工业部积极探索改革的有效机制和形式，决定在上海、哈尔滨和合肥三座城市中，进行同一城市的部属院校合并的改革试点工作。1995年12月、1996年11月，国家教委先后两次组成考察组就合肥工业大学和安徽工学院两校合并工作进行了考察和调研论证工作。

1996年4月7日，中共中央政治局委员、国务院副总理李岚清亲临学校视察指导工作，亲自过问和关心两校合并工作的进程，特别在谈到"211工程"建设问题时指出：基础教育搞不好、义务教育办得不好的地方，不要花太多的精力去搞"211工程"。要有改革，老面孔不能进"211工程"，搞"211工程"是为了推动教育改革，合并本身也是改革，有利于进"211工程"；并先后五次在全国性会议上提及机械部合肥两所高校的体制改革问题，极大地推进了两校合并工作的进程，还在学校合并工作汇报上作了重要批示（图3-56）。

1996年7月，学校领导班子进行换届调整，为两校合并创造条件。1997年1月22日，国家教委正式批准合肥工业大学与安徽工学院合并（教计〔1997〕3号《关于同意合肥工业大学与安徽工学院合并的通知》）（图3-57）。1997年2月28日，机械工业部就合肥工业大学与安徽工学院合并组建新的"合肥工业大学"有关事项进行了部署（机械教〔1997〕138号《关于合肥工业大学与安徽工学院合并组建新的"合肥工业大学"的通知》）（图3-58）。1997年5月30日，组建成立了新合肥工业大学领导班子。6月6日，新组建的合肥工业大学揭牌庆典大会在安徽省体育馆隆重举行（图3-59）。

图3-56 李岚清副总理就我校合并工作汇报所作的重要批示

图3-57 1997年1月，国家教委正式批准合肥工业大学与安徽工学院合并文件

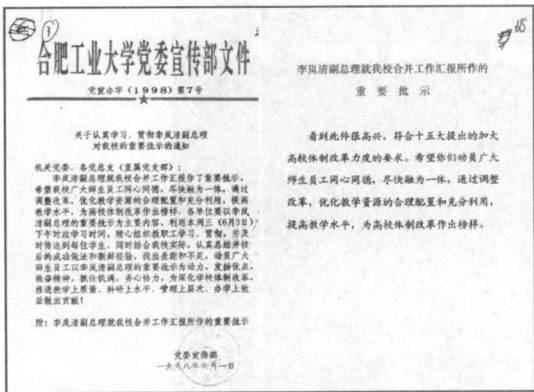

（资料来源：合肥工业大学档案馆
档号：1997-DQ11-0004·003）

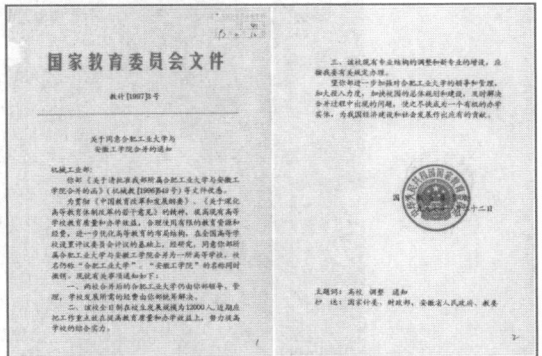

（资料来源：合肥工业大学档案馆
档号：1997-XZ11-0003·002）

图3-58 1997年2月，机械工业部《关于合肥工业大学与安徽工学院合并组建新的"合肥工业大学"的通知》

（资料来源：合肥工业大学档案馆 档号：1997-XZ11-0003·002）

合并组建后的新合肥工业大学在校学生规模达11600余人，学校占地近1500亩，学科专业覆盖机、电、土、化、经、管、文等，成为机械工业部和安徽省规模最大、学科最全的高校之一。由此，合肥工业大学的发展掀开了新的篇章，进入了新的发展时期。

"打铁还需自身硬"。此阶段，学校突出学科建设，强化内部管理改革，着力做好内涵式发展，提升学校办学的整体综合实力，在"工业兴国"实践中做出更多贡献。

图3-59　新组建的合肥工业大学揭牌庆典大会隆重举行

（资料来源：合肥工业大学档案馆　档号：2005-Y-SX12-0025）

第四章 "工业强国"要求下社会服务能力的提升

（1998年至今）

编者按：两校合并，特别是进入新世纪后，学校抢抓机遇，确立了"争先进位快发展""外延拓展与内涵发展并重"的发展战略，大力实施质量立校、人才强校、特色兴校战略举措，扩大办学规模，提升办学质量，加强党的领导，创新管理机制，充分发挥学校在人才培养、科学研究、社会服务、文化传承创新与国际合作交流等职能，培养了众多杰出人才，也取得了丰硕成果，为国家、行业、区域经济社会发展作出了重大贡献，在"工业强国"的道路上谱写了"工大人"的发展新篇章。

第一节 科学规划发展，强化学校内涵建设

引言：在强化党建引领的前提下，学校的建设需要有明晰的办学定位与规划，学校的长远发展需要通过深化改革来激发办学活力，学校治理能力的提升也需要通过依法治校来推进，学校"工业强国"抱负的践行，还需要整体内涵建设的不断强化。

一、做好发展规划，明晰办学定位

1997年，原合肥工业大学和安徽工学院合并组建新的合肥工业大学以来，特别是进入21世纪后，在国家"科教兴国"战略实施与全面推进素质教育的要求下，学校抢抓机遇，采取各种措施，全面强化内涵建设，提高办学质量。学校根据国家、地方与行业建设要求，结合本校现状，科学制订了合肥工业大学的"十五"至"十四五"发展规划等，进一步明晰了学校的办学定位与发展目标。

"九五"期间，学校在办学过程中逐渐形成的办学思路是"一个龙头、两个中心、三项任务和四个统一"。即以学科建设为龙头，建设教学、科研两个中心，做好培养高素质人才、科技创新和高新技术成果产业化三项工作，实现规模、结构、质量、效益的统一。

在总结完善"九五"以来办学思路的基础上，2000年12月21日召开的校五届一次教

图4-1 2000年12月校五届一次教代会通过了《合肥工业大学"十五"规划》

(资料来源：合肥工业大学档案馆
档号：2000-Y-SX12-0064·001)

代会通过的《合肥工业大学"十五"规划》（图4-1）中提出的指导思想是：高举邓小平理论伟大旗帜，全面贯彻党的教育方针和十五届五中全会精神，解放思想，抢抓机遇，以争先进位快发展为主题，以培养高素质人才为主旨，以学科建设、素质教育、科技创新和高新技术成果产业化为主要内容，以改革为动力，以强有力的思想政治工作为保证，为建设国际知名、国内先进的合肥工业大学努力奋斗。2003年3月28日召开的学校第六次党代会（图4-2）提出的发展战略和思路是：全面贯彻党的教育方针，坚持创新，深化教育改革，实施跨越式、可持续发展战略；强化优势学科，凸显特色学科，实施品牌战略；坚持以人为本，培育创新人才，实施人才强校战略。基本思路：强化发展是第一要务的思想，改革创新促发展；以学科建设为龙头，以内涵发展为重点，全面提高人才培养、科学研究和服务社会的水平；增强人本观念和人才意识，努力建设高素质的师资队伍；进一步建立和完善有自身特色的现代大学管理制度。2005年4月21日召开的校六届一次教代会上通过的《合肥工业大学2005—2020年发展战略规划》等四个规划中，提出的总体发展目标是：立足安徽，辐射华东，服务全国，面向世界，追求卓越，自强不息，争创一流，通过不懈努力，到2010年左右，把合肥工业大学建设成为一所工科优势明显，应用学科为主，多学科交叉，教学科研并重，国内先进、世界知名的教学研究型大学。到2045年，力争把学校建设成为国内一流、世界知名的研究型大学。规划提出了实现上述发展战略目标，按照夯实基础阶段（2005年—2007年）、重点突破阶段（2007年—2012年）、全面提升阶段（2012年—2045年）三步走。办学思想和发展思路为：高举邓小平理论伟大旗帜，以"三个代

图4-2 2003年3月召开了合肥工业大学第六次党代会

(资料来源：合肥工业大学档案馆
档号：2003-Y-SX12-0002)

表"重要思想为指导，树立和落实科学发展观，坚持社会主义办学方向，全面贯彻党的教育方针，遵循高等教育规律，按照"巩固、深化、提高、发展"的工作方针，充分发挥现代大学的功能；以争先进位快发展为主题，以培养高素质人才为根本，以学科建设为龙头，以师资队伍建设为核心，以科学研究为基础，以深化改革为动力，以管理创新为保障，以强化特色为重点，以争创一流为目标，积极投身于我国走新型工业化道路、全面建设小康社会的伟大实践，在人才培养、科技创新、社会服务以及解决国民经济和社会发展重大问题上成为国家，特别是华东地区的重要基地，力争通过40年的努力，把学校建设成为工科优势明显、多学科协调发展、教学科研协调发展、本科教育和研究生教育协调发展、特色鲜明的国内一流、世界知名的高水平大学。并提出了"教学是强校之本、人才是强校之源、学科是强校之基、科研是强校之路、管理是强校之纲"的发展思路（图4-3）。

图4-3 2005年4月召开的校六届一次教代会上通过的《合肥工业大学2005—2020年发展战略规划》等规划的决议

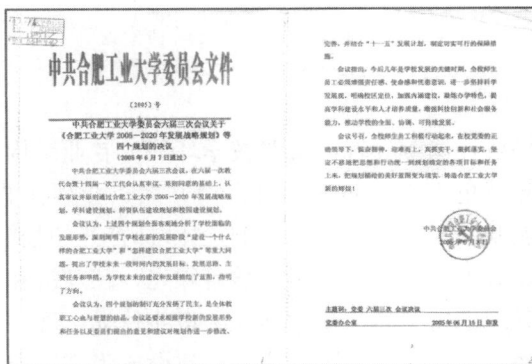

（资料来源：合肥工业大学档案馆 档号：2005-Y-DQ-0047）

在《合肥工业大学2005—2020年发展战略规划》的指导和总体框架内，2007年5月23日，校六届二次教代会暨十四届二次工代会审议并通过《合肥工业大学"十一五"发展规划》及各项分规划（图4-4）。《规划》提出：学校在跨越进入了国家"211工程"建设行列和完成了本科教学工作水平评估两个台阶基础上，"十一五"期

图4-4 2007年5月23日，校六届二次教代会暨十四届二次工代会审议并通过《合肥工业大学"十一五"发展规划》及各项分规划

（资料来源：合肥工业大学档案馆 档号：2007-Y-SX12-0038）

图4-5 2008年7月召开了中国共产党合肥工业大学第七次代表大会

（资料来源：合肥工业大学档案馆
档号：2008-Y-SX12-0056）

间，要努力攀登第三个台阶，主要目标是：科学技术研究水平要有重大发展，人才强校战略要得到进一步实施，学科建设水平得到大幅提升，人才培养进一步得到充实，办学条件进一步得到充实，管理改革进一步得到深化。《规划》明确，学校在"十一五"期间，需重点解决三个问题：第一，质量问题。就是要努力提高科学研究质量、人才培养质量、学科建设质量、人才强校质量，通过质量建设来提高学校的办学水平，真正实现争先进位快发展。第二，管理问题。就是要努力转变人力资源结构，通过精细管理提升学校的办学效益。第三，进一步凝练办学特色。就是要在课程设置、实践教学环节、专业结构、人才培养规格等各方面重新设计，使人才培养特色更为鲜明。同时，要开展产学研工程，努力为国家机电装备制造业和地方经济发展服务。2008年7月11日至13日召开的校第七次党代会（图4-5），提出了要把学校"建设成为一所特色鲜明、学科领先，在经济和社会发展中具有重要影响的国内先进、国际知名的创新型高水平大学"的奋斗目标，确立了质量立校、人才强校和特色兴校三大发展战略。为实现把合肥工业大学建设成为"国内先进、国际知名的创新型高水平大学"的奋斗目标，学校未来五年的主要任务是：要在人才培养、科学研究、师资队伍建设和学科建设等方面取得重大突破，形成一批具有培养高水平人才和承担国家重大科研项目能力的产学研基地，若干学科进入国内同类学科前列，学校整体实力进一步提升，为经济建设和社会发展服务的能力进一步增强，学校在国内外的影响进一步扩大，人才培养质量进一步提高，办学条件和环境进一步改善，全面完成学校发展战略第二步走的各项任务。

在《合肥工业大学2005—2020年发展战略规划》等四个规划的基础上，学校于2009年11月21日至22日召开七届一次教职工代表大会暨十五届一次工会会员代表大会，审议并通过了《合肥工业大学2010—2020年发展战略规划》（图4-6）以及《合肥工业大学2010—2020年学科建设与队伍建设规划》《合肥工业大学2010—2020年基础能力建设规划》。在《合肥工业大学2010—2020年发展战略规划》提出：学校要立足安徽，服务全国，面向世界，自强不息，追求卓越，争创一流，通过不懈努力，到2020年，以形成若干个在国家和地方经济建设中发挥重要作用、在国内学术界有重要影响、跻身国内一流的优势学科群为主要标志，学校整体实力和办学水平大幅度提升，基本建成国内先进、国际知名的创新型高水平大学。学校要坚持"教学是强校之本、人才是强校之源、学科是强校之基、科研是强校之路、管理是强校之纲"的发展思路，在顺利完成原发展战略规划第一步战略目标的基础上，扎实推进重点突破阶段和全面提升阶段目标任务的完成和实现。

2010年12月17日至18日，学校召开的七届二次党代会、七届二次教代会暨十五届二次工代会审议并通过了《合肥工业大学"十二五"事业发展规划》（图4-7）。提出了学校的发展定位是：拓宽专业、厚实基础、注重实践、强化素质和能力，着力培养"工程基础厚、工作作风实、创业能力强"的工程应用型创新型高素质人才；立足安徽，服务全国，面向世界，发挥以工为主的学科优势，坚持产、学、研、用全面合作，直接服务于装备制造业

图4-6　2009年11月校七届一次教职工代表大会暨十五届一次工会会员代表大会审议并通过了《合肥工业大学2010—2020年发展战略规划》

（资料来源：合肥工业大学档案馆
档号：2009-Y-DQ-0141）

和区域经济建设主战场，以服务求支持，以贡献求发展，建设国际知名、特色鲜明的创新型高水平大学。发展目标是：艰苦奋斗，自强不息，追求卓越，勇攀高峰，努力在工程应用型、创新型人才培养体系的改革创新上取得突破；在提升科研层次和水平、创造一流成

图4-7　2010年12月校七届二次党代会、七届二次教代会暨十五届二次工代会审议并通过了《合肥工业大学"十二五"事业发展规划》

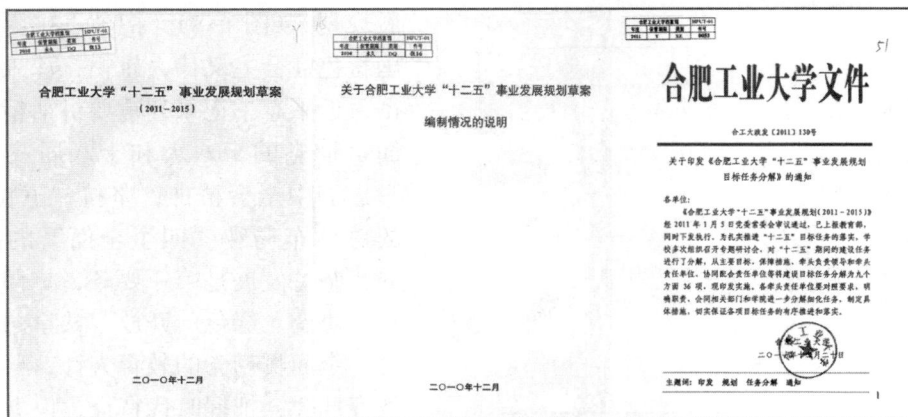

（资料来源：合肥工业大学档案馆　档号：2010-Y-DQ-0113、
2010-Y-DQ-0116、2011-Y-XZ-0053）

果、推进高新技术成果产业化上取得突破；在创立学科品牌、打造一流学科上取得突破；在高层次人才、创新团队和中青年学术骨干队伍建设上取得突破；国际化、信息化、节约型校园建设取得实质性进展，结构更加合理，特色更加鲜明；办学条件全面达到国家规定标准，综合指标步入"211工程"学校前列，部分指标达到"985工程"学校水平，教职工收入和生活水平有较大提高，超过教育部直属院校同期平均水平，学校整体实力和水平全面提升，为建成国际知名、特色鲜明的创新型高水平大学打下坚实基础。发展思路是：认真贯彻《国家中长期教育改革和发展规划纲要（2010—2020年）》精神，全面落实《合肥工业大学2010—2020年发展战略规划》各项任务；坚持发展的核心是人才，发展的重点是转型，发展的方式是创新；居弱思危奋发图强，积极作为思行合一，借船出海集聚资源，培育文化引领发展；扭住内涵建设不放松，坚持改革创新不动摇，贯穿质量、特色主线不游移，推进国际化、信息化建设不懈怠，全面提升整体办学实力和水平。为促进与保障"十二五"各项工作任务的完成，实现建设高水平大学的目标，学校还提出了建设与落实好"八大计划"，即实施"英才计划"，进一步提高人才培养质量；实施"卓越计划"，实现科学研究的新突破；实施学科"攀登计划"，提高学科建设整体水平；实施"引育计划"，努力建设高水平师资队伍；进一步落实科学发展观，实施党建"创优计划"；深化改革，实施学校管理"鼎新计划"；加快建设一流校园，实施校园建设"光彩计划"；弘扬优秀传统文化，发展先进文化，推进文化传播，实施校园文化"耕耘计划"。就如何破解学校发展面临的"天花板现象"，解决发展中遇到的各种矛盾和问题，提出从"明理念、优结构、活机制、加速度、上水平、提绩效"等六个方面实行工大再造。

图4-8　校八届二次教代会暨十六届二次工代会审议并通过的《合肥工业大学"十三五"事业发展规划》

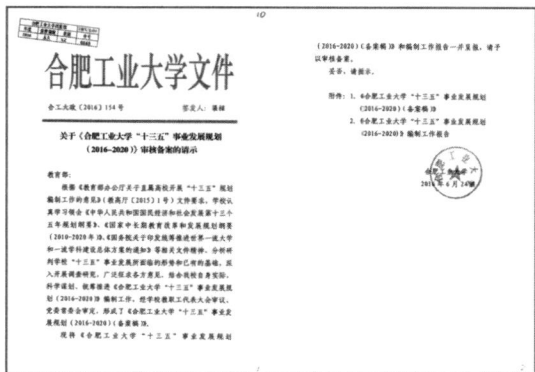

（资料来源：合肥工业大学档案馆
档号2016-Y-XZ-0165）

2015年12月26日召开的校八届二次教代会暨十六届二次工代会审议并通过了《合肥工业大学"十三五"事业发展规划》（图4-8）。指导思想：高举中国特色社会主义伟大旗帜，深入学习贯彻习近平总书记系列重要讲话精神，全面贯彻党的十八大和十八届三中、四中、五中全会精神，坚持"五位一体"的总体布局和"四个全面"的战略布局，坚持发展是第一要务，贯彻落实创新、协调、绿色、开放、共享的发展理念，全面贯彻党的教育方针，尊重高等教育规律，把握时代特征，以立德树人为根本，以提高教育质量为核心，以知识创新、技术创新和服务国家战略需求为导向，全面加强顶层设计、全面深化综合改革、全面加强内涵建设、全面推进依法治校、全面从严管党治党，为加快建设国际知名的研究型高水平大学和建设一批世界一流学科而努力奋斗。发展思路：全面强化内涵建设，提高教育质量；全面深化综合改革，激发办学活力；全面推进依法治校，提升治理能力；全面从严管党治党，统揽学校发展。总体发展目标：到2020年，学校人才培养质量、科学研究水平、社会服务成效和文化传承创新能力显著提高，队伍建设水平和国际交流合作质量明显提升，"世界一流大学和一流学科"建设取得重大进展，综合改革任务全面完成，党的建设全面加强，国际知名的研究型高水平大学建设扎实推进。2017年7月11日至13日召开的合肥工业大学第八次党代会（图4-9）报告指出："建设国际知名的研究型高水平大学，最终建成世界一流大学，是全体工大人的共同梦想，也是全体工大人的光荣使命。我们必须认清世界和中国发展大势，着眼于我国高等教育改革发展全局，立足工大发展实际，科学研判发展形势，厘清发展思路，明确发展目标，坚定自信，砥砺奋进。""面对新形势，站在新起点，通过实施质量立校、特色兴校、人才强校、创新驱动

图4-9　2017年7月召开了合肥工业大学第八次党代会

（资料来源：合肥工业大学档案馆
档号2017-Y-SX-0094）

发展战略，到21世纪中叶把合肥工业大学建设成为国际知名的研究型高水平大学，并进入世界一流大学行列，是我们确定的发展战略总目标。"实现这一目标是一个长期的、艰苦的、接续奋斗的过程，也是一个充满期望、燃烧激情、成就梦想的过程，为此我们实施"三步走"战略：即到建校80周年之际，争取有3个以上的学科能够进入世界一流学科行列，奠定高水平大学基础；到建校90周年之际，争取有5~8个学科进入世界一流学科行列，形成高水平大学格局；到建校100周年之际，实现国际知名的研究型高水平大学建设目标，争取进入世界一流大学行列，以优异的成绩迎接新中国诞生100周年。"

2020年12月24日至25日召开的校第九届一次教职工代表大会暨第十七届一次工会会员代表大会上审议并通过了《合肥工业大学"十四五"事业发展规划（2021—2025）》（图4-10）。指导思想：以习近平新时代中国特色社会主义思想为指导，全面贯彻党的十九大和十九届二中、三中、四中、五中全会精神，认真落实习近平总书记关于教育的重要论述，增强"四个意识"，坚定"四个自信"，做到"两个维护"，全面贯彻党的教育方针，坚持马克思主义指导地位，坚持社会主义办学方向，加强党对学校工作的全面领导，立足学校实际，遵循教育规律，坚持改革创新，实施质量立校、特色兴校、人才强校、创

图4-10 2020年12月召开的校第九届一次教职工代表大会暨第十七届一次工会会员代表大会上审议并通过了《合肥工业大学"十四五"事业发展规划（2021—2025）》

合肥工业大学文件

合工大政发〔2021〕178号

关于印发《合肥工业大学"十四五"事业发展规划
（2021—2025）》及任务分解方案的通知

各单位：

《合肥工业大学"十四五"事业发展规划（2021—2025）》经9月16日八届党委全委会第10次会议审议通过并报教育部备案，现予以印发，请各责任单位按照要求，明确职责，加强协作，确保学校"十四五"期间各项发展目标任务有序推进和落实。

附件：1.《合肥工业大学"十四五"事业发展规划（2021—2025）》
2.《合肥工业大学"十四五"事业发展规划（2021—2025）任务分解方案》

合肥工业大学
2021年11月26日

（此件主动公开）

— 1 —

（资料来源：合肥工业大学档案馆档号2021-Y-XZ-0165）

新驱动发展战略，坚持以"本"为本，推进四个回归，建设中国特色、世界水平的一流本科教育，加快推进国际知名的研究型高水平大学和一批世界一流学科建设。发展思路：坚持中国特色与世界一流相统一，坚持科学研究与人才培养相融合，坚持分层分类与融合交叉相协同，坚持绩效发展与目标责任相贯通，坚持条件支撑与重点战略相匹配。总体发展目标：学校"十四五"时期的奋斗目标是实现学校第八次党代会确定的"三步走"战略目标第一步，即到建校八十周年之际，奠定高水平大学基础。

办学思想和办学理念是几代工大人的办学思想沉淀、积累和升华，这是全校教职员工集体智慧的结晶。"九五"以来，新时期的办学指导思想和理念开始形成，2000年后，学校的办学思想和理念逐渐成熟和完善，它是经过几次党代会、教代会的集思广益，概括凝练而来。这期间虽有所变化和调整，但基本的思路和核心内容还是一脉相承的，为学校的中长期发展指明了前景与发展方向。

二、深化综合改革，激发办学活力

改革、发展、稳定是我国社会主义现代化建设的三个重要支点，其中改革是经济社会发展的强大动力，发展是解决一切经济社会问题的关键，稳定是改革发展的前提。改革是发展的动力也是科学发展的重要保证。学校自建校以来，顺应我国改革开放的推进，为提高办学质量与办学活力，不断深化改革，并取得积极效果。

2010年7月29日，《国家中长期教育改革和发展规划纲要（2010—2020年）》正式全文发布。这是中国进入21世纪之后的第一个教育规划，是今后一个时期指导全国教育改革和发展的纲领性文件。其主要内容包括：推进素质教育改革试点、义务教育均衡发展改革试点、职业教育办学模式改革试点、终身教育体制机制建设试点、拔尖创新人才培养改革试点、考试招生制度改革试点、现代大学制度改革试点、深化办学体制改革试点、地方教育投入保障机制改革试点以及省级政府教育统筹综合改革试点等十个方面。教育部为此开展了一次大规模的调研活动，学校也应教育部要求，于2010年9月29日以《关于合肥工业大学事业发展情况若干问题的报告》（合工大政〔2010〕128号）专门向教育部行文，就我校事业发展情况做总体汇报。该《报告》就"十一五"以来我校发展的基本情况、学校发展中存在的主要问题、"十二五"期间学校发展的主要目标与思路、相关工作建议等作详细汇报（图4-11）。

图4-11 《关于合肥工业大学事业发展若干问题的报告》

（资料来源：合肥工业大学档案馆　档号：2010-Y-XZ-0128）

为强化改革，根据《教育部关于2013年深化教育领域综合改革的意见》（教改〔2013〕1号）等文件精神，学校制订了《合肥工业大学综合改革方案》，2015年3月26日，经校第七届党委常委会2015年第3次会议审议通过；2015年11月3日，经报请国家教育体制改革领导小组办公室同意《合肥工业大学综合改革方案》备案（教改办函〔2015〕60号）（图4-12）。为深入学习贯彻党的十八大和十八届三中、四中全会精神，深入学习贯彻习近平总书记系列重要讲话精神，进一步深化学校改革，全力打造"工大改革升级版"，加快国际知名、特色鲜明的创新型高水平大学建设，根据教育部关于深化教育领域综合改革的要求和部署，结合学校实际，制订了此方案。《合肥工业大学综合改革方案》主要就改革的目的意义、改革的指导思想、改革的原则要求、改革的目标、改革的主要内容、改革的保障机制等几方面进行了说明，在以提高人才培养质量和学校竞争力为核心，重点推进立德树人、人事和薪酬体系、优化资源配置、完善治理体系等4大领域10项改

图4-12 国家教育体制改革领导小组办公室关于同意《合肥工业大学综合改革方案》备案的函

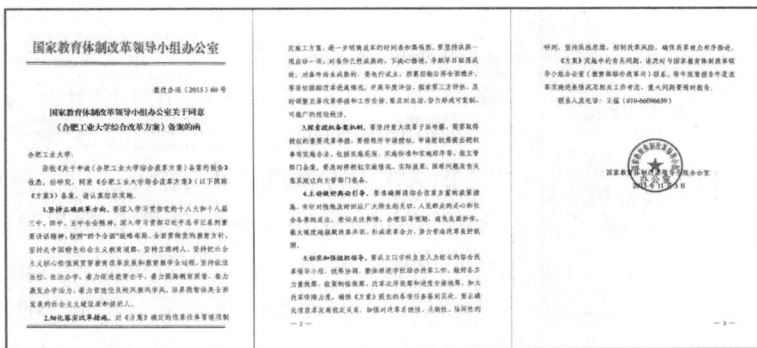

（资料来源：合肥工业大学档案馆　档号：2015-Y-XZ-0175）

革，提出的48条措施等就改革的内容做了详细阐释。

2017年3月31日，教育部、中央编办、发展改革委、财政部、人力资源社会保障部五部委《关于深化高等教育领域简政放权放管结合优化服务改革的若干意见》（教政法〔2017〕7号），提出加快推进高等教育领域"放管服"改革。其出台的主要背景为：我国高等教育进入内涵式发展阶段，改革进入攻坚期和深水区，必须加快推进高等教育领域"放管服"改革，破除束缚高等教育改革发展的体制机制障碍，进一步向地方和高校放权，给高校松绑减负、简除烦苛，让学校拥有更大办学自主权，激发广大教学科研人员教书育人、干事创业的积极性和主动性，培养符合社会主义现代化建设需要的各类创新人才，培育国际竞争新优势。2017年9月24日，中共中央办公厅、国务院办公厅印发了《关于深化教育体制机制改革的意见》。《意见》指出，要坚持扎根中国与融通中外相结合，坚持目标导向与问题导向相结合，坚持放管服相结合，坚持顶层设计与基层探索相结合，系统推进育人方式、办学模式、管理体制、保障机制改革，使各级各类教育更加符合教育规律、更加符合人才成长规律、更能促进人的全面发展，着力培养德智体美全面发展的社会主义建设者和接班人，为实现"两个一百年"奋斗目标、实现中华民族伟大复兴的中国梦奠定坚实基础。《意见》要求，到2020年教育基础性制度体系基本建立，形成充满活力、富有效率、更加开放、有利于科学发展的教育体制机制。

图4-13   学校印发《合肥工业大学关于进一步推进综合改革的实施意见》通知

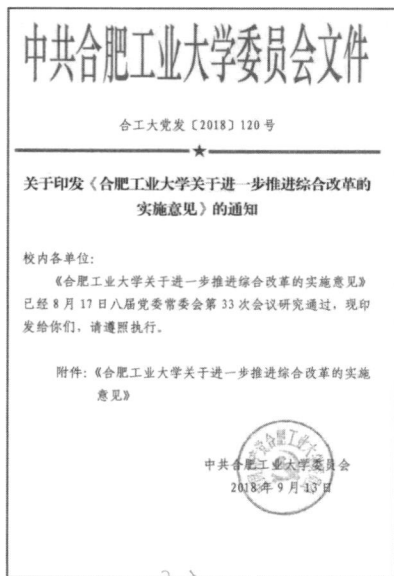

中共合肥工业大学委员会文件

合工大党发〔2018〕120号

关于印发《合肥工业大学关于进一步推进综合改革的实施意见》的通知

校内各单位：

《合肥工业大学关于进一步推进综合改革的实施意见》已经8月17日八届党委常委会第33次会议研究通过，现印发给你们，请遵照执行。

附件：《合肥工业大学关于进一步推进综合改革的实施意见》

中共合肥工业大学委员会
2018年9月13日

（资料来源：合肥工业大学档案馆
档号：2018-Y-XZ-0176）

在此大背景下，学校为深入学习贯彻习近平新时代中国特色社会主义思想和党的十九大精神，全面贯彻党的教育方针，坚持社会主义办学方向，落实立德树人根本任务，贯彻落实全国高校思政工作会议精神，中办国办《关于深化教育体制机制改革的意见》和教育部等五部委《关于深化高等教育领域简政放权放管结合优化服务改革的若干意见》等文件精神，创新管理模式，活化体制机制，激发活力潜能，全面推进高质量内涵式发展，全面推进国际知名的研究型高水平大学建设，经2018年8月17日八届党委常委会第33次会议研究通过了《合肥工业大学关于进一步推进综合改革的实施意见》（图4-13）。《意见》主要包括坚持和加强党对学校工作的全面领导、教育教学改革、学生工作改革、人事分配制度改革、资源配置方式改革、完善学校治理体系、科研体制机制改革、学科建设体制改革、后勤管理改革、对外交流合作机制改革等10方面共37项。

学校在改革与发展进程中，明确改革攻坚方向，落实重点改革举措，全面深化综合改革，激发办学活力。注重改革的系统设计、整体推进、重点突破，不断完善上下联动、各方协同创新的改革推进机制，构建充满活力、富有效率、更加开放、有利于学校科学发展的体制机制。

三、推进依法治校，提升治理能力

依法治校是贯彻党的十六大精神、推进依法治国基本方略的必然要求，是教育事业深化改革、加快发展、推进教育法制建设的重要内容。推进依法治校有利于推动教育行政部门进一步转变职能，严格依法办事；有利于全面推进素质教育，提高国民素质；有利于保障各方的合法权益；有利于运用法律手段调整、规范和解决教育改革与发展中出现的新情况和新问题，化解矛盾，维护稳定。实行依法治教，把教育管理和办学活动纳入法治轨道，是深化教育改革、推动教育发展的重要内容，也是完成新时期教育工作历史使命的重要保障。

2003年7月17日，《教育部关于加强依法治校工作的若干意见》（教政法〔2003〕3号）发布，2012年11月22日又下发了《全面推进依法治校实施纲要》的通知，对师生在参与学校管理、行使监督权利、实现自我发展等方面的权益给予制度保障，落实教师、学生的主体地位（图4-14）。

1.《合肥工业大学章程》的制定与修订

2007年，学校根据《中华人民共和国宪法》《中华人民共和国教育法》《中华人民共和国高等教育法》等法律法规着手制定《合肥工业大学章程》。2008年3月25日提交合肥工业大学六届三次教代会暨十四届三次工代会审议通过，经2008年7月9日合肥工业大学党委常委会讨论通过并颁布执行，同时上报教育部备案。这是新中国成立以来我国重点高校较早颁布并实施的大学《章程》之一。2013年年初，根据《中国共产党普通高校基层组织工作条例》《事业单位人事管理条例》以及《高等学校章程制定办法》（以下简称"31号令"）的有关要求，学校启动了《合肥工业大学章程》（以下简称《章程》）修订工作。学校把《章程》建设作为探寻高等学校教育改革发展规律、探索现代大学制

图4-14 教育部关于印发《全面推进依法治校实施纲要》的通知

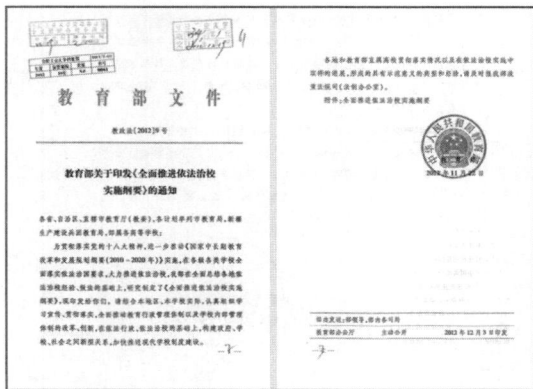

（资料来源：合肥工业大学档案馆
档号：2012-C-XZ-0061）

度建设、总结学校办学经验和办学特色、定位新一轮发展的重要契机，努力使《章程》既符合法律法规，又反映办学特色；既总结改革发展创新成果，又预留未来发展空间；既符合学校现实，又体现制度前瞻性。在《章程》修订过程中，学校按照"处理好过去、现在和将来之间的关系；处理好宏观把握、原则界定与具体制度之间的关系；处理好改革、发展、稳定的关系；处理好共性、个性与体现特色的关系"的原则，采取"对照要求、查漏补缺，规范程序、有序推进"的工作思路，研究、分析了学校的现状与问题，学习、借鉴了国内外高校《章程》建设的经验，召开座谈会，广泛征询了学生、青年教师、教授、职能部门、民主党派人士和离退休教师代表意见，征求了校学术委员会成员、理事会成员、学校党委委员和纪委委员的意见与建议，并通过校园网通知公告栏面向全校公开征求意见和建议，使得学校《章程》具有了较高的认知度和认可度，严格按照"31号令"的要求进行相关工作。2014年9月26日，学校教代会执委会对《章程》修订稿进行了审议并予以通过。11月5日，学校党委常委会对《章程》修订稿进行了审议并原则通过。12月27日，学校第八届一次教代会暨第十六届一次工代会审议并通过《合肥工业大学章程（修订稿）》。修订后的《章程》分序言和正文两大部分，正文部分包括总则、学校功能和教育形式、管理体制与运行机制、学生、教职员工、资产、财务管理与条件保障、外部关系、附则等，共计8章91条。经教育部高等学校章程核准委员会评议，2015年1月20日教育部第3次部务会议审议通过，教育部核准发布《合肥工业大学章程》（《中华人民共和国教育部高等学校章程核准书第55号（合肥工业大学）》）（图4-15）。之后，学校又根据国家总体形势与学校建设发展实际，又在此基础上做了部分修订，现在施行的《章程》是根据2018年9月30日教育部核准的《合肥工业大学章程修正案》修正的（图4-16）。

图4-15　教育部关于《合肥工业大学章程》的核准书

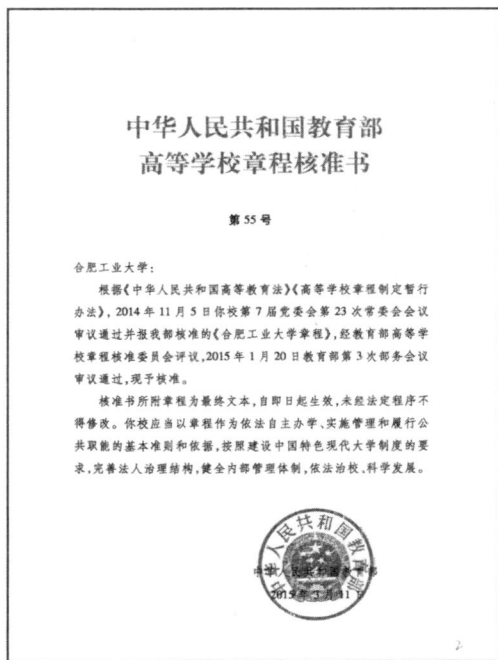

（资料来源：合肥工业大学档案馆　档号：2015-Y-DQ-0175）

2. 校学术委员会及其相关工作

在扎实做好学校《章程》的制定与修订工作外，学校还致力于"党委领导、校长负责、教授治学、民主管理"的现代大学制度建设，构建学术权力的管理体系。围绕此管理与工作思路，学校在《合肥工业大学学术委员会组织条例》《合肥工业大学学术委员会工作职责》的基础上，制定实施了《合肥工业大学学术委员会章程》，并多次适时进行了修订（图4-17）。2009年9月，学校制定实施《合肥工业大学学术委员会章程》，这是学校第一次以规章制度形式明确学术组织建设和学术委员会工作。《章程》共6章40条，主要内容是：明确学术委员会是学校学术决策机构，是体现"教授治学"的学术组织，代表学校行使学术权力，并对校长负责；规定了学术委员会组成，明确委员资格、名额分配及产生办法、任期；明确学术委员会主任1人、副主任2人，设立秘书处，秘书长由专职副主任兼任；明确了学术委员会14项职责；设立学术道德委员会，指导学位委员会、职称评审委员会工作，成立学院（系部）分委员会并指导工作；规定了学术委员会议事决策规则等。2010年，学校积极探索如何充分发挥学术委员会在学科建设、学术评价、学术发展中的重要作用以及教授在教学、学术研究和学校管理中的作用，探索教授治学的

图4-17 近年学校印发的《合肥工业大学学术委员会章程》的通知

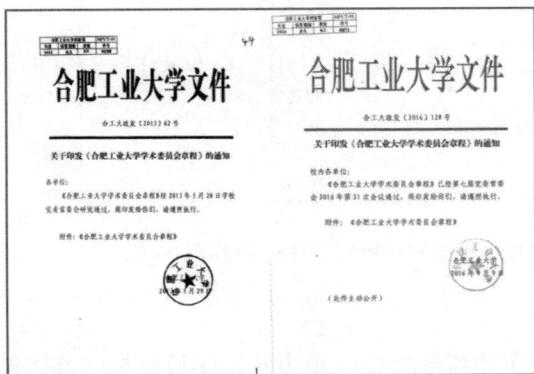

（资料来源：合肥工业大学档案馆
档号：2013-Y-XZ-0188、2016-Y-KY-0871）

图4-16 关于印发《合肥工业大学章程（2018年修正）》的通知

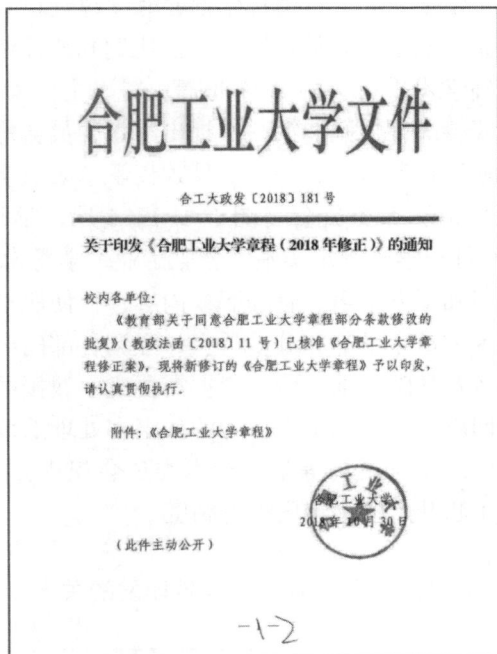

（资料来源：合肥工业大学档案馆
档号：2018-Y-XZ-0286）

有效途径，在校学术委员会之下成立了学术规范、发展规划、学科建设、科技、教学等5个委员会和机械学科、材料生化学科、电类学科、资环土建学科、人文管理学科等5个工作组。2013年5月，学校根据教育部相关工作要求，对2009年版《合肥工业大学学术委员会章程》进行了修订。新修订内容主要有：明确提出学术委员会是保障学校学术决策科学规范的学术组织，是学校的学术评议、审议、论证、决策的最高学术权力机构；再次规定了学术委员会组成，并明确中青年委员所占比例以及

在任的校级党政领导成员不参加校学术委员会；设常务副主任兼秘书长，设立校学术委员会办公室；成立机械、生化与材料、电气与信息、资环土建、数学与管理、人文社科等6个学部分委会（简称学部）和学风建设、发展规划两个分委员会；第一次提出委员退出机制，规定了委员任期、更换比例和连任情况；各学院（系、所）不再设立学术委员会；明确学术委员会的11项职责；提出主任参加理事会、秘书长参加校长办公会；进一步明确议事决策规则，第一次提出学术委员会每年两次的例会制、学部制、学术事务管理采用专家责任制等。2014年3月，校学术委员会第一届学部分委会成立。4月，学校换届成立第八届学术委员会（图4-18）。5月，学校决定学术委员会办公室直属学校学术委员会。9月，学校制定实施《合肥工业大学学术事务管理实施办法（试行）》（图4-19），进一步明确了学术事务管理职权内容，行使职权的主体是学术委员会及其授权开展相关工作的学术委员会学部和分委员会，强调各部门应尊重并支持、保障学术委员会独立行使职权；支持各学院（部、所）根据需要成立教授委员会；规定了学术事务的决策、审议、评定、咨询以及对学术不端行为的认定和处理的范围及流程等，进一步推进学术事务管理规范化建设。根据《高等学校学术委员会规程》第二十三条的规定，学校学术委员会决定自2014年起开始建立年度报告制度。

图4-18　2014年学校印发的关于学术委员会相关工作通知

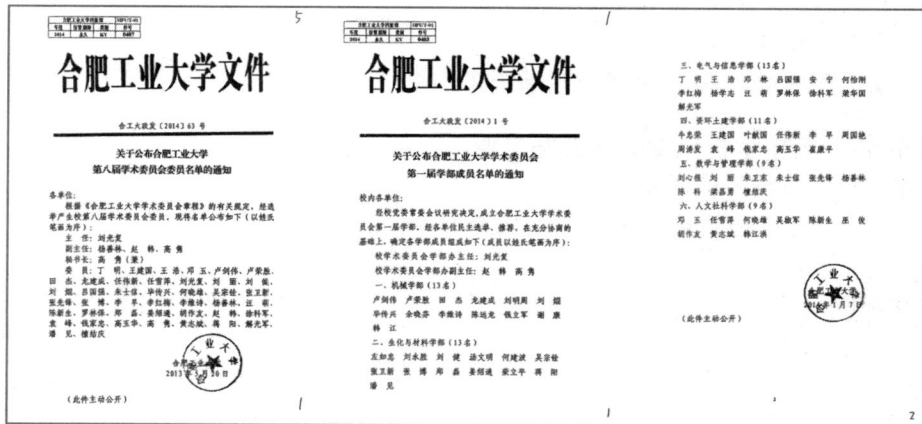

（资料来源：合肥工业大学档案馆档号：2014-Y-KY-0403、2014-Y-KY-0407）

3. 学校信息公开工作

合肥工业大学是全国最早开展信息公开工作的高校之一。2010年，学校根据《高等学校信息公开办法》的要求，坚持"以公开为原则，以不公开为例外"，进一步健全机制，丰富形式，拓展渠道，完善制度。为做好信息公开服务，学校成立了信息公开领导小组和工作机构，校长担任组长，校相关职能部门负责人为成员，信息公开办公室设在党政办公室，负责学校信息公开的日常工作（图4-20）。学校还专门开设了"合肥工业大学信息公开网"网站，编制了《合肥工业大学信息公开指南》。明确了公开的类别主要有：基本信息，招生考试信息，财务、资产及收费信息，人事师资信息，教学质量信息，学生管理服务信息，学风建设信息，学位、学科信息，科研信息，对外交流与合作信息，宣城校区信息等（图4-21）。由于学校信息公开工作扎实推进，取得了良好成效，在2015年3月，在高等教育信息公开第三方评估机构——21世纪教育研究院发布的《2014年"高校信息公开情况评价报告"》中指出，合肥工业大学信息公开情况以91.1分的综合得分位列教育部直属高校第三名，并获得上级部门表彰。

此阶段，学校不断深化改革，牢固树立依法治校理念，全面推进依法治校。坚持依

图4-19 学校关于印发《合肥工业大学学术事务管理实施办法（试行）》的通知

（资料来源：合肥工业大学档案馆 档号：2014-Y-XZ-0233）

图4-20 学校印发的关于调整信息公开领导（小）组的通知

（资料来源：合肥工业大学档案馆档号：2016-Y-DQ-0030、2011-Y-DQ-0158、2008-C-DQ-0066）

法办学、依法办事、依法执教，大力加强法治教育，加快形成以大学章程为统领的完善、规范、统一的制度体系，健全以学术委员会为核心的学术管理体系与组织架构，推进校务公开、党务公开和信息公开，完善民主管理和监督机制，推进学校治理体系和治理能力现代化，建立完善的现代大学治理体系。

图4-21 合肥工业大学信息公开网站

（资料来源：合肥工业大学信息公开网，网址：http://xxgk.hfut.edu.cn/）

四、探索机构改革，强化党建引领

新世纪，面临着高等教育发展的新形势、新任务以及自身事业发展的需要，学校不断深化机构改革，推进目标管理；同时，不断加强党的组织与政治建设，着力推进从严治党。

1. 学校"大部制"改革

为进一步贯彻落实《国家中长期教育改革和发展规划纲要（2010—2020年）》《中国共产党普通高等学校基层组织工作条例》和全国教育工作会议精神，加快构建有利于高水平大学科学发展的内部管理体系，探索构建与高水平大学相适应的行政管理机构及其运行制度，保证学校"十二五"发展规划顺利实施，学校酝酿校内行政管理机构及其运行制度改革（以下简称"大部制"改革）。从2010年年初开始，学校对行政机构"大部制"改革的探索和实施进行了深入的调研、论证，并广泛地征求了各方的意见。12月31日，学校向教育部汇报"大部制"改革的设想。2011年1月20日，学校党委常委会议通过行政机构改革方案。2月24日，学校党委常委会议通过行政机构改革的干部岗位设置和聘任办法。2月下旬，学校向教育部提交了关于"大部制"改革方案的报告（图4-22）。2011年3月4日，学校召开"大部制"改革及第四次干部竞聘工作动员大会，正式启动"大部制"改革。

图4-22 学校向教育部提交的关于"大部制"改革方案的报告

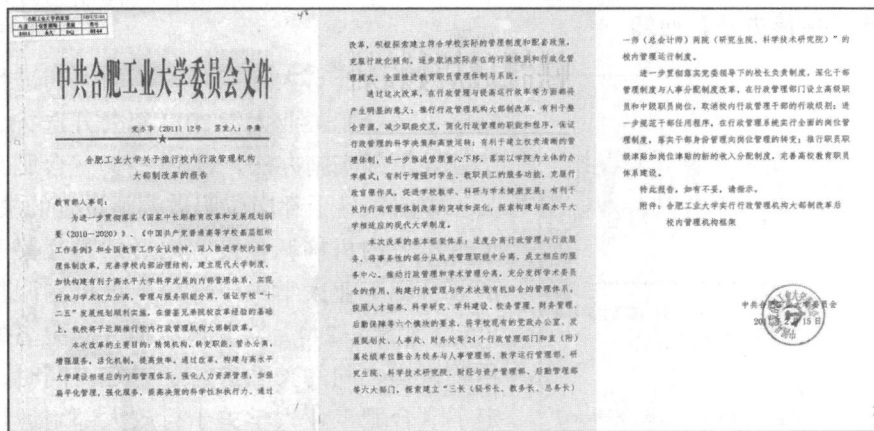

（资料来源：合肥工业大学档案馆档号：2011-Y-DQ-0144）

"大部制"主要为了实现"理顺关系，转变职能，活化机制，激发潜能，强化执行，提高效率"的主要改革目标，即：按照"决策科学、综合协调、执行有力、运行高效"的要求，根据学校管理特点，构建"决策层、运行层和执行层"，将行政管理转变成部与办公室的两级管理体系；适度分离行政管理与行政服务，将事务性的部分从行政管理职能中分离，成立相应的服务中心；构建以服务为中心的管理，把行政管理和行政服务分离，使得行政管理精干高效，职责明确，工作范围清晰；服务机构健全，能够提供面向师生员工的全方位服务；推动行政管理和学术管理分离，充分发挥学术委员会的作用，构建行政管理与学术决策有机结合、学校和学院各负其责的治理模式。

"大部制"改革体现了小机关大服务，把行政部门原先的四级管理模式（处、副处、科、副科）转变成两级管理模式（部、办公室），实现由干部身份管理到岗位管理的转变；在行政管理部门取消了行政级别，全面推进了教育职员制度；在党委领导下的校长负责制框架下，行政部门的正职干部人选由校长提名，其他部门的人选及副职人选由组织部门提名。学校重新核定了管理机构的职能和编制，核定了各管理部门的用房等资源配置，解决机关存在的职责不清、界限不明和有些事没人干、有些人没事干的制度缺陷，以及公共资源占用不合理的状况。

"大部制"改革对后勤服务实行了公益性服务与经营性服务的剥离，推进了后勤社会化改革；学院等办学实体按照"院为基点、重心下移、经费包干、目标管理"的要求进一步深化目标管理模式；进一步加强学校的学术治理体制建设，行政管理在属于或者基本属于学术管理的领域逐步淡化，以至退出；同时，加强学术委员会、学位委员会建设，增强职责，明确制度；初步实现了本科生教育与研究生教育的打通，学生工作实现了本科生与

图4-23 学校印发的关于《合肥工业大学2011年公开选拔、竞聘中层领导干部实施办法》通知

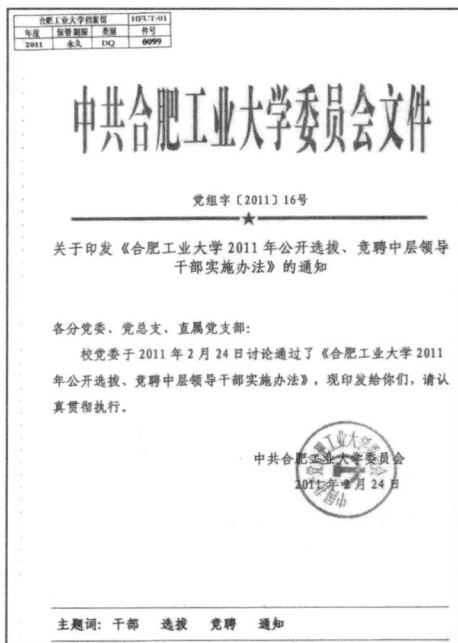

（资料来源：合肥工业大学档案馆
档号：2011-Y-DQ-0099）

研究生的统一管理；在国家干部体制的总框架下，探索了学校内部新的管理体制与外部接口的问题。

为了保证"大部制"改革的顺利进行，学校制定了《合肥工业大学2011年公开选拔、竞聘中层领导干部实施办法》（图4-23）《合肥工业大学关于中层领导干部岗位职数调整设置的决定》。为了理清校内机构调整设置之后的相互关系，出台了《合肥工业大学关于部分内设机构调整设置的决定》（图4-24），对新设、撤并、更名的机构与相关机构之间的关系进行了界定。同时，学校制定了《合肥工业大学关于行政大部制运行中若干问题的规定（试行）》以及《合肥工业大学部（院）务会议议事规则（试行）》，对"大部制"运行的会议制度、办公制度、财务管理、文件管理等进行规范（图4-25）。出台了《合肥工业大学关于大部制改革后职员职级与行政级别对应关系的说明》（图4-26），明确了高级职员、中级职员、初级职员与处级、科级、科员及办事员的对应关系。这些文件的出台，保证了学校管理机制实现向"大部制"的平稳过渡和正常运行。

图4-24 学校印发的关于《合肥工业大学关于部分内设机构调整设置的决定》通知

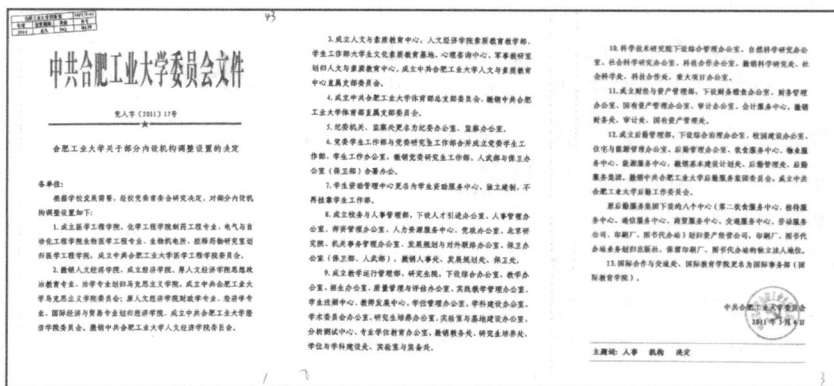

（资料来源：合肥工业大学档案馆档号：2011-Y-DQ-0139）

"大部制"改革后学校行政机构的基本构架为：按照人才培养、科学研究、学科建设、校务管理、财务管理、后勤保障等6个模块的要求，将学校原有的党政办公室、发展规划处、人事处、财务处等行政管理部门和直（附）属处级单位整合为校务部、教务部、财务部、总务部、研究生院、科学技术研究院，建立"决策层、运行层、执行层"三级管理层次，形成"三长、一师、两院"（秘书长、教务长、总务长、总会计师、研究生院长、科学技术研究院长）的管理运行模式。国际事务部并列。学校将行政管理部门整合成6个运行部，53个科

图4-26 学校印发的《合肥工业大学关于大部制改革后职员职级与行政级别对应关系的说明》

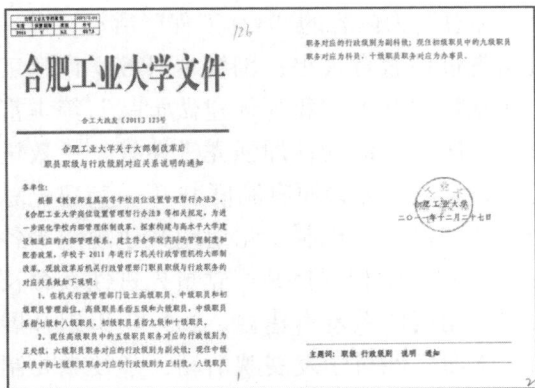

（资料来源：合肥工业大学档案馆
档号：2011-Y-XZ-0173）

图4-25 学校印发的关于"大部制"运行中相关工作通知

（资料来源：合肥工业大学档案馆
档号：2011-Y-XZ-0034、2012-C-XZ-0075）

室归并为29个办公室。将服务性的部分从机关管理职能中分离，成立服务中心。

根据"大部制"改革后的机构设置，学校组织实施了职责再造、流程再造、制度再造和机构再造。2014年，学校对"大部制"职责进行重新审定，明确了工作分工的边界划分，总结了"大部制"改革过程中的有益经验和存在的问题；在贯彻落实2018年教育部巡视整改反馈意见情况下，又对"大部制"部分机构进行了调整。

2. 开展党建主题教育实践活动

按照中央、教育部和安徽省委的部署和要求，学校于2005年正式启动以实践"三个代表"重要思想为主要内容的保持共产党员先进性教育活动。学校党委成立了保持共产党员先进性教育活动领导小组和督导组，下发《中共合肥工业大学委员会关于开展保持共产党员先进性教育活动的实施方案》《中共合肥工业大学委员会校级领导班子先进性教育活动实施方案》《在全校大学生党员中开展保持共产党员先进性教育活动的实施方案》等文件，先后召开了四个阶段的动员大会和总结大会。制定和公布了《中

共合肥工业大学委员会保持共产党员先进性教育整改方案》，概括凝练了全校党员及七类不同岗位党员的先进性具体要求（图4-27）。2006年，学校党委制定并实施《中共合肥工

图4-27　学校开展保持共产党员先进性教育活动

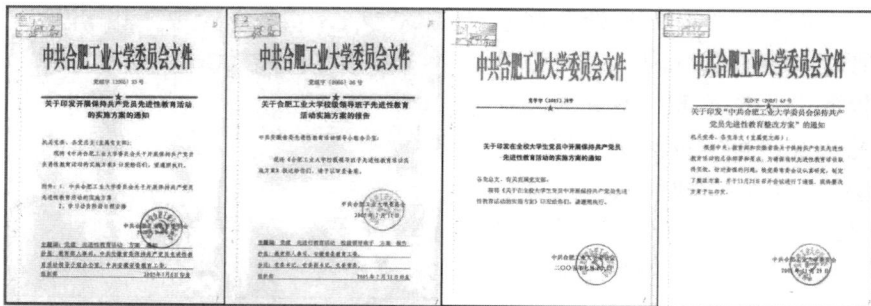

（资料来源：合肥工业大学档案馆档号：2005-D-DQ-0124、2005-D-DQ-0125、
2005-C-JX-01952、2005-Y-DQ-0040）

图4-28　学校印发的《中共合肥工业大学委员会关于加强和改进机关作风建设的若干意见》

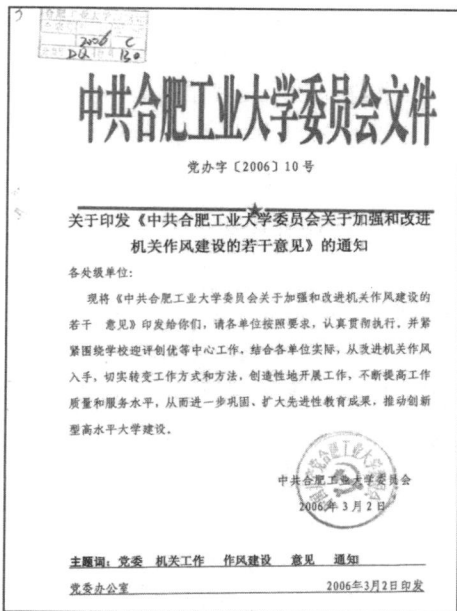

（资料来源：合肥工业大学档案馆
档号：2006-C-DQ-0130）

业大学委员会关于加强和改进机关作风建设的若干意见》（图4-28），在全校机关深入开展以"转变思想观念、转变工作作风、转变工作方式；提高服务质量、提高服务水平；让广大师生员工满意"为内容的"321工程"活动，进一步巩固先进性教育成果；围绕本科教学评建工作，在党员中开展"我为评建做贡献"等丰富多彩的主题实践活动；加强先进性教育长效机制建设，修改、完善原有制度18项，新建党总支先进性建设工作机制、党组织共建规定等各种制度15项，学校保持共产党员先进性教育长效机制的制度体系基本建立。2009年组织开展了深入学习实践科学发展观活动，学校党委制定了《合肥工业大学深入学习实践科学发展观活动实施方案》（图4-29），明确提出学校学习实践活动的载体是"破解学校发展难题，推进高水平大学建设"；要破解"加快人才引进、开源节流与管理服务、人才培养体制建设、推进科研可持续发展"四个难题；突破"人力资源、财务压力和思想观念滞后"三大困难；破

图4-29　学校组织开展了深入学习实践科学发展观活动

（资料来源：合肥工业大学档案馆档号：2009-Y-SX12-0031、2009-C-DQ-0116）

除"安于现状缺乏进取精神，推诿扯皮缺乏责任意识，重个人利益缺乏大局观念"三个陈旧观念；强调要把破解难题、突破困难、破除陈旧观念贯穿于学习实践活动的全过程，落实到学习实践活动的每个环节。在认真梳理归纳的基础上，认真制定了《合肥工业大学深入学习实践科学发展观活动整改落实方案》，明确了整改目标、措施和责任，将整改落实、解决实际问题作为学习实践活动的根本。2010年，学校党委组织开展学习实践科学发展观"回头看"活动，进一步巩固了学习实践科学发展观活动成果，建立健全了学习实践科学发展观的长效机制。2010年，学校党委正式下发《关于在基层党组织和党员中深入开展创先争优活动的实施意见》（图4-30），以"组织创先促发展党员争优做贡献"为主题，以创建"五个好"先进基层党组织、争当"五带头"优秀共产党员为主要内容，明确了先进基层党组织、优秀教职工党员和优秀学生党员的基本标准，设计了"红旗党组织"创建活动、党支部（小组）特色活动、"党员示范岗"活动、"党史教育"主题活动等4个重点活动载体，分层次、分类别地对全校党员参与创先争优活动做了明确

图4-30　学校印发了《关于在基层党组织和党员中深入开展创先争优活动的实施意见》的通知

（资料来源：合肥工业大学档案馆
档号：2010-C-DQ-0027）

图4-31 学校印发了《合肥工业大学关于深入开展"为民服务创先争优"活动的实施方案》的通知

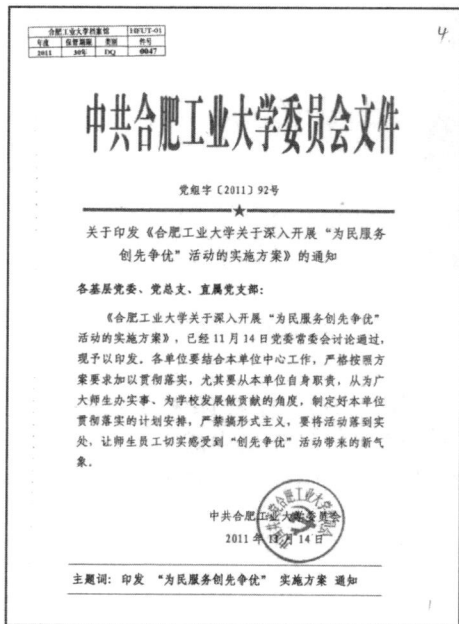

中共合肥工业大学委员会文件

党组字〔2011〕92号

关于印发《合肥工业大学关于深入开展"为民服务创先争优"活动的实施方案》的通知

各基层党委、党总支、直属党支部:

《合肥工业大学关于深入开展"为民服务创先争优"活动的实施方案》,已经11月14日党委常委会议讨论通过,现予以印发。各单位要结合本单位中心工作,严格按照方案要求加以贯彻落实,尤其要从本单位自身职责,从为广大师生办实事、为学校发展做贡献的角度,制定好本单位贯彻落实的计划安排,严戒搞形式主义,要将活动落到实处,让师生员工切实感受到"创先争优"活动带来的新气象。

中共合肥工业大学委员会
2011年11月14日

主题词:印发 "为民服务创先争优" 实施方案 通知

(资料来源:合肥工业大学档案馆 档号:2011-C-DQ-0047)

要求。按照中共教育部党组和安徽省委的要求与部署,2011年,学校党委制定了《合肥工业大学关于深入开展"为民服务创先争优"活动的实施方案》(图4-31),要求各基层党组织结合本单位工作实际,认真落实《实施方案》,创造性地开展富有实效的活动,切实做到为广大师生员工解难事、做实事、办好事,让师生员工切实感受到创先争优活动带来的新气象、新变化。2012年,学校党委继续开展"为民服务创先争优"活动,以提高群众满意度为标准,以"三亮"(亮标准、亮身份、亮承诺)、"三创"(创一流业绩、创一流服务、创一流队伍)、"三比"(比技能、比作风、比业绩)、"三评"(群众评议、党员互评、领导点评)为抓手,进一步增强了学校各级党组织和全体党员的服务意识和服务能力,提高了服务水平和服务效能,促进了党员干部与群众的联系。

党的十八大以来,学校全面落实从严治党要求,深入推进党的思想、组织、作风、反腐倡廉和制度建设。2012年11月,在党的十八大胜利闭幕之际,学校党委发出《关于认真学习贯彻党的十八大精神的通知》(图4-32),要求各级党组织把学习贯彻党的十八大精神作为当前和今后一个时期的首要政治任务,迅速掀起学习宣传贯彻党的十八大精神的热潮。2013年,学校党委以学习宣传贯彻党的十八大精神和习近平总书记系列重要讲话精神为主线,在全校党员和领导干部中组织开展为期8个月的党的群众路线教育实践活动。活动按照"照镜子、正衣冠、洗洗澡、治治病"的总体要求,分"学习教育、听取意见,查摆问题、开展批评,整改落实、建章立制"三个环节进行。以"坚持党的群众路线、办好人民满意大学"为主题,紧紧围绕保持党的先进性和纯洁性,以为民务实清廉为主要内容,以校领导班子及各中层单位领导班子和领导干部为重点,坚持把理论学习、征求意见建议、开展批评与自我批评、增进班子团结、推动学校发展、加强制度建设贯穿始终,切实加强干部特别是党员干部的群众观点、群众路线教育和作风建设,反对形式主义、官僚主义、享乐主义和奢靡之风,着力解决师生员工反映强烈的突出问题,努力提升学校各级党组织和广大干部做好新形势下服务基层、服务师生的能力。为此,学校精心制定了《合肥工业大学党的群众路线教育实践活动整改落实方案》《"四风"专项整治方案》《制度建设计划》，提出了20项整改内容、29条整改措施，均得到整改落实（图4-33）。2014年，学校党委印发《中共合肥工业大学委员会关于进一步加强和改进新形势下党的建设的若干意见》（图4-34），进一步加强和改进学校党的建设工作，要求全校各级党组织和全体党员在思想上政治上行动上与以习近平同志为核心的党中央保持高度一致，充分发挥基层党组织政治核心、监督保证、战斗堡垒作用和党员先锋模范作用，为学校的改革发展提供坚强有力的思想、政治、组织保证，营造风清气正的校园文化氛围。随后，学校党委制定出台了《中共合肥工业大学委员会关于加强和改进宣传思想工作的意见》《合肥工业大学新媒体管理办法》《合肥工业大学新闻发布与新闻宣传管理办法》等文件。2015年，学校党委

图4-32　校党委印发了《关于认真学习贯彻党的十八大精神的通知》

（资料来源：合肥工业大学档案馆档案号：2012-C-DQ-0041）

图4-33　学校开展党的群众路线教育实践活动

（资料来源：合肥工业大学档案馆档案号：2013-Y-SX12-0157、2013-C-DQ-0227）

图4-34　学校印发《中共合肥工业大学委员会关于进一步加强和改进新形势下党的建设的若干意见》的通知

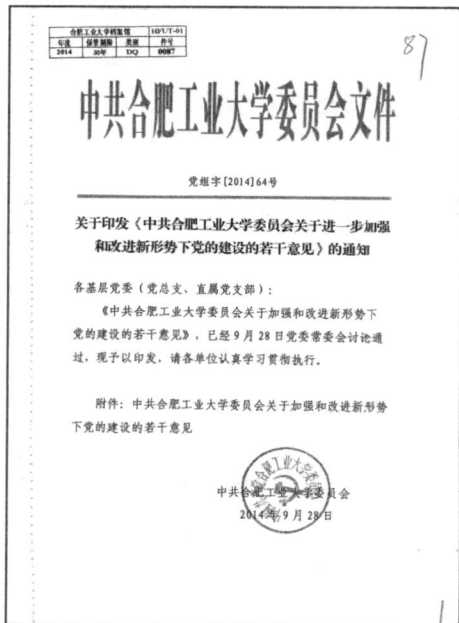

（资料来源：合肥工业大学档案馆
　　档号：2014-C-DQ-0087）

守政治规矩，全面贯彻党的教育方针，落实立德树人根本任务，勇于担当作为，发挥起党员的先锋模范作用，为全力推进国际知名、特色鲜明的创新型高水平大学和一批一流学科建设，培养造就中国特色社会主义事业合格建设者和可靠接班人，办好人民满意的大学提供坚强的组织保证。2019年，学校党委印发了《中共合肥工业大学委员会关于开展"不忘初心、牢记使命"主题教育的实施方案》（图4-37）。要求把深入学习贯彻习近平新时代中国特色社会主义思想作为根本任务，全面把握守初心、担使命，找差距、抓落实的总要求，努力实现

印发了《中共合肥工业大学委员会关于在全校中层及以上领导干部中开展"三严三实"专题教育的实施方案》（图4-35），对"三严三实"专题教育的总体要求、方法措施和组织领导等提出了明确要求，并扎实推进。2016年，学校党委印发了《关于在全校党员中开展"学党章党规、学系列讲话，做合格党员"学习教育实施方案》（图4-36）。要求认真贯彻落实"党要管党、从严治党"方针，紧密结合全校党员队伍实际，深入开展"两学一做"学习教育，教育引导全校党员把党的思想建设放在首位，进一步增强"四个意识"，坚定"四个自信"，增强宗旨观念，严

图4-35　学校印发《中共合肥工业大学委员会关于在全校中层及以上领导干部中开展"三严三实"专题教育的实施方案》的通知

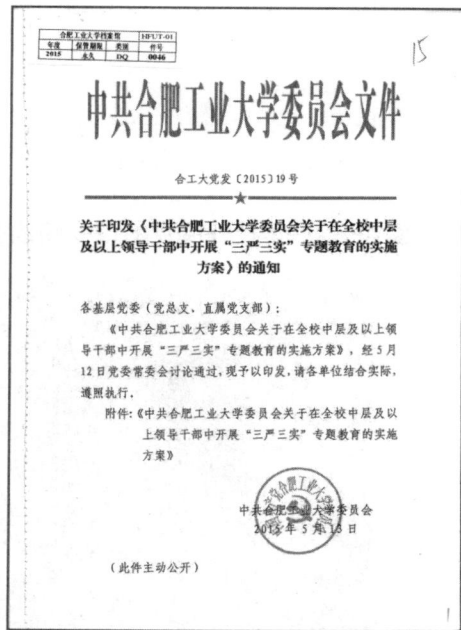

（资料来源：合肥工业大学档案馆
　　档号：2015-Y-DQ-0046）

理论学习有收获、思想政治受洗礼、干事创业敢担当、为民服务解难题、清正廉洁作表率的目标。为深入学习贯彻习近平新时代中国特色社会主义思想和党的十九大精神，认真落实新时代党的建设总要求和党的组织路线，切实加强对学校党的建设各项工作的统一领导，建立党委统筹、分工协作、责任到位、保障有力的工作领导体制和运行机制，扎实做好党的建设各项工作，推动全面从严治党不断向纵深发展，2019年11月，学校还专门成立了合肥工业大学党的建设和全面从严治党领导小组（图4-38）。2021年，按照上级工作要求，学校围绕学史明理、学史增信、学史崇德、学史力行，按照学党史、悟思想、办实事、开新局的总体要求，扎实开展了党史学习教育活动。

在此阶段，学校党委全面贯彻党的教育方针，坚持社会主义办学方向，坚持围绕中心、服务大局，以立德树人、培养中国特色社会主义建设者和接班人为根本任务，全面加强思想建设、组织建设、作风建设、制度建设和党风廉政建设，努力提高学校党建工作科学化水平，着力发挥基层党组织和广大党员干部在推动学校发展、服务师生、凝聚人心、促进和谐等方面的作用，为高水平大学和一流学科建设提供了坚实的思想基础和组织保证。

图4-36 学校印发《关于在全校党员中开展"学党章党规、学系列讲话，做合格党员"学习教育实施方案》的通知

图4-37 学校印发《中共合肥工业大学委员会关于开展"不忘初心、牢记使命"主题教育的实施方案》的通知

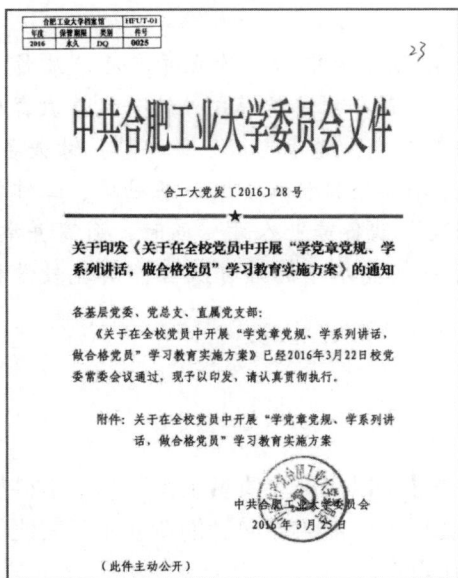

（资料来源：合肥工业大学档案馆
档号：2016-Y-DQ-0025）

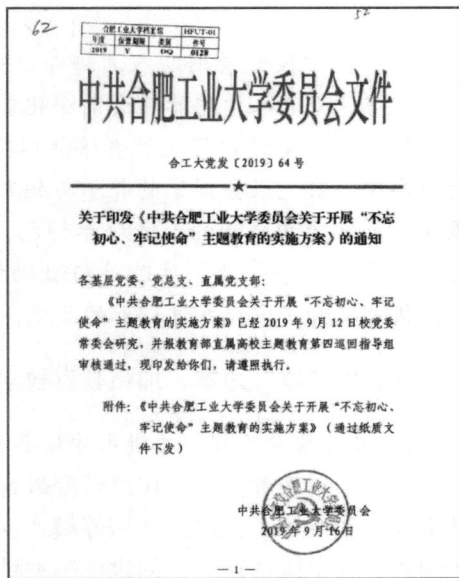

（资料来源：合肥工业大学档案馆
档号：2019-Y-DQ-0128）

图4-38　学校《关于成立合肥工业大学党的建设和全面从严治党领导小组的通知》

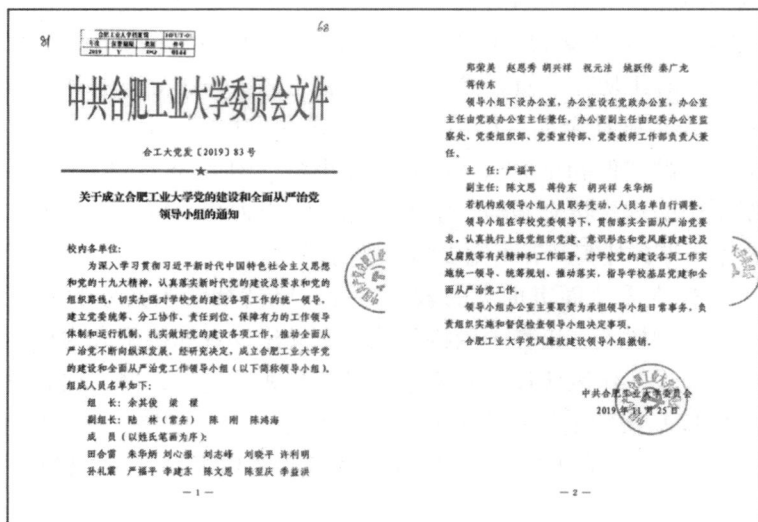

（资料来源：合肥工业大学档案馆档号2019-Y-DQ-0144）

第二节　加强教育教学管理，提高人才培养质量

引言：学校紧紧围绕人才培养这个根本任务，以教学为中心，确立并实施"质量立校"战略，更新人才培养观念，深化教育教学改革，创新人才培养模式，健全完善教育质量监控体系，全过程优化教育培养环节，多层次培养人才，逐步形成了"培养德才兼备，能力卓越，自觉服务国家的骨干与领军人才"的人才培养总目标和"工程基础厚、工作作风实、创业能力强"的人才培养特色，为"工业强国"储备专业人才。同时，引育并举，通过一系列人事管理制度改革与激励措施，产出了一批高水平的师资队伍，实现教学相长，极大提升了学校人才培养的质量。

一、以"本"为本，加强教育教学改革

1. 立足质量工程，推进人才培养模式创新

学校本科教育教学工作以转变教育思想观念为先导，以实施"质量工程"和"本科教学工程"为主线，推进人才培养模式创新，以"立德树人、能力导向、创新创业"三位一体的教育教学体系建设，创建一流本科教学作为工作重点。

改革开放40多年来，特别是近年来，党中央、国务院坚持把教育摆在优先发展的战略地位，先后做出了一系列推进高等教育改革、加快高等教育发展的重大战略决策和部

署。在基本实现高等教育大众化的同时，教育部始终把提高质量摆在突出位置，不断深化教育教学改革。2007年，教育部下发了《教育部关于进一步深化本科教学改革全面提高教学质量的若干意见》，针对教学工作中存在的主要问题，提出了6个方面20条具体要求，在高等教育战线产生了很大影响，对提高高等教育人才培养质量起到了重要作用。"本科教学质量与改革工程"是教育部、财政部全面贯彻党中央、国务院关于"把高等教育的工作重点放在提高质量上"的战略部署，经国务院批准实施的重大本科教学改革项目。2007年，学校印发《合肥工业大学本科教学质量与教学改革工程实施方案》（图4-39），以精品课程建设、教改示范专业建设、教学名师队伍建设、实验教学示范中心建设、大学英语教学改革和双语教学改革等为主要内容，全面推进"质量工程"的实施，成效显著。

2011年7月1日，教育部、财政部印发了《高等学校本科教学质量与教学改革工程实施意见》，正式启动了"本科教学工程"（图4-40）。学校把握机遇，积极做出响应，努力在本科人才培养的质量标准建设、专业建设、优质资源建

图4-39 学校印发的《合肥工业大学本科教学质量与教学改革工程实施方案》的通知

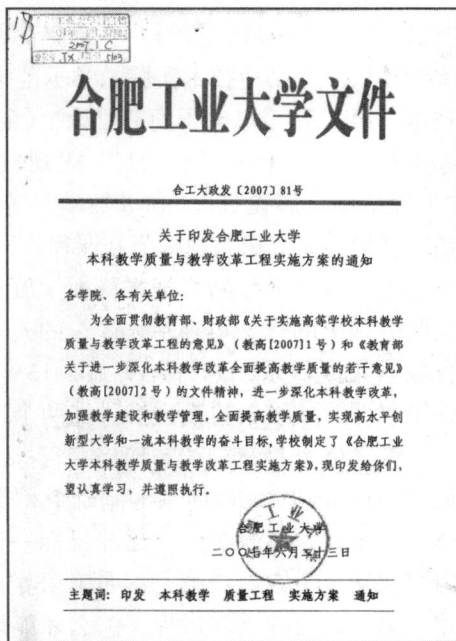

（资料来源：合肥工业大学档案馆
档号：2007-C-JX-5103）

图4-40 教育部 财政部印发《高等学校本科教学质量与教学改革工程实施意见》的通知

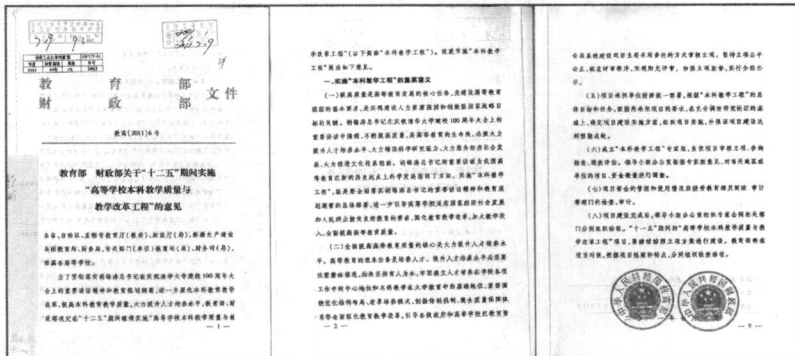

（资料来源：合肥工业大学档案馆 档号：2011-C-JX-2012）

设、实验实践教学平台建设和教师培训上有所作为，创建一流本科教学，取得众多项目成果。仅三年内，学校联合相关企业申报国家级工程实践教育中心，获得教育部批准，列入国家2011年度"本科教学工程"项目。2012年，学校的"资源勘查工程""机械设计制造及其自动化""计算机科学与技术""土木工程"等4个专业获批国家级专业综合改革试点；"沈括和他的《梦溪笔谈》""企业管理新思维"获批国家级精品视频公开课程；"合肥工业大学现代汽车制造技术实验教学示范中心"获批国家级实验教学示范中心；《传感器与检测技术（第2版）》《电子商务概论》《企业管理学》《现代控制理论基础（第2版）》等4部主编教材获批国家级"十二五"规划教材。2013年，学校的"管理信息学""构造地质学""工程结构抗震设计""高等数学"等4门课程获批国家级精品资源共享课；"网络创意营销"获批国家级精品视频公开课程。

近年来，学校始终把本科教学放在重要位置，确立了"培养德才兼备，能力卓越，自觉服务国家的骨干与领军人才"的人才培养总目标。着力构建并深入实施"三位一体"教育教学集成体系，修订并实施2015、2019版人才培养方案和学生思想政治教育方案，加强第二课堂成绩单建设，推进"两个课堂"深度融合。

教学体系是学校"实现培养目标（质量）"的重要保障。在参考卓越工程师计划、工程学科认证和CDIO体系等基础上，提出"能力导向的一体化"教学体系建设。所谓"一体化"主要是指教学的"培养目标—教学过程—质量提升"三个重要部分的集成。其主要内容包括三个方面：第一，明确培养目的与目标，我们要培养出具有什么能力和水平的人才？第二，明确培养过程，怎么才能培养出与培养目标一致的人才？第三，形成不断提高培养质量（目标）的机制，即如何能够不断改进教学内容、方法和手段，从而不断提高学生的培养质量。重点是建立教学与培养目标一致的保证体系，并通过测评检验教学效果，不断改进教学质量，形成可检测可控制的闭环教学体系（图4-41）。该体系建设有效提升了学校本科人才的培养质量，相关研究成果也曾获省级与国家级教学成果奖（图4-42）。

图4-41 学校"立德树人 能力导向 创新创业"三位一体教育教学体系

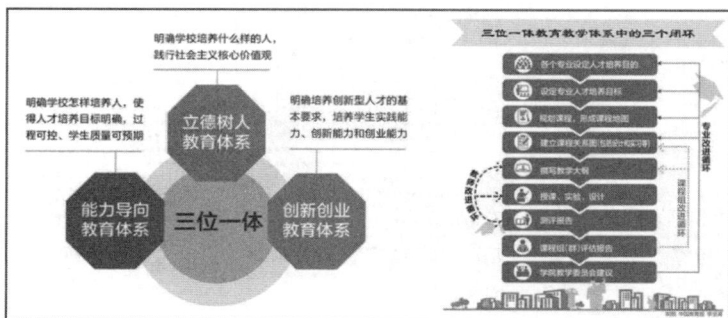

（资料来源：《中国教育报》）

图4-42 "三位一体"教育教学体系建设获得教学成果奖

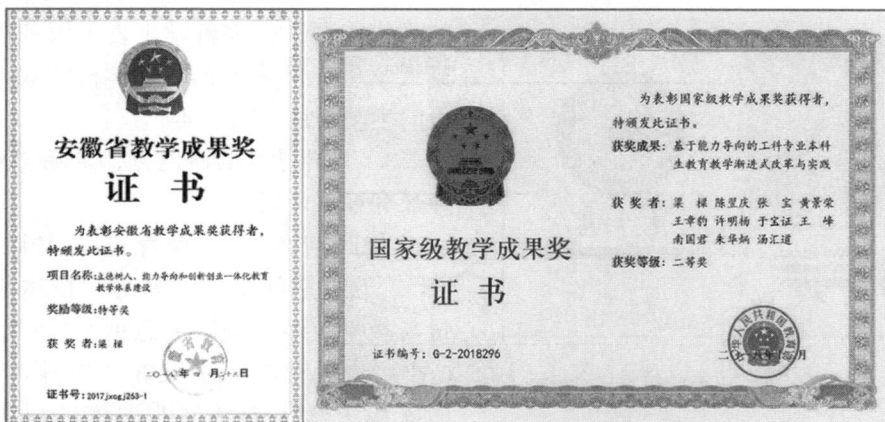

（资料来源：合肥工业大学档案馆 档号：2018-Y-SW-0019）

2. 以学生成才需求为导向，实施"第二课堂成绩单"制度

为配合"能力导向的一体化"教学体系建设，学校还积极推进第二课堂成绩单建设，在2019届本科生中推行。"第二课堂成绩单"制度是学校人才培养体系的重要组成部分，是"两张成绩单"项目建设的重要内容。以学生全面发展为目标，以学生成长成才需求为导向，施行"第二课堂成绩单"制度，在引导学生坚持学业为主的同时，通过科学化、系统化、制度化、规范化的体系设计，客观记录、科学评价、星级认证学生参与第二课堂的经历和成果，全员全过程全方位培养学生的综合素质。"第二课堂成绩单"共包含3个必修和6个选修等9个模块："思政学习"必修模块，主要记载学生参加小班辅导、主题班会的综合表现，参加网络平台学习、学院"一院一品"思政学习活动等经历，参加党团校等培训获得的相关荣誉情况；"科技创新"必修模块，主要记载学生参加各级各类科技竞赛、大学生创新创业训练项目获得的成绩，以及发表论文、获得知识产权、参加其他创新创业活动情况；"体育健身"必修模块，主要记载学生参加体质健康测试、校级以上体育竞赛获得的成绩情况；"创业活动"选修模块，主要记载学生参加创业活动的经历，以及获得的相关荣誉情况；"公益服务"选修模块，主要记载学生参加公益劳动、支教助残、社区服务等志愿公益活动的经历，以及获得的相关荣誉情况；"社会实践"选修模块，主要记载学生参加各级各类社会实践活动的经历，以及获得的相关荣誉情况（图4-43）。在"社团活动""文艺活动""技能项目"等选修模块也做了界定，提出了量化要求。

施行"第二课堂成绩单"制度，是落实习近平总书记提出的"要重视和加强第二课堂建设"的重要要求，推动思想政治工作改革创新的重要举措；是适应高等教育改革发展，落实立德树人根本任务，实施"五育并举"全面发展素质教育的有效途径；是聚焦人才培

图4-43　第二课堂成绩单相关工作模块

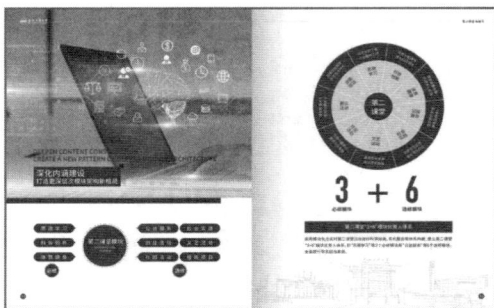

（资料来源：合肥工业大学团委网站）

养总目标，坚持以本为本，推进"四个回归"，彰显人才培养特色，提升人才培养质量的现实需要；是完善学生发展服务体系，促进大学生成长成才，助推学校"双一流"建设的生动实践（图4-44）。

3. 提升学生创新能力，实施"卓越工程师教育培养计划"

为贯彻落实《教育部、财政部关于"十二五"期间实施"高等学校本科教学质量与教学改革工程"的意见》（教高〔2011〕6号）、《教育部关于做好"本科教学工程"国家级大学生创新创业训练计划实施工作的通知》（教高函〔2012〕5号）的文件精神和要求，深入推进高等学校教学质量与教学改革工程项目建设，建立并完善大学生创新创业教育体系，不断提高教育教学水平和人才培养质量，学校于2017年制定了《合肥工业大学大学生创新创业训练计划管理办法》（图4-45）。

大学生创新创业训练计划以学生为主体，以项目为载体，充分调动学生的主动性、积极性和创造性，激发学生创新思维、创新意识，强化创新创业能力训练，增强学

图4-44　学校关于实施"第二课堂成绩单"制度及相关通知

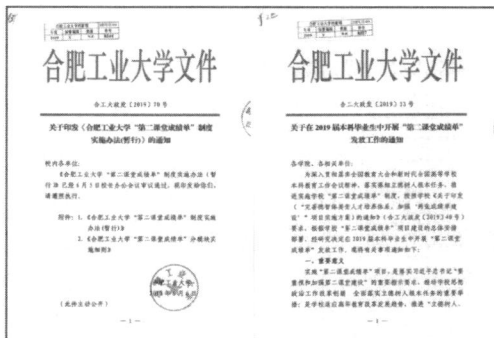

（资料来源：合肥工业大学档案馆
档号：2019-Y-XZ-0327、
2019-Y-XZ-0344）

图4-45　学校印发的《合肥工业大学大学生创新创业训练计划管理办法》

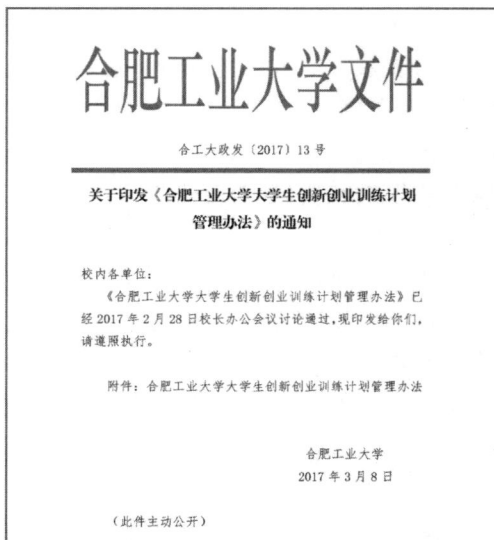

（资料来源：合肥工业大学档案馆
档号：2017-Y-JX-13161）

生的创新能力和在创新基础上的创业能力，彰显“工程基础厚、工作作风实、创业能力强”的学校人才培养特色，培养适应创新型国家建设需要的创新人才。训练计划内容包括创新训练项目、创业训练项目和创业实践项目三类，取得良好成效（图4-46）。

图4-46 学校近年在大学生创新创业等工作上取得的总体成绩

2021年全国普通高校大学生竞赛榜单（本科，前100）

排名	学校名称	奖项数量	总分	省份
1	哈尔滨工业大学	639	100	黑龙江省
2	电子科技大学	402	94.56	四川省
3	武汉大学	449	93.92	湖北省
4	华中科技大学	392	92.17	湖北省
5	西南交通大学	576	90.69	四川省
6	武汉理工大学	446	90.54	湖北省
7	东北大学	516	90.13	辽宁省
8	合肥工业大学	332	89.28	安徽省
9	南昌大学	368	88.34	江西省
10	山东大学	251	88.3	山东省

2017-2021年全国理工类本科院校大学生竞赛榜单（前20）

排名	学校名称	奖项数量	总分	省份
1	哈尔滨工业大学	1388	100	黑龙江省
2	华中科技大学	945	94.8	湖北省
3	西安交通大学	831	94.79	陕西省
4	电子科技大学	897	93.73	四川省
5	东北大学	1297	91.53	辽宁省
6	西南交通大学	1252	90.89	四川省
7	上海交通大学	584	90.5	上海市
8	东南大学	710	90.32	江苏省
9	武汉理工大学	1019	90	湖北省
10	重庆大学	929	89.23	重庆市
11	北京理工大学	760	88.24	北京市
12	华南理工大学	574	87.93	广东省
13	西北工业大学	784	87.66	陕西省
14	杭州电子科技大学	642	87.25	浙江省
15	同济大学	701	86.9	上海市
16	合肥工业大学	862	86.82	安徽省
17	北京航空航天大学	825	86.36	北京市
18	浙江工业大学	666	86.23	浙江省
19	中南大学	663	85.58	湖南省
20	大连理工大学	743	85.41	辽宁省

2017-2021年全国普通高校大学生竞赛榜单（本科，前300）

排名	学校名称	奖项数量	总分	省份
1	哈尔滨工业大学	1388	100	黑龙江省
2	浙江大学	723	95.16	浙江省
3	华中科技大学	945	94.8	湖北省
4	西安交通大学	831	94.79	陕西省
5	武汉大学	1194	94.02	湖北省
6	电子科技大学	897	93.73	四川省
7	东北大学	1297	91.53	辽宁省
8	山东大学	793	91.06	山东省
9	西南交通大学	1252	90.89	四川省
10	上海交通大学	584	90.5	上海市
11	东南大学	710	90.32	江苏省
12	武汉理工大学	1019	90	湖北省
13	重庆大学	929	89.23	重庆市
14	北京理工大学	760	88.24	北京市
15	华南理工大学	574	87.93	广东省
16	西北工业大学	784	87.66	陕西省
17	杭州电子科技大学	642	87.25	浙江省
18	同济大学	701	86.9	上海市
19	合肥工业大学	862	86.82	安徽省
20	北京航空航天大学	825	86.36	北京市
21	浙江工业大学	666	86.23	浙江省

（资料来源：合肥工业大学校园新闻网）

2010年，学校成为教育部“卓越工程师培养计划”61所首批试点高校之一，正式启动“机械设计制造及其自动化”和“土木工程”两个专业的试点工作。2011年3月，教育部对首批“卓越工程师教育培养计划”试点专业实施阶段检查，学校的两个试点专业均获优良成绩。7月18日，教育部召开“卓越工程师教育培养计划”2011年暑期研讨会，学校关于“卓越工程师教育培养计划”进展情况的汇报得到教育部相关部门领导的高度认可，学校在“重新构建课程体系，进行整体整合，形成有利于培养卓越工程师应具有的知识、能力和素质的课程体系和实践教学体系”方面的工作受到了好评和赞扬。《中国教育报》以《理论课减少1/7课时，1年时间在企业一线——合肥工大优化模式培养卓越工程师》为题，刊文报道了学校优化模式、着力培养卓越工程师的情况。

学校在第一批2个试点专业的基础上，又有几个专业进入教育部“卓越工程师教育培养计划”第二批、第三批试点专业，至此学校共有11个本科专业、3个硕士专业和1个博士专业获批为教育部“卓越工程师教育培养计划”试点专业（表4-1）。2013年，学校参加教育部“卓越计划过程实践教育中心研讨会”，上报的工作材料在大会上得到专家组专家的肯定。2014年，学校在“机械设计制造及其自动化”专业开展本科、硕士、博士试点工作，在“土木工程”“自动化”两个专业开展本科、硕士试点工作，将研究生教育与本科生教育打通，探索本硕连读培养一体化、多层次的人才培养模式，培养研发型、设计型、应用型等不同类型的工程科技人才。其间，学校也曾经推行实施过“三学期制”“英才计划”等，多方式、多层次培养人才。

表4-1 学校"国家级卓越工程师教育培养计划"实施专业一览表

计数号	专业名称	所在学院	年度
1	机械设计制造及其自动化	机械与汽车工程学院	2010
2	土木工程	土木与水利工程学院	2010
3	资源勘查工程	资源与环境工程学院	2011
4	高分子材料与工程	化学与化工学院	2011
5	计算机科学与技术	计算机与信息学院	2011
6	自动化	电气与自动化工程学院	2011
7	制药工程	医学工程学院	2013
8	食品科学与工程	生物与食品工程学院	2013
9	材料成型及控制工程	材料科学与工程学院	2013
10	电子信息工程	计算机与信息学院	2013
11	化学工程与工艺	化学与化工学院	2013
注：统计截止时间：2022年10月			

（资料来源：合肥工业大学档案馆 档号：2017-Y-JX-13161）

图4-47 学校关于印发《发挥支部政治功能，强化课程思政建设——"教师党支部建设之课程思政"项目实施方案》的通知

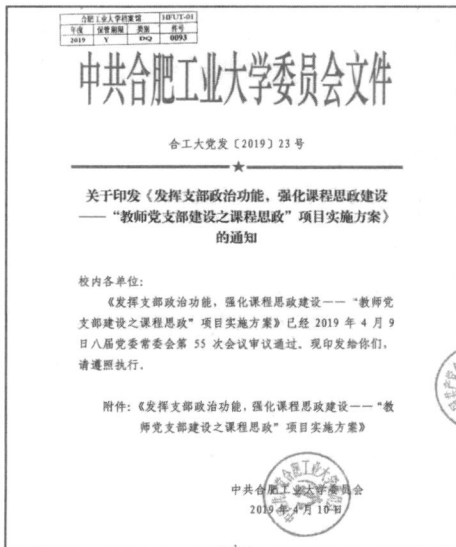

（资料来源：合肥工业大学档案馆 档号：2019-Y-DQ-0093）

4. 强化政治引领，实施"课程思政"项目建设

为深入学习贯彻习近平新时代中国特色社会主义思想和党的十九大精神，全面贯彻党的教育方针，贯彻落实习近平总书记在学校思想政治理论课教师座谈会上的讲话精神，切实把立德树人根本任务融入各方面各环节，根据《教育部办公厅关于自荐2018年重点工作"得意之作"和报送2019年度高校书记校长履职亮点项目的通知》（教改厅函〔2018〕11号）文件精神，经校党委研究，决定将"教师党支部建设之课程思政"作为2019年书记校长履职亮点项目之一（图4-47）。

项目总体目标为：牢固树立党的一切工作到支部的鲜明导向，充分发挥教师党支部的主体作用，把推进课程思政作为教师党支部建设的重要着力点。坚持以支部为依托，以课程为载体，以课堂为主渠道，依托教师这个第一资源，发挥党支部的政治功能和组织育人功能，发挥教师党支部书记的把关带头作用和党员教师的先锋模范作用，激发教师党支部和教师党员做好思想政治工作的积极性和主动性，使教师党支部成为推动课程思政工作的坚强战斗堡垒，教育引导教师党员在课程思政建设中亮党员身份、立先进标尺、树先锋形象，团结凝聚广大教师把思想引领和价值塑造融入教育教学，不断彰显组织育人、课程育人实效，努力营造全员全过程全方位育人氛围，切实提升人才培养质量。

除此之外，学校还积极做好为部队培养技术力量，招收培养国防生。2000年9月，学校与中国人民解放军第二炮兵签订依托培养协议，成立中国人民解放军驻合肥工业大学后备军官选拔培训工作办公室，合肥工业大学国防生培养自此起步。2007年，学校印发《合肥工业大学关于进一步加强国防生选拔培养工作的若干意见》（图4-48）。自2000年以来，学校结合人才培养特点和军事人才成长规律，以"打牢基础、规范培养、开拓创新、确保质量"为指导思想，积极落实以理想信念为核心的国防生思想政治教育，切实抓好国防生的日常管理和训练工作，不断加大国防生招收选拔宣传力度，创造性实施"四大工程"建设。学校与部队积极构建联培共育关系，成立了以书记和校长为组长的依托培养领导小组，深入开展军地互访、联合调研、定期会商、信息共享等活动，在国防生重大活动承办、重要场所建设、课程设置、驻校选培干部子女入学及家属随军安置等方面，积极给予大力支持和协助，先后在各校区设立了驻校选培办公室、干部宿舍和国防生活动场所，国防生军政训练主干课程均纳入学校教学体系。因学校为国防生的培养成效显著，在合肥工业大学六十周年校庆期间，二炮还专门发来感谢信（图4-49）。

图4-48 学校印发的关于国防生选拔培养工作的相关文件

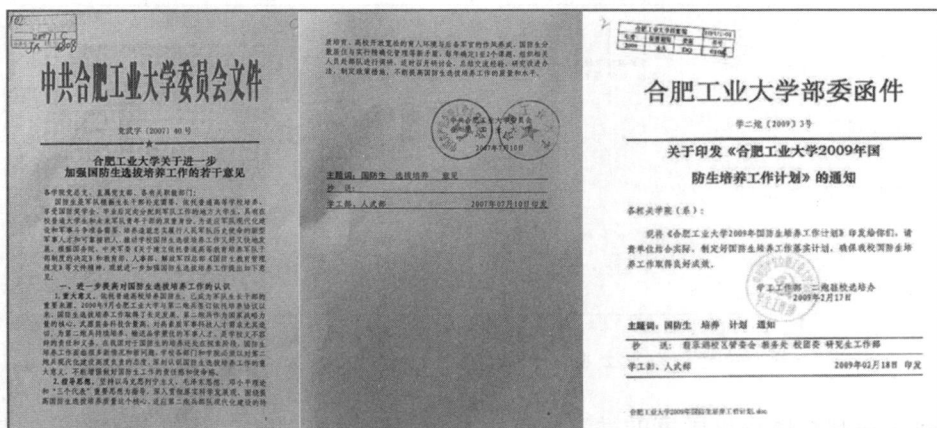

（资料来源：合肥工业大学档案馆 档号：2007-C-JX-04808、2009-Y-DQ-0104）

二、以评促建，做好专业建设发展

1. 本科教学工作水平评估

自20世纪80年代开始，我国就已针对高等教育的教学组织举行过多次本科教学评估。为贯彻党的十六大精神，践行"三个代表"重要思想，落实"巩固、深化、提高、发展"的方针，进一步加强国家对高等学校教学工作的宏观管理与指导，促进学校自觉地贯彻执行国家的教育方针，按照教育规律进一步明确办学指导思想、改善办学条件、加强教学基本建设、强化教学管理、深化教学改革、全面提高教学质量和办学效益，提升我国高等教育的综合实力和国际竞争力，

图4-49　六十周年校庆期间，二炮发来的贺信

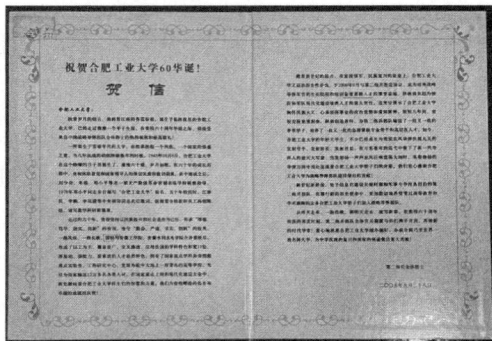

（资料来源：合肥工业大学档案馆
档号：2005-Y-XZ-0577）

教育部决定建立5年为一周期的全国高等学校本科教学质量评估制度。教育部于2002年6月10日下发了《关于印发〈普通高等学校本科教学工作水平评估方案（试行）〉的通知》（图4-50）。普通高等学校本科教学工作水平评估针对"办学指导思想、师资队伍、教学条件与利用、教学建设与改革、教学管理、学风、教学效果、特色项目"共8项一级指标、19项二级指标进行评估，结论分为优秀、良好、合格和不合格四种。

图4-50　教育部《关于印发〈普通高等学校本科教学工作水平评估方案（试行）〉的通知》

（资料来源：合肥工业大学档案馆　档号：2002-D-XZ-0474）

此项评估制度体现出国家的教育方针以及对高等学校教学工作和人才培养的基本要求，反映各类高等学校教学工作的基本规律以及现阶段高等教育教学改革的走势与发展方

向，特别强调"三个符合度"，鼓励学校从实际出发，办出特色。根据教育部的教高厅
〔2003〕9号及相关文件与通知精神，学校定于2006年正式评估（图4-51）。

图4-51　教育部与学校关于本科教学工作水平评估的相关通知

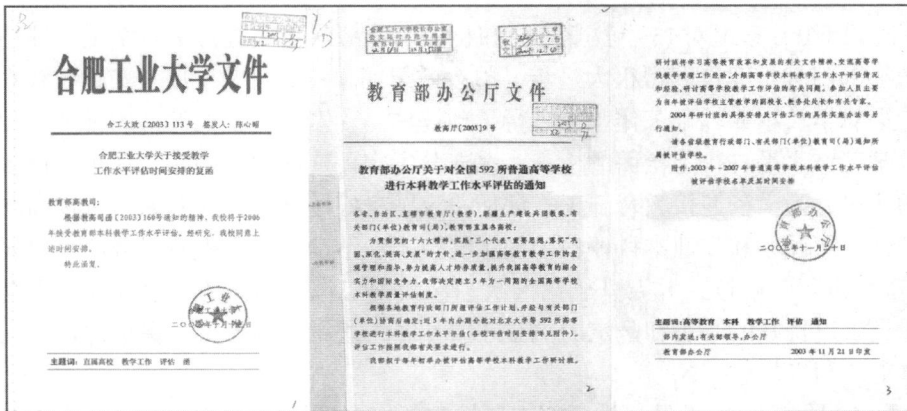

（资料来源：合肥工业大学档案馆　档号：2003-D-XZ-0023、2003-D-XZ-0007）

2003年，学校开始启动本科教学工作水平评估工作。在当年召开的教学工作研讨会
上，学校正式提出"创建一流本科教学"的目标。2004年2月学校成立了本科教学工作水
平评估工作领导小组，制订了《合肥工业大学本科教学工作评建策划方案》，在全校进行
动员部署，与学院、职能部门和有关单位负责人签订责任书，并要求全校师生员工把精力
倾注到评建工作上，注意力倾注到创建一流本科教学这一中心任务上来，强调组织纪律要
求，实行本科教学评建工作"一票否决制"（图4-52）。评建工作先期进行两个学院试点

图4-52　学校成立本科评建工作相关机构及采取的措施

（资料来源：合肥工业大学档案馆　档号：2004-C-XZ-0344、2006-C-DQ-0049）

后，按照"总结、检查、诊断、指导"的原则，依据《合肥工业大学学院本科教学工作水平评估方案》和《合肥工业大学学院本科教学工作水平评估基本工作程序》的要求，组织校内专家对15个教学单位进行了第一轮教学工作评估。要求各学院认真地进行全面总结，明确教学工作中的薄弱环节和建设重点，提炼和强化办学特色与亮点。2006年5月至7月，按照"督查、指导、鉴定"的指导思想，依据《学院第二轮本科教学工作水平评估方案》，学校组织专家组对15个教学单位和相关职能部门再次进行了教学工作评估，学院和相关职能部门教学建设取得很大进步，整改效果明显。2006年9月，安徽省教育厅组织省内外专家对学校本科教学工作水平进行了预评估。专家参照正式评估的标准和程序对我校本科教学工作水平进行了全面的检查，在充分肯定评建成效的同时，提出了许多中肯而有价值的建议，为学校迎接教育部正式评估奠定了良好的基础。在专家组进校前夕，学校开展了"精彩一课"和"迎本科评估，创文明校园"活动，徐枞巍校长分两个单元对学校《自评报告》进行了解读，并召开了第四次本科教学工作水平评估与建设动员大会。要求全校师生员工以良好的心态和坚定的信心迎接专家组进行实地考察，保证评估活动按照教育部的要求顺利进行。

2006年10月22日至27日，教育部本科教学工作水平评估专家组一行13人来校进行正式实地考察（图4-53）。校党委书记朱新民在开幕式上做了《认真贯彻评建方针 创建一流本科教学》的发言，校长徐枞巍在反馈会上做了《评估不是为了证明　而是为了改进》的讲话。专家组以本科教学工作水平评估指标体系为依据，通过考察、调研和查阅档案资料，经过认真讨论，充分肯定了我校本科教学工作所取得的成绩（图4-54）。专家组认为：学校办学指导思想明确，定位准确，办学思路明晰，牢固确立了本科教学工作的中心

图4-53　本科教学工作水平评估汇报会

（资料来源：合肥工业大学档案馆
　　档号：2006-Y-SX12-0253）

图4-54　评估专家听取校内部门工作汇报

（资料来源：合肥工业大学档案馆
　　档号：2006-Y-SX12-0254）

地位；重视师资队伍建设，师资队伍水平不断提高；大力加强教学基本条件建设，办学条件显著改善；重视学科专业建设和教学改革，教学质量不断提高；重视教学管理建设，教风学风建设成效显著；注重学生基本理论和基本技能的培养，具有良好的社会办学声誉，形成了鲜明的办学特色。专家组在充分肯定成绩的同时，也提出了非常中肯的意见和建议。

本次本科教学工作水平评估结果为优秀。之后，为贯彻落实学校的办学指导思想，坚持“以评促建、以评促改、以评促管、评建结合、重在建设”的二十字方针，按照创建一流本科教学目标要求，准确把握专家组考察意见和建议，结合学校本科教学工作实际情况，进一步巩固基础、深化教学管理和改革，进一步牢固确立本科教学工作的中心地位，进一步强化学校办学特色，全面提高人才培养质量，学校又及时进行整改，向教育部报送了《合肥工业大学本科教学工作整改方案》（图4-55）。

2006年12月，学校还参加了由安徽省教育工委组织的全省普通高校思想政治教育工作评估，结果为优秀（图4-56）。

图4-55　《合肥工业大学本科教学工作整改方案》

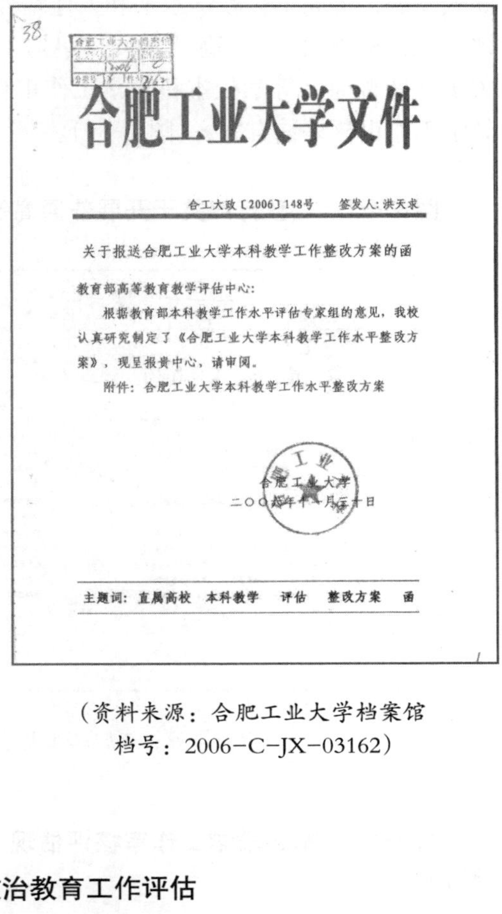
合肥工业大学文件

合工大政〔2006〕148号　　签发人：洪天求

关于报送合肥工业大学本科教学工作整改方案的函

教育部高等教育教学评估中心：

根据教育部本科教学工作水平评估专家组的意见，我校认真研究制定了《合肥工业大学本科教学工作水平整改方案》，现呈报贵中心，请审阅。

附件：合肥工业大学本科教学工作水平整改方案

合肥工业大学

主题词：直属高校　本科教学　评估　整改方案　函

（资料来源：合肥工业大学档案馆　档号：2006-C-JX-03162）

图4-56　学校参加的安徽省普通高校思想政治教育工作评估

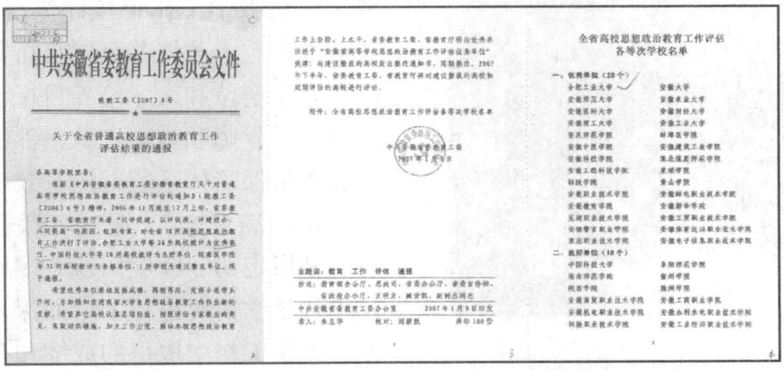
中共安徽省委教育工作委员会文件

关于全省普通高校思想政治教育工作评估结果的通报

全省高校思想政治教育工作评估各等次学校名单

（资料来源：合肥工业大学档案馆　档号：2007-C-DQ-0004）

2. 本科教学工作审核评估

为贯彻党的十八大和十八届三中全会精神，落实教育规划纲要，切实推进高等教育内涵式发展，提高本科教学水平和人才培养质量，根据《教育部关于普通高等学校本科教学评估工作的意见》（教高〔2011〕9号）要求，教育部于2013年12月5日下发了《教育部关于开展普通高等学校本科教学工作审核评估的通知》，随文发布了《普通高等学校本科教学工作审核评估方案》（图4-57）。

图4-57　《教育部关于开展普通高等学校本科教学工作审核评估的通知》

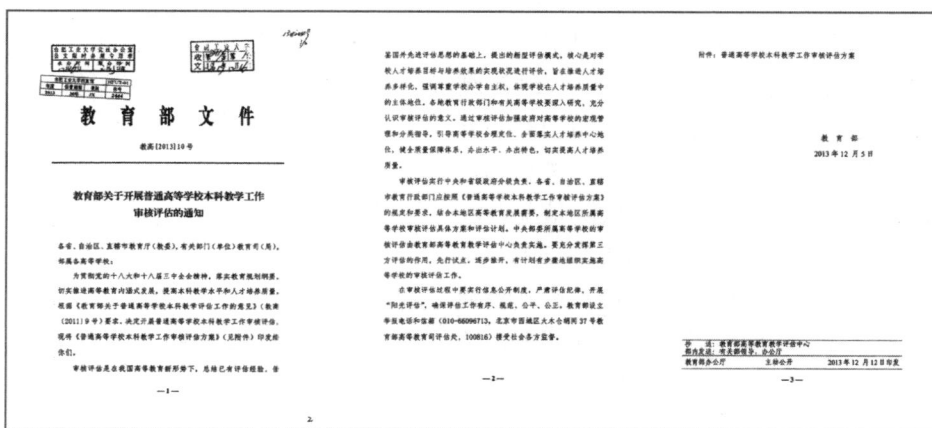

（资料来源：合肥工业大学档案馆　档号：2013-C-JX-2444）

图4-58　本科教学工作审核评估现场反馈会

（资料来源：合肥工业大学档案馆
档号：2018-Y-SX-0059）

根据教育部审核评估的相关要求，教育部高等教育教学评估中心组织评估专家组一行16人于2018年11月12日至15日对学校开展了本科教学工作审核评估现场考察工作。评估围绕"人才培养目标与培养效果的达成度、办学定位和人才培养目标与社会需求的适应度、教师和教学资源条件的保障度、教学和质量保障体系运行的有效度、学生与用人单位的满意度"，通过听课看课、查阅文卷、基层走访、深度访谈等多种方式，对学校本科教学情况进行了全面深入的考察，对本科教学工作中取得的成绩和存在的问题形成了基本意见并现场反馈（图4-58）。

为做好工作，学校统筹安排，周密部署，制订了《合肥工业大学本科教学工作审核评估工作方案》。提出坚持"以评促建、以评促改、以评促管、评建结合、重在建设"的方针；突出内涵建设和特色发展；强化办学合理定位和人才培养中心地位，强化质量保障体系建设。将审核评估与深入贯彻落实学校"立德树人、能力导向和创新创业"三位一体的教育教学体系结合，重点检验人才培养目标与培养效果的达成度、办学定位和人才培养目标与国家和区域经济社会发展需求的适应度、教师和教学资源条件的保障度、教学和质量保障体系运行的有效度、学生和社会用人单位的满意度为指导思想。将全面贯彻落实党的教育方针，落实立德树人根本任务；以办一流本科教育为目标，高标准、严要求把握审核评估范围，通过评估建设，使学校的办学指导思想更加明确，人才培养中心地位更加巩固，本科教学工作水平和人才培养质量进一步提高；进一步深化学校人才培养模式改革，完善能力导向的一体化教学体系，培养富有创新精神、实践能力和国际视野的"工程基础厚、工作作风实、创业能力强"的高素质创新型人才为工作目标。之后，根据审核意见进行整改，于2019年6月28日下发了《合肥工业大学本科教学工作审核评估整改方案》（图4-59），并要求积极推进落实。

图4-59 校本科教学工作审核评估工作与整改方案

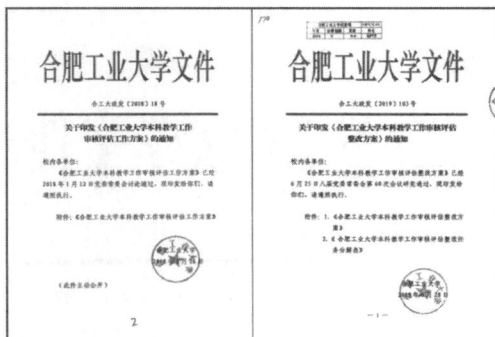

（资料来源：合肥工业大学档案馆
档号：2018-Y-JX-13514、
2019-Y-XZ-0375）

图4-60 学校召开"学习贯彻新时代全国高等学校本科教育工作会议精神干部教师大会"

（资料来源：合肥工业大学档案馆
档号：2018-Y-SX-0087）

其间，学校还于2018年7月10日专门召开了"学习贯彻新时代全国高等学校本科教育工作会议精神干部教师大会"（图4-60）。会议传达学习了全国高等学校本科教育工作会议精神和教育部党组书记、部长陈宝生同志的讲话精神，全面部署学校一流本科教育建设工作，动员全校教职工和每一位教师积极投身于学校一流本科教育建设的奋斗征程；提出"回归常识、回归本分、回归初心、回归梦想"，以育人为目标、能力为导向、过程为抓手、改革为动力，继续深化"三位一体"本科教育教学体系内涵建设，着力提升教师教育教学能力，切实强化课堂教学过程、全面提升课堂教学质量；希望广大教师下功夫探索教学方法，提升教学能力，从讲清楚到举一反三再到能够与学生一起做探索性学习的教学境界，真正做到让学生能听明白到真听懂再到融会贯通；广大教师要以德立身、以德立学、以德施教，坚持教书与育人相统一、言传与身教相统一、潜心问道与关注社会相统一、学术自由与学术规范相统一，争做"四有"好教师，全心全意做学生锤炼品格、学习知识、创新思维、奉献祖国的引路人。

图4-61　学校印发的《合肥工业大学本科专业评估实施方案》

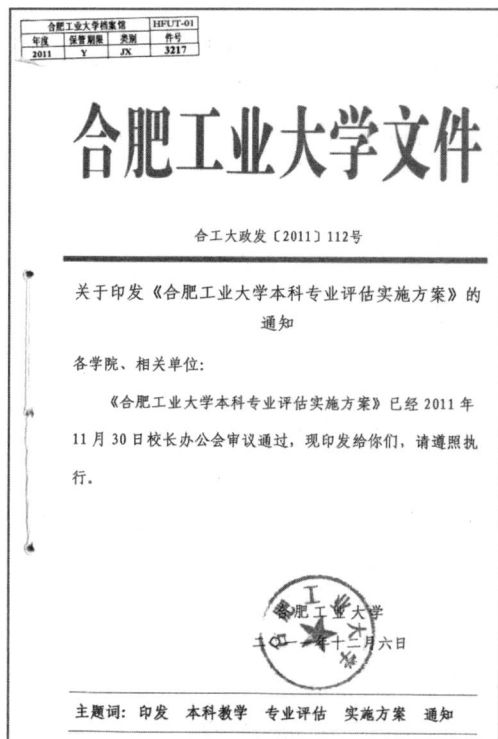

（资料来源：合肥工业大学档案馆
档号：2011-Y-JX-03217）

3. 专业评估认证与建设

为加强高等教育管理，提高人才培养质量，提升专业人才综合素质与工程能力，推动中国工程教育的质量保障体系持续完善，推进中国工程教育改革，进一步提高工程教育质量；建立与工程师制度相衔接的工程教育认证体系，促进教育界与企业界的联系，增强工程教育人才培养对产业发展的适应性，促进中国工程教育的国际互认，教育部在做好高校整体办学水平评估的同时，还积极推进工程教育认证[①]工作。

合肥工业大学以工科为主，大部分所设专业均为工科，故学校对工程教育认证工作非常重视，积极推进校内专业认证与评估工作，制订了《合肥工业大学本科专业评估实施方案》（图4-61）。各参与认证与评估专业均成立工作领导小组。2011年至今，已通过各类专业认证的专业共有17个。实践证明，通过认证与评估的专业，不仅通过评估加强了专业建设，而且基本上办成具有一定特色的专业，逐步发展为国家或省级特色专业、一流本科专业（表4-2）。

我校较早参与专业评估的是建筑学专业。该专业从1996年开始曾多次参加并通过全国高等学校建筑学专业教育评估委员会的

---

① 工程教育认证是国际通行的工程教育质量保证制度，也是实现工程教育国际互认和工程师资格国际互认的重要基础。我国的工程教育认证工作开始于2006年，是工程师制度改革工作的基础和重要组成部分。2016年，我国加入《华盛顿协议》，成为正式成员。

表4-2 2011—2019年学校通过各类评估认证的专业统计一览表

计数号	专业代码	专业名称	认证机构	认证类型
1	080901	计算机科学与技术	中国工程教育专业认证协会	工程教育专业认证
2	081001	土木工程	中国工程教育专业认证协会	工程教育专业认证
3	080601	电气工程及其自动化	中国工程教育专业认证协会	工程教育专业认证
4	082801	建筑学	全国高等学校建筑学专业教育评估委员会	专业评估（认证）
5	081002	建筑环境与能源应用工程	住房和城乡建设部高等教育建筑环境与能源应用工程专业评估委员	专业评估（认证）
6	082802	城乡规划	住房和城乡建设部高等教育城乡规划专业评估委员	专业评估（认证）
7	081301	化学工程与工艺	中国工程教育专业认证协会	工程教育专业认证
8	081003	给排水科学与工程	住房与城乡建设部高等教育给排水科学与工程专业评估委员会	专业评估（认证）
9	081403	资源勘查工程	中国工程教育专业认证协会	工程教育专业认证
10	081302	制药工程	中国工程教育专业认证协会	工程教育专业认证
11	081201	测绘工程	中国工程教育专业认证协会	工程教育专业认证
12	080405	金属材料工程	中国工程教育专业认证协会	工程教育专业认证
13	080301	测控技术与仪器	中国工程教育专业认证协会	工程教育专业认证
14	080207	车辆工程	中国工程教育专业认证协会	工程教育专业认证
15	080202	机械设计制造及其自动化	中国工程教育专业认证协会	工程教育专业认证
16	081101	水利水电工程	中国工程教育专业认证协会	工程教育专业认证
17	082701	食品科学与工程	中国工程教育专业认证协会	工程教育专业认证
注：统计时间截止到2022年10月				

（资料来源：合肥工业大学本科生院）

本科（五年制）及硕士学位研究生教育评估（图4-62）。2002年，校土木工程专业通过了由建设部高等教育土木工程专业评估委员会的评估（图4-63）。2013年，校水利水电工程、食品科学与工程两个专业率先参加第一批工程教育专业认证（图4-64）。

图4-62　学校建筑学接受专业评估情况

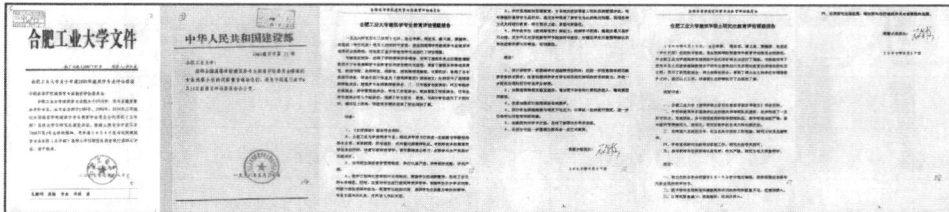

（资料来源：合肥工业大学档案馆　档号：1996-XZ11-0047-0003、　2007-D-XZ-0005）

图4-63　学校土木工程专业接受建设部评估的反馈报告

（资料来源：合肥工业大学档案馆　档号：2002-D-XZ-0327）

图4-64　学校第一批接受工程教育专业认证专业的通知

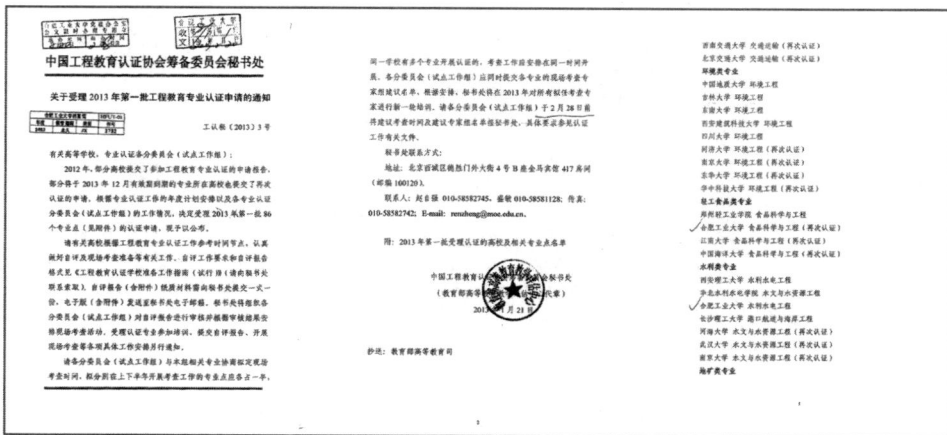

（资料来源：合肥工业大学档案馆　档号：2013-Y-JX-2732）

　　为深入落实全国教育大会和《加快推进教育现代化实施方案（2018—2022年）》精神，贯彻落实新时代全国高校本科教育工作会议和《教育部关于加快建设高水平本科教育全面提高人才培养能力的意见》、"六卓越一拔尖"计划2.0系列要求，推动新工科、新医科、新农科、新文科建设，做强一流本科、建设一流专业、培养一流人才，全面振兴本科教育，提高高校人才培养能力，实现高等教育内涵式发展，教育部决定全面实施一流本科专业建设"双万计划"。2019年4月2日，《教育部办公厅关于实施一流本科专业建设"双万计划"的通知》发布，计划在2019—2021年，建设10000个左右国家级一流本科专业点和10000个左右省级一流本科专业点。学校为做好此项工作，科学谋划，及时制订了《合肥工业大学一流本科专业建设实施方案》（图4-65），成立了一流专业建设领导小组、专家咨询委员会、工作小组等机构。经过3年建设，学校获批国家级一流专业48个（表4-3）。

图4-65　学校印发了《合肥工业大学一流本科专业建设实施方案》

（资料来源：合肥工业大学档案馆　档号：2019-Y-XZ-0346）

表4-3　2019—2021年学校获批的国家级一流本科专业建设点

序号	专业名称	专业代码	专业类	学院	年度
1	金融工程	020302	金融学类	经济学院	2019
2	思想政治教育	030503	马克思主义理论类	马克思主义学院	2019
3	信息与计算科学	070102	数学类	数学学院	2019
4	机械设计制造及其自动化	080202	机械类	机械工程学院	2019
5	车辆工程	080207	机械类	汽车与交通工程学院	2019

（续表）

序号	专业名称	专业代码	专业类	学 院	年度
6	测控技术与仪器	080301	仪器类	仪器科学与光电工程学院	2019
7	金属材料工程	080405	材料类	材料科学与工程学院	2019
8	电气工程及其自动化	080601	电气类	电气与自动化工程学院	2019
9	电子信息工程	080701	电子信息类	计算机与信息学院	2019
10	自动化	080801	自动化类	电气与自动化工程学院	2019
11	计算机科学与技术	080901	计算机类	计算机与信息学院	2019
12	土木工程	081001	土木类	土木与水利工程学院	2019
13	水利水电工程	081101	水利类	土木与水利工程学院	2019
14	化学工程与工艺	081301	化工与制药类	化学与化工学院	2019
15	制药工程	081302	化工与制药类	食品与生物工程学院	2019
16	资源勘查工程	081403	地质类	资源与环境工程学院	2019
17	食品科学与工程	082701	食品科学与工程类	食品与生物工程学院	2019
18	建筑学	082801	建筑类	建筑与艺术学院	2019
19	信息管理与信息系统	120102	管理科学与工程类	管理学院	2019
20	电子商务	120801	电子商务类	管理学院	2019
21	地质学	070901	地质学类	资源与环境工程学院	2020
22	材料成型及控制工程	080203	机械类	材料科学与工程学院	2020
23	新能源材料与器件	080414T	材料类	材料科学与工程学院	2020
24	电子科学与技术	080702	电子信息类	微电子学院	2020
25	光电信息科学与工程	080705	电子信息类	仪器科学与光电工程学院	2020
26	给排水科学与工程	081003	土木类	土木与水利工程学院	2020
27	测绘工程	081201	测绘类	土木与水利工程学院	2020
28	工商管理	120201K	工商管理类	管理学院	2020
29	会计学	120203K	工商管理类	管理学院	2020
30	物流管理	120601	物流管理与工程类	管理学院	2020
31	工业工程	120701	工业工程类	机械工程学院	2020

（续表）

序号	专业名称	专业代码	专业类	学 院	年度
32	国际经济与贸易	020401	经济与贸易类	经济学院	2021
33	英语	050201	外国语言文学类	外国语学院	2021
34	数学与应用数学	070101	数学类	数学学院	2021
35	应用化学	070302	化学类	化学与化工学院	2021
36	工业设计	080205	机械类	建筑与艺术学院	2021
37	无机非金属材料工程	080406	材料类	材料科学与工程学院	2021
38	通信工程	080703	电子信息类	计算机与信息学院	2021
39	集成电路设计与集成系统	080710T	电子信息类	微电子学院	2021
40	物联网工程	080905	计算机类	计算机与信息学院	2021
41	建筑环境与能源应用工程	081002	土木类	土木与水利工程学院	2021
42	能源化学工程	081304T	化工与制药类	化学与化工学院	2021
43	交通工程	081802	交通运输类	汽车与交通工程学院	2021
44	环境工程	082502	环境科学与工程类	资源与环境工程学院	2021
45	食品质量与安全	082702	食品科学与工程类	食品与生物工程学院	2021
46	城乡规划	082802	建筑类	建筑与艺术学院	2021
47	市场营销	120202	工商管理类	管理学院	2021
48	环境设计	130503	设计学类	建筑与艺术学院	2021
备注：数据统计截止时间为2022年10月					

（资料来源：合肥工业大学本科生院）

三、引育并举，建设一流师资队伍

一流师资才能培养出一流人才。学校在贯彻落实"以本为本"，推进能力导向"三位一体"教学体系建设中，探索各种措施与方法，不断完善人才引育机制。学校深入实施人才强校战略，健全尊重人才、依靠人才、培养人才、吸引人才的制度环境。为做好人才引育工作，学校设立了人事工作委员会，成立了人才引进专门工作机构，制订了关于高层次人才引进引智工作办法，之后又不断丰富完善，对此办法进行了修订（图4-66）。

学校依托国家高层次人才项目，突出"高精尖缺"导向，加快培养和引进一批活跃在

图4-66   学校制定了关于人才引进办法并成立了人才引进专门机构

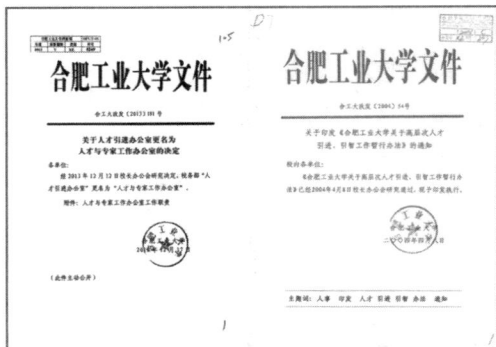

（资料来源：合肥工业大学档案馆
档号：2013-Y-XZ-0249、
2004-C-XZ-0267）

国际学术前沿、满足国家重大战略需求的一流拔尖人才、领军人物和创新团队。设立人才引育专项基金，推进人才工作校院两级联动机制。实施"讲席教授"制度，不断完善和拓展人才、学科、科研联动的"特区"发展模式强化引进人才年度考核、聘期届中和届满考核，提升引进人才与学科建设的契合度。加强人才梯队建设，实施"青年教师首聘期培养工程"等多种形式的人才培育计划，利用"斛兵学者"和"黄山学者"人才岗位，着力引育一批优秀拔尖人才和青年学术骨干（图4-67）。建立青年教师多元补充机制，加大博士后招聘培养力度，充分发挥博士后制度在培养高层次创新型人才方面的重要作用。

学校通过"人才强校"战略的实施，现有专任教师2300余人，拥有中国工程院院士、中国科学院院士（双聘）、"万人计划"入选者、国家杰出青年科学基金获得者、国家优秀青年科学基金获得者、教育部"新世纪优秀人才支持计划"入选者等各类高层次人才100余人。

图4-67   近年学校实施的相关人才项目

（资料来源：合肥工业大学人事处）

为激发广大教师工作热情，发挥学校办学活力，学校不断深化人事制度改革。先后出台《合肥工业大学关于"三定"工作的实施意见》《合肥工业大学人事分配制度改革实施方案》等，后期又做修订完善（图4-68）。学校稳步推进教师分类管理和岗位聘用制度改革，实现按岗聘用，按岗管理，建立灵活多样的用人管理机制。根据《全面深化新时代教师队伍建设改革的意见》，学校多角度引导评价工作，突出科学精神、创新质量、服务贡献，坚持质量优先标准、坚持尊重学科建设规律、坚持激发学科创新活力，完善考核评价激励体系，坚决克服"五唯"痼疾。完善专业技术职务晋升和

图4-68　学校出台的相关人事管理制度

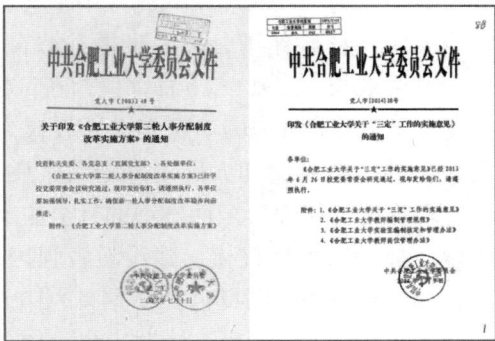

（资料来源：合肥工业大学档案馆
　　档号：2003-Y-XZ-0110、
　　2014-Y-DQ-0117）

岗位晋级制度，形成以教学能力和学术创新为核心的教师评价机制、以实践操作和服务保障为核心的教辅队伍评价机制、以行政执行力和服务满意度为核心的管理服务队伍评价机制（图4-69）。深化薪酬分配体制与绩效工资制度改革，逐步健全科学规范的收入分配模式、绩效工资制度与待遇增长机制，探索实施涵盖办学实体、行政机关、后勤保障、产业经营的全面绩效管理体系，完善基于责权和实绩的薪酬激励机制。

图4-69　学校关于相关专业技术职务评聘工作办法

（资料来源：合肥工业大学人事处）

四、立德树人，加强师德师风建设

教育是国之大计、党之大计，高校承担着培养德智体美劳全面发展的社会主义建设者和接班人的根本任务，肩负着服务中华民族伟大复兴的重要使命。学生的成长成才需要老

师们的教育、引导与示范，这就要求老师们必须成为"有理想信念、有道德情操、有扎实知识、有仁爱之心"的"四有"好老师，切实践行立德树人的根本任务。

为把党的十八大和十八届三中全会关于立德树人的要求落到实处，充分发挥课程在人才培养中的核心作用，进一步提升综合育人水平，更好地促进各级各类学校学生全面发展、健康成长，2014年3月，《教育部关于全面深化课程改革　落实立德树人根本任务的意见》下发（图4-70）。百年大计教育为本，教育大计教师为本。为深入贯彻落实党的十九大精神，造就党和人民满意的高素质专业化创新型教师队伍，落实立德树人的根本任务，培养德智体美劳全面发展的社会主义建设者和接班人，全面提升国民素质和人力资源质量，加快教育现代化，建设教育强国，办好人民满意的教育，为决胜全面建成小康社会、夺取新时代中国特色社会主义的伟大胜利、实现中华民族伟大复兴的中国梦奠定坚实基础，2018年1月20日，中共中央、国务院下发了《关于全面深化新时代教师队伍建设改革的意见》。1月18日，教育部也下发了《关于全面落实研究生导师立德树人职责的意见》。为贯彻落实党中央和教育部文件精神，学校分别于2018年2月27日下发了《关于认真学习〈中共中央国务院关于全面深化新时代教师队伍建设改革的意见〉的通知》（图4-71）。8月1日又制订并下发了《合肥工业大学关于全面深化新时代教师队伍建设改革的实施方案》（图4-72）。希望经过五年左右努力，建立学校的事权人权财权相统一的教师管理体制，健全教师培养培训体系，教师职业发展通道比较畅通，教师待遇提升保障机制更加完善，教师职业吸引力明显增强。教师队伍规模、结构、素质能力不断满足我校内涵式发展的需要。到2035年，教师管理体制机制科学高效，实现教师队伍治理体系和治理能力现代化。教师主动适应信息化、人工智能等新技术变革，积极有效地开展教育教学。

图4-70　《教育部关于全面深化课程改革　落实立德树人根本任务的意见》

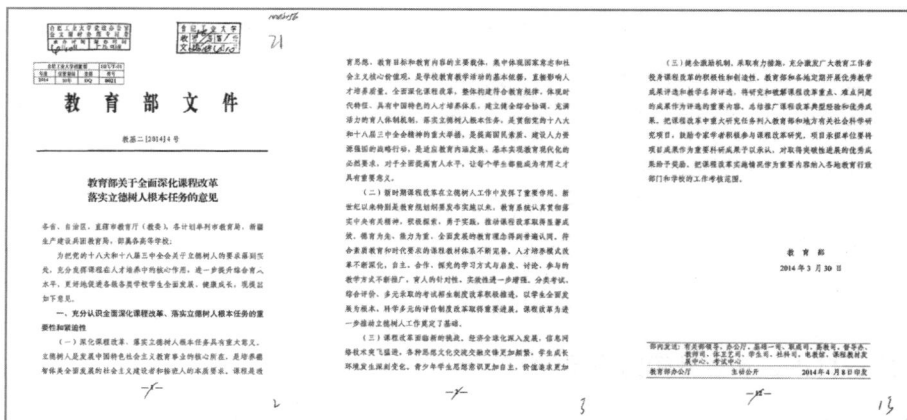

（资料来源：合肥工业大学档案馆　档号：2014-C-DQ-0021）

图4-71 学校下发的《关于认真学习〈中共中央国务院关于全面深化新时代教师队伍建设改革的意见〉的通知》

（资料来源：合肥工业大学档案馆 档号：2018-Y-DQ-0087）

培养造就以教育家型教师为引领、卓越教师群为代表、大批骨干教师为中坚的面向未来的高素质、专业化、创新型教师队伍。全校上下尊师重教蔚然成风，广大教师在岗位上有幸福感、事业上有成就感、社会上有荣誉感。学校还于10月9日印发了《合肥工业大学全面落实研究生导师立德树人职责实施细则（试行）》（图4-73）。

学校不断健全师德建设长效机制，专门成立党委教师工作部，建立师德建设委员会，

图4-72 学校下发的《合肥工业大学关于全面深化新时代教师队伍建设改革的实施方案》的通知

图4-73 学校下发的《合肥工业大学全面落实研究生导师立德树人职责实施细则（试行）》的通知

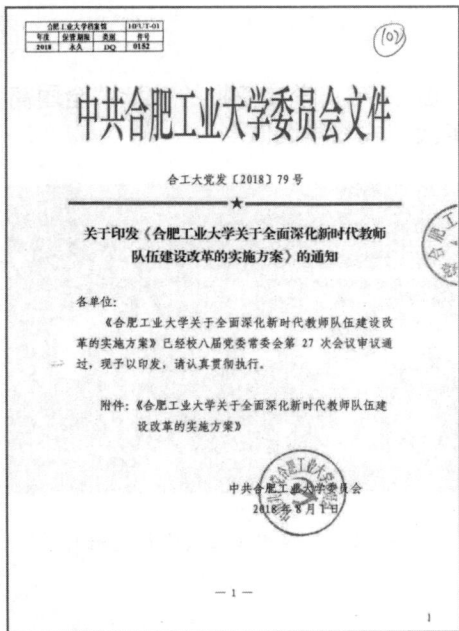

（资料来源：合肥工业大学档案馆 档号：2018-Y-DQ-0152）

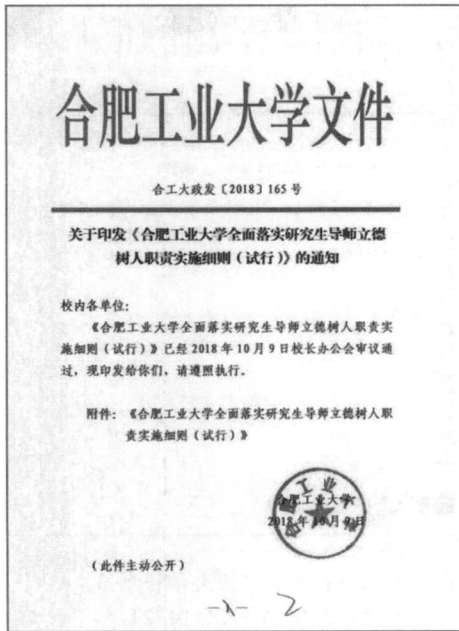

（资料来源：合肥工业大学档案馆 档号：2018-Y-JX-13562）

完善师德师风建设领导体制（图4-74）。还于
2018年8月28日印发了《合肥工业大学关于进
一步建立健全师德建设长效机制实施办法》（图
4-75）。把师德师风作为评价教师队伍素质的第
一标准，贯穿于教育教学、科学研究和社会服务
等全过程。将教师党支部建设作为健全师德师风
建设重要着力点和落脚点，充分发挥党员教师的
先锋模范作用。学校现有"全国模范教师"4人、
"全国优秀教师"7人、"全国师德标兵"2人、全
国高校"黄大年式教师团队"1个（图4-76）。

　　近年来，学校还全面实施"师德涵育计
划"，确保师德教育常态化和新入职教师师德教
育全覆盖。严把教师招聘时的思想政治和师德考
察关，落实教师工作部负责人与新入职教师谈心

图4-74　学校关于成立党委教师工作部的决定

（资料来源：合肥工业大学档案馆
档号：2017-Y-DQ-0091）

图4-75　学校印发的《合肥工业大学关于进一步建立健全师德建设长效机制实施办法》

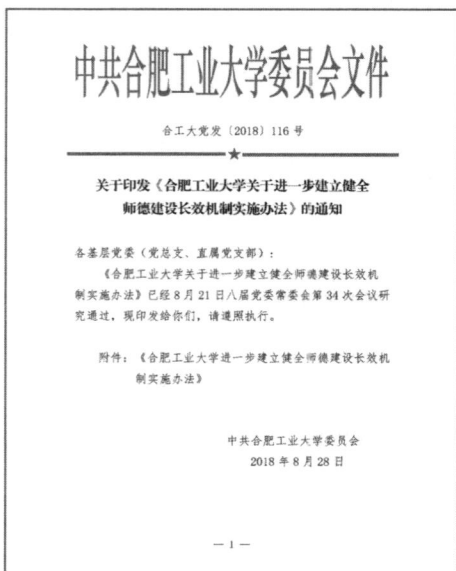

（资料来源：合肥工业大学档案馆
档号：2018-Y-XZ-0172）

图4-76　学校获批的首批"全国高校黄大年式教学团队"

（资料来源：合肥工业大学校史册）

谈话制度。建立师德师风预警机制，对于不良倾向和问题提早实施干预，及时纠正。全面实施教师师德考核基层党组织两级负责制。强化师德考核结果运用，将师德表现作为教师考核、聘任和奖励的首要依据。制定师德荣誉表彰奖励制度，定期组织开展师德先进评选活动，发挥师德激励示范效应（图4-77）。公布师德负面清单，实行师德"一票否决"，依法依规查处师德失范行为。建立教师思想工作信息员队伍及工作机制，定期举办线上线下师德专题培训。

图4-77 学校关于表彰2022年"立德树人奖"等文件

（资料来源：合肥工业大学档案馆 档号：2014-Y-DQ-0127）

第三节 优化学科体系，推进特色与内涵建设

引言：学校始终突出学科建设的龙头地位，推进学科分层建设，不断凝练学科方向，培育学科特色，合理配置学科资源，全面提升学科建设水平，形成了"以工为主、理工结合、文理渗透、融合交叉"的学科布局。同时，学校研判国家建设总体形势，积极围绕国家重大战略需求和国际学术前沿，发挥学科优势特色，不断调整学科结构和布局，推进学科融合交叉，加强创新能力建设，搭建学科平台，努力实现学科建设的高质量内涵式发展，在"工业强国"的建设中作出了贡献。

一、优化学科布局，整体建设水平提升

学科学位的建设与发展是学校建设与发展质量的重要标志，也是学校发展质量与建设水平的集中体现。进入21世纪以来，学校结合国家与地方建设需要，不断加强优势特色学科建设，对现有学科点进行优化整合，形成"发展规模适度、结构布局合理、建设层级清晰、目标定位明确、整体生态平衡、竞争优势持续"的学科结构和布局，推动学位授权

点高质量内涵式发展。

为做好学科建设，学校科学谋划，做好学科建设整体布局，在各阶段的"五年"规划中就学科建设方面专门制定了学科建设规划，结合中期检查进行工作推进与落实。还制定了《合肥工业大学2005—2020年学科建设规划》（图4-78）。通过共三期的"211工程"项目、"985"优势创新学科、"双一流"学科建设，结合《学校创新人才培养和队伍建设计划》《合肥工业大学学科建设目标管理实施方案》《合肥工业大学一流学科建设高校建设方案》等的同步实施，学校进一步凝练了学科方向，逐步形成了学科特色（图4-79）。依托专家人才、学科基地、科研和产业实践的支撑形成了创新人才培养机制。

图4-78   《合肥工业大学2005—2020年学科建设规划》

（资料来源：合肥工业大学档案馆   档号：2005-Y-DQ-0063、2005-Y-DQ-0069）

图4-79   学校制定"211"建设方案与学科目标管理实施办法

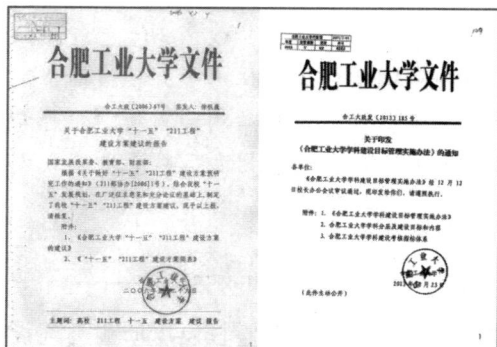

（资料来源：合肥工业大学档案馆   档号：2006-Y-XZ-0553、2013-Y-XZ-0253）

学校围绕学科建设总体规划，在积极组织好新学科增长点的培育与申报工作之外，还建立了以国家周期性学科评估、合格评估和学校学科建设考核等为主要依据的校内动态调整机制，动态控制一级学科整体规模；通过整合校内外各类资源，加大对原创性、系统性、引领性研究的支持力度，发挥主干学科引领凝聚辐射作用，促进各学科紧密联系、协同创新；"十四五"期间，拟围绕医药、微电子、芯片、软件、高端装备智能制造、新能源等核心技术组建学科群。至2021年底，学校已进入国家"双一流"建设高校行列，管理科学与工程入选"双一流"建设学科。学校现有3个国家重点学科（其中一级学科国家重点学科1个，二级学科国家重点学科2个）、1个国家重点培育学科、28个省级重点学科，12个博士后科研流动站、19个博士学位授权一级学科、3个博士专业学位授权点、39个硕士学位授权一级学科、21个硕士专业学位授权点。"以工为主、理工结合、文理渗透、融合交叉"多学科协调发展的学科布局逐渐形成，学科特色与优势进一步凸显（图4-80、表4-4、表4-5）。

学校还积极参加由教育部学位与研究生教育发展中心组织的一级学科评估，截至2017年完成了四轮，学校取得良好成绩。本轮学科评估，合肥工业大学参评学科共计28个，其中法学1个、理学3个、工学22个、管理学2个，参评比例占全部学科的77.78%，形成了"高原之上筑高峰"的良好学科发展态势（表4-6）[①]。

学校学科建设得到科研论文的强力支撑。截止到2022年3月10日，由合肥工业大学图书馆提供的信息显示，基本科学指标数据库（Essential Science Indicators，简称ESI）公布最新数据，学校"社会科学总论"（Social Science General）学科进入ESI全球排名前1%行列。至此，合肥工业大学进入ESI全球排名前1%的学科领域共有8个，学科分别是工程学、材料科学、化学、计算机科学、地球科学、农业科学、环境学/生态学、社会科学总论，其中工程学学科进入ESI前1‰（图4-81）。

图4-80 学校重点学科建设情况

国家重点学科

序号	国家重点学科名称	学科类别
1	管理科学与工程	一级学科
2	机械设计及理论	二级学科
3	电力电子与电力传动	二级学科
4	农产品加工及贮藏工程（培育）	二级学科

安徽重点学科（A类）

序号	重点学科名称
1	机械工程

安徽省重点学科（B类）

序号	重点学科名称	序号	重点学科名称
1	马克思主义基本原理	15	结构工程
2	思想政治教育	16	应用化学
3	矿物学岩石学矿床学	17	环境工程
4	工程力学	18	企业管理
5	机械制造及其自动化	19	构造地质学
6	机械电子工程	20	车辆工程
7	精密仪器及机械	21	测试计量技术及仪器
8	材料学	22	材料物理与化学
9	材料加工工程	23	电力系统及其自动化
10	微电子学与固体电子学	24	计算机软件与理论
11	信号与信息处理	25	岩土工程
12	控制理论与控制工程	26	化学工艺
13	计算机应用技术	27	食品科学
14	建筑设计及其理论		

（资料来源：合肥工业大学研究生院）

[①] 学科评估是教育部学位与研究生教育发展中心（简称学位中心）按照国务院学位委员会和教育部颁布的《学位授予与人才培养学科目录》（简称学科目录）对全国具有博士或硕士学位授予权的一级学科开展整体水平评估。学科评估是学位中心以第三方方式开展的非行政性、服务性评估项目，2002年首次开展，截至2017年完成了四轮。

第四轮学科评估于2016年4月启动，按照"自愿申请、免费参评"原则，采用"客观评价与主观评价相结合"的方式进行。评估体系在前三轮的基础上进行诸多创新：评估数据以"公共数据和单位填报相结合"的方式获取；评估结果按"分档"方式呈现，具体方法是按"学科整体水平得分"的位次百分位，将前70%的学科分9档公布：前2%（或前2名）为A＋，2%～5%为A（不含2%，下同），5%～10%为A－，10%～20%为B＋，20%～30%为B，30%～40%为B－，40%～50%为C＋，50%～60%为C，60%～70%为C－。

表4-4 学校博士点与博士后流动站建设情况

博士学位授权一级学科（共19个）

序号	一级学科代码	一级学科名称	所在学院
1	0305	马克思主义理论	马克思主义学院
2	0701	数学	数学学院
3	0709	地质学	资源与环境工程学院
4	0801	力学	土木与水利工程学院
5	0802	机械工程	机械工程学院
6	0804	仪器科学与技术	仪器科学与光电工程学院
7	0805	材料科学与工程	材料科学与工程学院
8	0808	电气工程	电气与自动化工程学院
9	0810	信息与通信工程	计算机与信息学院
10	0811	控制科学与工程	电气与自动化工程学院
11	0812	计算机科学与技术	计算机与信息学院
12	0813	建筑学	建筑与艺术学院
13	0814	土木工程	土木与水利工程学院
14	0817	化学工程与技术	化学与化工学院
15	0830	环境科学与工程	资源与环境工程学院
16	0832	食品科学与工程	食品与生物工程学院
17	0835	软件工程	计算机与信息学院
18	1201	管理科学与工程	管理学院
19	1202	工商管理	管理学院

博士后流动站（共12个）

流动站名称	批准年份	流动站名称	批准年份
地质学	2003	计算机科学与技术	2007
机械工程	1999	土木工程	2009
仪器科学与技术	2003	软件工程	2012
材料科学与工程	2007	食品科学与工程	2007
电气工程	2003	管理科学与工程	2003
信息与通信工程	2009	工商管理	2012

博士专业学位授权点（共3个）

序号	专业学位授权点代码	专业学位授权点名称	牵头学院
1	0855	机械	机械工程学院
2	0858	能源动力	电气与自动化工程学院
3	0860	生物与医药	食品与生物工程学院
	注：数据统计截止时间为2022年10月		

（资料来源：合肥工业大学研究生院）

表4-5　学校硕士点建设情况

硕士学位授权一级学科（共39个）

序号	一级学科代码	一级学科名称	所在学院
1	0201	理论经济学	经济学院
2	0202	应用经济学	经济学院
3	0301	法学	文法学院
4	0305	马克思主义理论	马克思主义学院
5	0502	外国语言文学	外国语学院
6	0701	数学	数学学院
7	0702	物理学	电子科学与应用物理学院
8	0703	化学	化学与化工学院
9	0705	地理学	资源与环境工程学院
10	0709	地质学	资源与环境工程学院
11	0710	生物学	食品与生物工程学院
12	0801	力学	土木与水利工程学院
13	0802	机械工程	机械工程学院
14	0803	光学工程	电子科学与应用物理学院
15	0804	仪器科学与技术	仪器科学与光电工程学院
16	0805	材料科学与工程	材料科学与工程学院
17	0807	动力工程及工程热物理	汽车与交通工程学院
18	0808	电气工程	电气与自动化工程学院
19	0809	电子科学与技术	电子科学与应用物理学院

（续表）

序号	一级学科代码	一级学科名称	所在学院
20	0810	信息与通信工程	计算机与信息学院
21	0811	控制科学与工程	电气与自动化工程学院
22	0812	计算机科学与技术	计算机与信息学院
23	0813	建筑学	建筑与艺术学院
24	0814	土木工程	土木与水利工程学院
25	0815	水利工程	土木与水利工程学院
26	0816	测绘科学与技术	土木与水利工程学院
27	0817	化学工程与技术	化学与化工学院
28	0818	地质资源与地质工程	资源与环境工程学院
29	0823	交通运输工程	汽车与交通工程学院
30	0830	环境科学与工程	资源与环境工程学院
31	0831	生物医学工程	食品与生物工程学院
32	0832	食品科学与工程	食品与生物工程学院
33	0833	城乡规划学	建筑与艺术学院
34	0835	软件工程	计算机与信息学院
35	1201	管理科学与工程	管理学院
36	1202	工商管理	管理学院
37	1204	公共管理	管理学院
38	1304	美术学	建筑与艺术学院
39	1305	设计学	建筑与艺术学院

硕士专业学位授权点（共21个）

	学位授权点代码	专业学位授权点名称	学院/牵头学院
1	0251	金融	经济学院
2	0252	应用统计	数学学院
3	0351	法律	文法学院
4	0551	翻译	外国语学院
5	0552	新闻与传播	文法学院
6	0851	建筑学	建筑与艺术学院

（续表）

	学位授权点代码	专业学位授权点名称	学院/牵头学院
7	0854	电子信息	计算机与信息学院
8	0855	机械	机械工程学院
9	0856	材料与化工	材料科学与工程学院
10	0857	资源与环境	资源与环境工程学院
11	0858	能源动力	电气与自动化工程学院
12	0859	土木水利	土木与水利工程学院
13	0860	生物与医药	食品与生物工程学院
14	0861	交通运输	汽车与交通工程学院
15	0953	风景园林	建筑与艺术学院
16	1055	药学	食品与生物工程学院
17	1251	工商管理	管理学院
18	1252	公共管理	管理学院
19	1253	会计	管理学院
20	1256	工程管理	管理学院
21	1351	艺术	建筑与艺术学院

注：数据统计截止时间为2022年10月

（资料来源：合肥工业大学研究生院）

表4-6 合肥工业大学第四轮参评学科评估结果（信息统计截止时间为2022年10月）

获评等级	参评一级学科
A	管理科学与工程
B⁺	马克思主义理论、机械工程、仪器科学与技术、计算机科学与技术、工商管理
B	材料科学与工程、电气工程、土木工程、化学工程与技术、食品科学与工程、软件工程
B⁻	数学、电子科学与技术、信息与通信工程、控制科学与工程、建筑学
C⁺	地质学、环境科学与工程、城乡规划学
C⁻	生物学、力学、光学工程、动力工程及工程热物理、水利工程

（资料来源：合肥工业大学研究生院）

二、巩固深化学科改革，推进一流学科建设

学校以创建一流学科为目标，创新学科组织模式，加强学科内涵发展，突出学科优势与特色，提升学科建设实力和水平。学校2005年成为国家"211工程"重点建设高校，2009年成为国家"985工程"优势学科创新平台建设高校，2017年进入国家"双一流"建设高校行列，管理科学与工程入选"双一流"建设学科。学校重点建设"工程管理与智能制造"学科，是以管理科学与工程学科为核心，融合计算机科学与技术和机械工程学科而形成的新兴交叉学科。

图 4-81　学校进入 ESI 全球排名前1%的8个学科领域

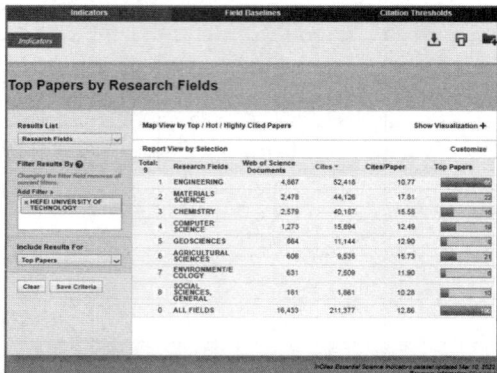

（资料来源：合肥工业大学新闻网）

1."985工程"优势学科创新平台建设

在做好"211工程"三期重点学科建设项目建设的同时，学校又组织力量进行"985工程"优势学科创新平台的论证、申报工作。2008年10月，学校形成《"节能环保汽车及其制造装备技术""985工程"优势学科创新平台建设方案简介》，报送国家发改委。2009年，合肥工业大学"985工程"优势学科创新平台建设项目获教育部批准立项，学校跻身"985工程"优势学科创新平台建设高校行列。

学校通过凝练方向，整合资源，依托2个国家重点学科、4个博士学位授权一级学科及相关二级学科，确定了"节能环保汽车及其制造装备技术"优势学科创新平台建设方案，并向教育部申报。该平台集中在节能环保汽车整车设计理论与技术、节能环保汽车动力及其控制系统、汽车检测及其试验技术与装备、汽车制造技术及其制造装备、汽车材料与可靠性及延寿技术等5个方向，加强建设和展开研究开发工作。

2011年6月，按照教育部《关于做好"优势学科创新平台"建设方案和项目预算编制工作的通知》精神，学校组织力量修订了"优势学科创新平台"建设方案、项目申报书、可行性报告、资金计划表和建设资金预算表，上报教育部（图4-82、图4-83）。同月，教育部财务司在北京科技大学举行2011—2012年"优势学科创新平台"中央财政专项资金项目预算评审会，学校上报的方案顺利通过项目预算评审。

2."双一流"学科建设与推进

世界一流大学和一流学科，简称"双一流"。建设世界一流大学和一流学科，是中共

图4-82 教育部《关于做好"优势学科创新平台"建设方案和项目预算编制工作的通知》

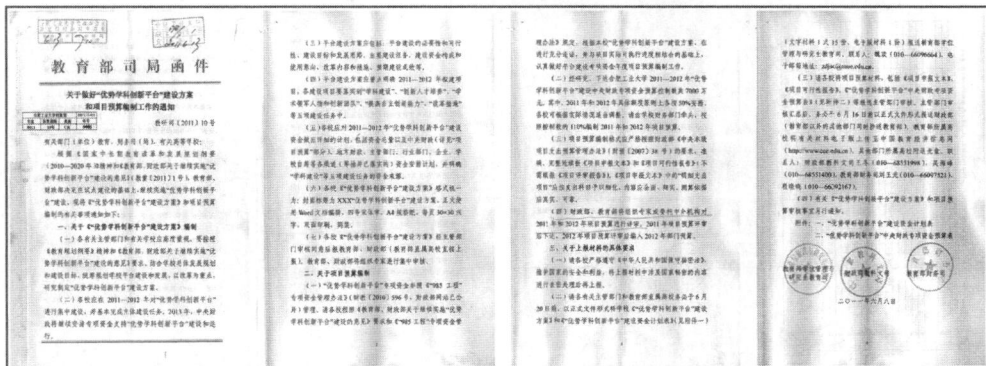

（资料来源：合肥工业大学档案馆 档号：2011-D-CK-0001）

图4-83 学校报送的关于"优势学科创新平台"建设相关材料

（资料来源：合肥工业大学档案馆 档号：2011-C-JX-2073、
2011-Y-CK-0021、2011-Y-WS-0017）

中央、国务院作出的重大战略决策，也是中国高等教育领域继"211工程""985工程"之后的又一国家战略。2015年10月24日，国务院关于《印发统筹推进世界一流大学和一流学科建设总体方案》的通知下发（国发〔2015〕64号）。2017年1月24日，经国务院批准同意，教育部、财政部、国家发展和改革委员会印发《统筹推进世界一流大学和一流学科建设实施办法（暂行）》（教研〔2017〕2号）。9月21日，教育部、财政部、国家发展和改革委员会联合发布《关于公布世界一流大学和一流学科建设高校及建设学科名单的通知》（教研函〔2017〕2号），正式公布了世界一流大学和一流学科建设高校及建设学科名单，首批"双一流"建设高校共计137所（图4-84）。

图4-84　关于"双一流"建设的相关通知

（资料来源：教育部网站）

2017年，合肥工业大学成为国家"双一流"建设高校，"管理科学与工程"入选国家"双一流"建设学科，开启了学校建设的新征程。学校为实施推进"双一流"建设，专门成立了"合肥工业大学一流学科建设领导小组"，下设办公室，设在校研究生院（图4-85）；制定并向教育部报送了《合肥工业大学世界一流学科建设高校的建设方案》（图4-86）；积极主动向安徽省主要领导报告，争取到安徽省的政策与财政支持（图4-87）；同

图4-85　关于成立合肥工业大学一流学科建设领导小组的通知

（资料来源：合肥工业大学档案馆
档号：2018-Y-XZ-0159）

图4-86　学校向教育部报送的《合肥工业大学世界一流学科建设高校的建设方案》

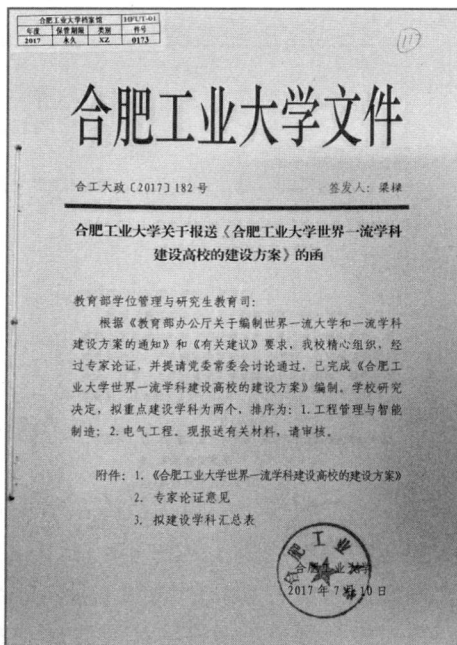

（资料来源：合肥工业大学档案馆
档号：2017-Y-XZ-0173）

图4-87 学校给安徽省主要领导同志的请示与报告

（资料来源：合肥工业大学档案馆 档号：2019-Y-DQ-0149、 2019-Y-XZ-0266）

时，科学合理使用建设资金，发挥好资金使用效率（图4-88）。

学校按宽口径推进一流学科建设，重点建设"工程管理与智能制造"及交叉学科，并辐射到仪器科学与技术、电气工程等优势特色学科，在"双一流"首轮建设中，成效显著，使得一流学科和学校整体办学实力等方面进步明显，学科建设目标达成度高。"管理科学与工程"学科建设整体发展水平显著，可持续发展能力显著，成长提升程度显著。建设中期，学校还专门组织了建设效果自评。2019年8月28日，学校邀请了由中国工程院院士、华中科技大学丁烈云教授担任组长，以陈鲸、杨善林、陈学东、陈维江等院士及陈收、谭跃进、江涛等教授为成员的专家组来校审阅了相关材料、现场察看、就相关问题进行了问询等环节后，对学校"双一流"学科建设给予很高评价；还按教育部要求，及时报送了《合肥工业大学"双一流"建设中期自评方案》（图4-89、图4-90）。

图4-88 学校关于申报建设世界一流大学（学科）和特色发展引导专项资金项目的函

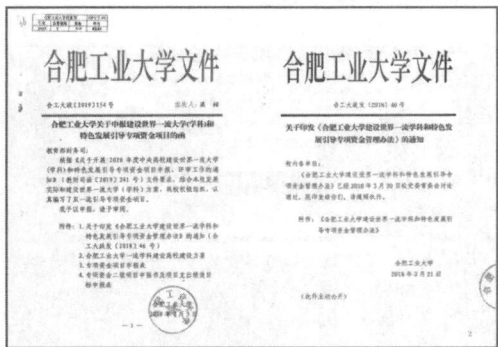

（资料来源：合肥工业大学档案馆 档号：2019-Y-XZ-0241）

图4-89 学校"双一流"建设中期自评专家评议会

（资料来源：合肥工业大学新闻网）

图4-90 学校报送的《合肥工业大学“双一流”建设中期自评方案》

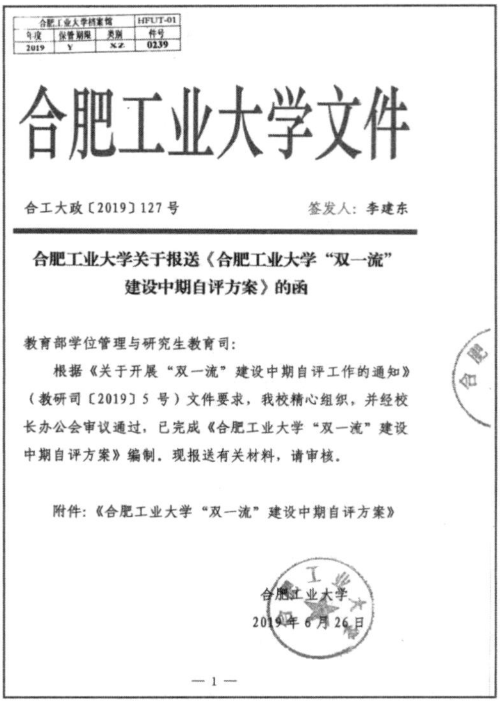

合肥工业大学档案馆			HFUT-01
年度	保管期限	类别	件号
2019	Y	XZ	0239

合肥工业大学文件

合工大政〔2019〕127号　　签发人：李建东

合肥工业大学关于报送《合肥工业大学“双一流”建设中期自评方案》的函

教育部学位管理与研究生教育司：

根据《关于开展“双一流”建设中期自评工作的通知》（教研司〔2019〕5号）文件要求，我校精心组织，并经校长办公会审议通过，已完成《合肥工业大学“双一流”建设中期自评方案》编制，现报送有关材料，请审核。

附件：《合肥工业大学“双一流”建设中期自评方案》

合肥工业大学
2019年6月26日

—1—

（资料来源：合肥工业大学档案馆
档号：2019-Y-XZ-0239）

2020年9月17日，学校召开了“双一流”建设周期总结专家论证会（图4-91）。中南大学何继善院士、中国科学技术大学何多慧院士、天津大学叶声华院士、东北大学柴天佑院士、中国人民解放军装备发展部沈荣骏院士、中南大学桂卫华院士、合肥工业大学杨善林院士、中国机械工业集团陈学东院士、东北大学唐立新院士、国务院中央企业监事会主席贾成炳、湖南大学陈收教授、国防科技大学谭跃进教授、清华大学徐心教授、天津大学王成山教授、上海交通大学朱向阳教授、中国科学技术大学康宇教授等16位专家学者组成了专家组。何继善院士任组长。专家组认真听取了汇报，审阅了相关材料，进行了现场考察，并经质询、讨论，形成了评议意见；并将校“双一流”建设情况形成报告上报教育部。

专家组认为，合肥工业大学坚定社会主义办学方向，推进全面从严治党，充分发挥党组织政治功能，落实立德树人根本任务，以体制机制创新为着力点，不断推进学校治理体系现代化和治理能力提升；创建“三位一体”教育教学集成体系，深化课程思政建设，拔尖创新人才培养特色显著；以共同事业凝心聚力，造就一流师资队伍；面向世界科技前沿和国家重大战略需求，取得了一批世界一流科研成果。在大数据科学与技术领域，取得了重要基础理论突破，在服务于大国重器、能源战略、人民生命健康等方面作出了重大贡献。合肥工业大学“双一流”建设全面完成了《合肥工业大学一流学科建设高校建设方案》的周期建设任务，全

图4-91 学校召开“双一流”建设周期总结专家论证会

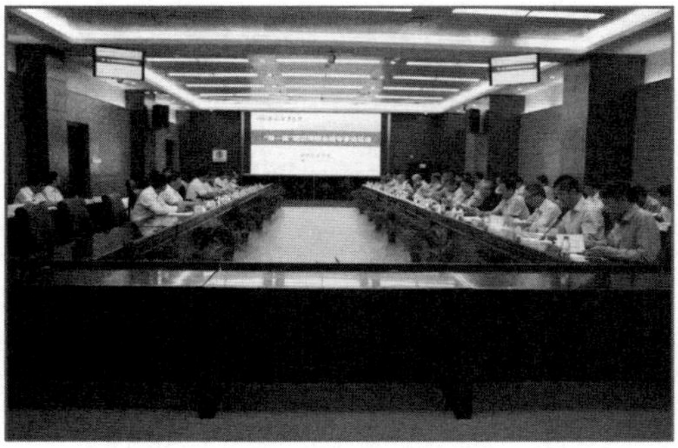

（资料来源：合肥工业大学新闻网）

面实现了周期建设目标，建设符合度好、目标达成度高、第三方评价表现度优，国际影响力显著提升。管理科学与工程学科全面完成了"双一流"周期建设任务，在智能制造工程管理、医疗健康管理、智慧能源管理、空天系统管理等多个交叉研究方向取得重大突破，整体进入世界一流学科前列；通过"工程管理与智能制造"交叉学科建设，带动了学校学科建设整体水平提升，计算机科学与技术、机械工程、电气工程等学科进入世界一流水平。专家组同时就学校改革建设发展和"双一流"建设提出了建设性意见和建议。专家组在校期间，还实地考察了"双一流"建设有关实验室和大学生创新创业中心、建筑艺术馆等。

2022年2月1日，根据教育部 财政部 国家发展改革委《关于公布第二轮"双一流"建设高校及建设学科名单的通知》（教研函〔2022〕1号），合肥工业大学再次入选新一轮"双一流"建设高校，"管理科学与工程"学科入选一流学科名单（图4-92）。为此，学校编制了新一轮"双一流"建设方案，确定建设"管理科学与工程"一流学科和一流培优学科，把计算机科学与技术、机械工程、电气工程等优势学科作为一流学科支撑学科建设，加强一流学科培育，促进新工科建设，引领和带动其他学科协同跃升。瞄准国家战略需求，加强新学科领域方向的布局，深入推进交叉科学研究院、智能制造现代产业学院建设，力争一批有影响的重大原创性成果。到21世纪中叶，"工程管理与智能制造"和"管理科学与工程"学科处于世界一流学科前列，一批研究方向处于世界领先水平，带动计算机科学与技术、机械工程学科进入世界一流学科前列。

图4-92　教育部　财政部　国家发展改革委《关于公布第二轮"双一流"建设高校及建设学科名单的通知》

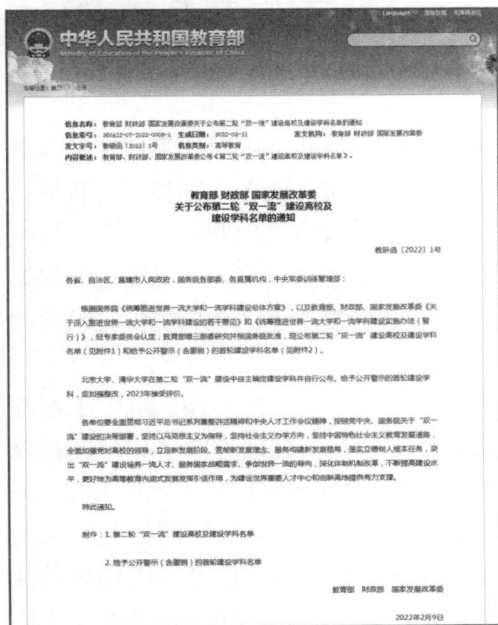

（资料来源：国家教育部网站）

三、"双一流"学科协调带动，建设成效显著

学校通过首轮"双一流"建设，在支撑国家创新驱动发展战略、服务经济社会发展、弘扬中华优秀传统文化、培育和践行社会主义核心价值观、促进高等教育内涵式发展等方面发挥了重大作用，学校整体实力取得显著进步，"中国特色、世界一流"的发展特征进一步彰显。通过强力推进"管理科学与工程"一流学科建设，

创建"工程管理与智能制造"新兴交叉学科，加强优势学科深度融合，带动提升学校学科建设整体水平。围绕重点领域、重大需求，通过联合攻关、协同创新，取得重大成果。

"管理科学与工程"一流学科建设取得重大突破。该学科深度融合管理、信息、制造科学与技术，在智能制造工程管理、医疗健康管理、空天系统管理等多个交叉研究方向取得重大突破。在医疗健康管理领域，首创了人机协同智能移动微创医疗装备，成功应用于辽宁号航母等大型舰艇长远航卫勤保障；研发了智能移动新冠肺炎防控远程交互系统，成功应用于火神山、雷神山等医疗机构（图4-93）。，为疫情防控注入重要科技力量；基于大数据科学理论，解决了肿瘤多组学大数据突变识别等多项难题。

图4-93　学校的"智能移动新冠肺炎防控远程交互系统"成功应用于火神山、雷神山等医疗机构

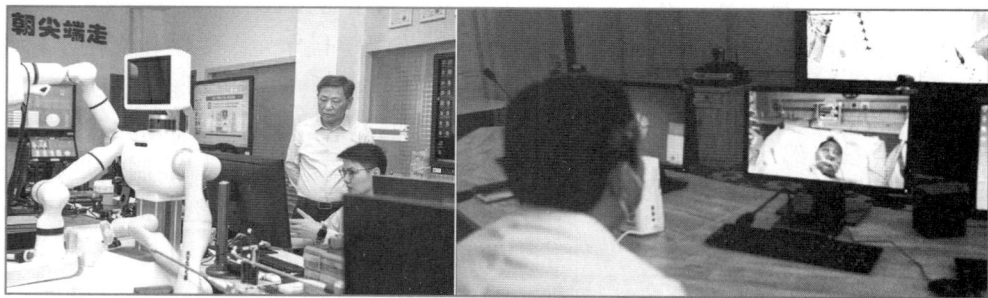

（资料来源：新华网　央视新闻）

"工程管理与智能制造"交叉学科建设取得重大成效。创造性运用现代管理理论与新一代信息技术，解决智能制造重大科学技术问题。研发了高端成形装备协同控制与智能运维服务系统，突破了高端装备部件成形关键难题，成功应用于神舟飞船和长征火箭；研发了智能柔性驱动机器人装备，成功应用于"天眼"工程；攻克了高精度几何量测量及误差补偿等关键技术，为月球与火星探测、卫星检测、共形雷达等航空航天领域提供关键检测技术支撑。

多个优势特色学科建设取得重大进展。计算机科学与技术、机械工程、电气工程等优势学科建设取得重大进展：攻克了视觉媒体大数据协同分析基础理论中多项难题；攻克了飞机电磁瞬态仿真及防护关键技术，成功应用于国产大型运输机等30余型飞机（图4-94）；开发了航天器跨流态内外环境仿真设计软件，保障了我国火星探测任务"天问一号"探测器的安全着陆与正常巡航（图4-95）；在可再生能源独立供电系统优化设计关键问题攻关方面取得系列突破；基于大数据科学理论，提出了农产品及食品安全快速灵敏分析新原理新方法。

图4-94 学校段泽民教授及其科研团队参与了C919大飞机雷电防护方面的研制工作

（资料来源：合肥工业大学新闻网）

图4-95 学校"真空技术团队"提供的跨流态内外环境仿真设计保证了探测器安全着陆、正常巡视工作

（资料来源：合肥工业大学新闻网、新安网）

第四节 提升科技创新能力，产出一流科研成果

引言：科学技术是第一生产力。在"科教兴国"战略指引下，学校贯彻落实《国家中长期科学和技术发展规划纲要（2006—2020年）》，围绕创新型国家发展战略需求，不断改革创新，充分凝练发挥学校科研特色，积极为国家在装备制造业的振兴、战略性新兴产业的发展和国防科技工业的建设服务。"十三五"以来，学校聚焦国家、区域、行业经济社会发展的重大战略需求，综合施策，多措并举，激励与提升科技创新，不断深化产学研合作，取得了大量成果，实现了学校科学研究工作的新跨越，在"工业强国"的发展道路上书写出了合肥工业大学的"奋进之笔"。

一、聚焦国家区域行业需求，协同创新全面深化

学校的学科专业设置以工科类为主。进入21世纪以来，学校充分发挥学科优势，始终坚持科学研究面向经济建设主战场，以突出应用性研究、深化产学研合作、加强自主创新为主线，进一步明确基础性研究与应用性研究并举、以应用性研究为主的科技工作方针，推动了科研特色和定位的形成。通过不断探索和实践，学校提出了"把论文写在产品上、研究做到工程中、成果转化在企业里"，使科研工作的主阵地前移，让一大批自主创新成果直接在企业得到转化，提高了科技对经济的贡献率，也使学校科研成果价值得以最大的体现。同时，学校强调科研与教学相互结合、相互促进，通过不断提升科研水平，带动教师教学能力的提升，推动实践教学，丰富教学内容，形成了工程基础厚、工作作风实、创业能力强的人才培养特色。学校以国家、地方、企业的需求为导向，重点围绕机电装备、电子信息等领域，集中开展技术攻关和科技创新，重点建设了光电技术研究院、汽车工程研究院等科研机构，努力打造优势突出、特色鲜明、可持续承担国家和地方重大科技任务和工程项目的科技创新基地，产生了一批对地方经济社会发展有影响、对行业和企业有带动作用、具有自主知识产权的创新成果，彰显了工科学校的优势和特色（图4-96、图4-97）。

图4-96　学校成立"合肥工业大学光电技术研究院"的通知

（资料来源：合肥工业大学档案馆　档号：2002-C-XZ-0646）

在科学规划和制定科研发展方向的基础上，积极引导个人融入团队，组织联合攻关，开展战略预研，加强技术储备，孵化科技成果。通过重大项目预研、专利成果转化和项目孵化等专项计划的实施，增强了承担重大科研任务的竞争力和成果转化能力。在安徽省科技攻关计划工业类项目中，合肥工业大学承担的项目约占1/3，参与企业承担的项目约占1/3。

学校还充分发挥工科门类齐全、应用性强、多学科交叉的优势，在发挥高校知识创新的同时，积极参与以企业为主体的技术创新，在科研开发上不断取得新的成绩。"十五"以来，学校不仅多次获国家科技进步奖，还实现了在安徽省科技成果一等奖上不断线，授权发明专利、实用新型专利均有大幅提升。自主研制的"汽车变速器及车桥柔性装配线"填补了国内空白，目前已在江汽、奇瑞、华菱等多家大中型企业成功应用。光伏系统工程研究中心在太阳能电池阵列最大功率点跟踪技术、配套装置及其生产工艺等方面的研究，居国内领先地位（图4-98）。

近年来，学校聚焦国家区域行业关键需求和"卡脖子"难题，逐步凝练形成以"企业出题、政府立题、高校解题、市场阅卷"为特色的需求传导型政产学研用合

图4-97　学校关于成立"合肥工业大学新能源汽车工程研究院"的决定

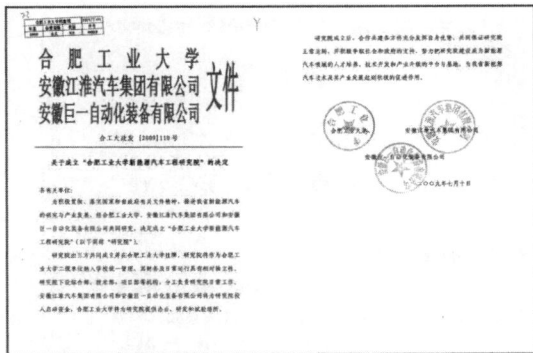

（资料来源：合肥工业大学档案馆
档号：2009-Y-XZ-0023）

作新模式——"合工大模式"（图4-99），学校成为区域经济转型升级、技术革新的重要策源地。"合工大模式"得到教育部、安徽省委和省政府主要领导的高度评价，充分显现出学校"立足安徽、工业报国"的使命担当。2019年，学校还获中国产

图4-98　关于教育部光伏系统工程研究中心组织机构及岗位设置的决定

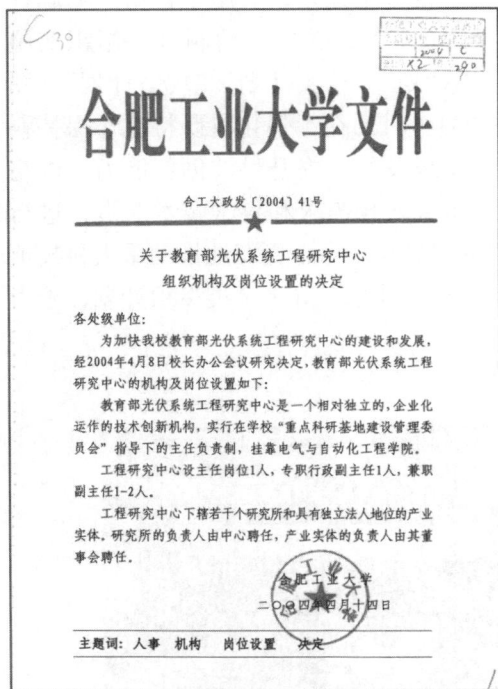

（资料来源：合肥工业大学档案馆
档号：2004-C-XZ-0290）

图4-99　"合工大模式"有组织的协同过程示意图

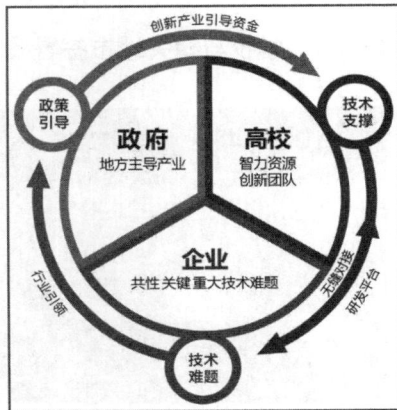

（资料来源：合肥工业大学科研院）

图4-100　学校获中国产学研合作创新奖

（资料来源：合肥工业大学科研院）

学研合作创新奖（图4-100）。

学校为了积极服务于安徽经济社会发展，特别是为安徽工业现代化建设提供了重要人才和基础支撑，深化校地合作，促进产学研深度融合和科技成果转化，曾与安徽相关地市、企业签订了战略合作协议，建立产业技术创新中心等，围绕人才培养、科技攻关、技术转化、产业创新等全方位拓展合作领域，加深合作层次（图4-101、图4-102）。

二、实施科研能力提升计划，成果产出成绩显著

为了力图实现学校科学研究的新突破，学校科学谋划，实施了科研"卓越计划"。2011年，学校先后制订并组织实施"春华计划""秋实计划""攻坚计划"（图4-103）。目的在于强化科研特色，保持科研可持续发展，提升科技创新能力，围绕国家重大科技需求和科学技术前沿，进行重大项目部署及培育，加强基础和战略高技术研究的引导与培育，更好地推动重大科技项目申报能力的提升。近年来，学校实施了"学术新人提升计划"等十余类专项计划，着力

图4-101　学校与相关地市签署战略合作协议

（资料来源：合肥工业大学新闻网）

图4-102 2022年8月17日，合肥工业大学与黄山市休宁县共建"合肥工业大学（休宁）产业技术创新中心"签约仪式举行

（资料来源：合肥工业大学新闻网）

图4-103 学校关于实施"春华计划""秋实计划"的意见

（资料来源：合肥工业大学档案馆 档号：2013-Y-KY-0097、2013-Y-KY-0102）

提升青年教师的基础科研能力。

学校还适时实施了中青年科技创新群体培养计划，加强科研团队建设；建立并坚持"滚动建设、有出有进"的动态建设机制和"发表高水平论文、承担重大项目、获得标志性成果"并重的评价体系，加大中青年科技创新群体的建设和管理力度。2006年的校管理学院"决策科学与信息系统技术"创新团队、2013年的校计算机与信息学院"多源海量动态信息处理"创新团队进入教育部创新团队建设行列（图4-104）。

为更好地拓展服务领域，为行业做好科技服务，学校充分发挥其装备制造方面的技术优势，开始承担了国防军工科研项目。为做好此类项目管理与申报，学校专门成立了"国防军工管理工作办公室"（图4-105），挂靠在校科研处。其职能为组织、申报、承接和管理国防军工科研项目，承担国防军工科研项目有关资质的建设等。2010年还专门成立了校国防装备技术研究院。为加强管理，学校还制定了关于涉密科研项目的相关规定

图4-104　学校获批的教育部创新团队

"决策科学与信息系统技术"教育部创新团队
（负责人：杨善林院士）

"多源海量动态信息处理"教育部创新团队
（负责人：吴信东教授）

（资料来源：合肥工业大学校史册）

图4-105　学校《关于成立国防军工管理工作办公室的决定》

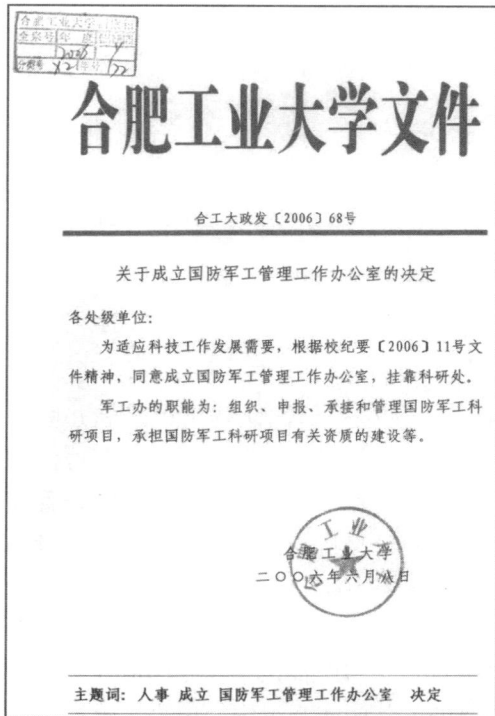

（资料来源：合肥工业大学档案馆
　　档号：2006-Y-XZ-0172）

（图4-106）。国防军工项目成为校科研质量提升的一个新的增长点，获批项目、合同金额、服务范围都有很快的发展与增长。2014年6月，学校与安阳强基精密制造产业园股份有限公司签署了《"超大型薄壁精密铸造成套智能生产线"合同书》，开始研制超大型

图4-106　学校学校关于涉密项目等相关管理规定

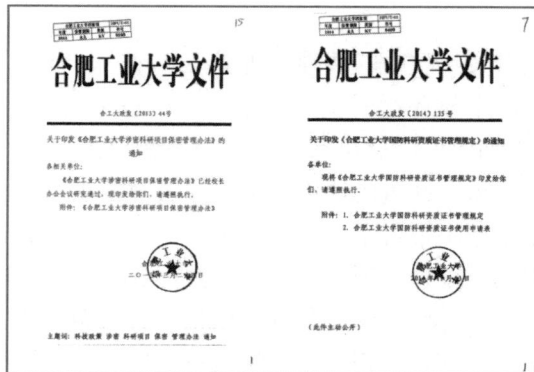

（资料来源：合肥工业大学档案馆
　档号：2013-Y-KY-0105、
　2014-Y-KY-0404）

薄壁铝合金精密铸造成套生产线。该项目为学校承担的军民融合重大工程项目，单项合同金额首次达亿元。该项目于 2016 年 11 月交付使用。项目的成功研制，使我国成为世界上首个对大型熔模精密铸造生产线技术进行系统、成套研究与开发的国家，并且在多方面有技术突破。2020 年 5 月，中国铸造协会通过视频会议的形式，主持召开了由合肥工业大学完成的"超大型薄壁精密铸造数字化成套生产线的研制和应用"科技成果评价会（图4-107）。因学校国防军工项目建设有特色、见成效，2018年学校获批为国防科工局与教育部共建高校（图4-108）。

图4-107　"超大型薄壁精密铸造数字化成套生产线的研制和应用"科技成果评价会

（资料来源：合肥工业大学新闻网）

学校高度重视科研项目与科研成果申报，不断提升科技服务质量，围绕国家、地方、行业建设与发展需求主动发力，投入产出成效显著，取得了优异成绩（图4-109、图4-110）。据不完全统计，学校在"十三五"期间共主持和参与国家重点研发计划193项。获批国家自然科学基金项目725项，其中重大项目1项、国家重大科研仪器研制项目2项、杰青项目3项、优青项目11项。获批国家社科基金和教育部人文社科基金项目88项。获批军工科研项目101项。以学校为第一单位发表的高水平论文7639篇。获批授权专利3438项，其中发明专利2950项。获省部级以上科技奖励123项，其中国家级科技奖励6项、安徽省科技奖励92项。4份研究报告被中央网信办和国务院办公厅采纳。

图4-108　学校获批为国防科工局与教育部共建高校

（资料来源：合肥工业大学档案馆
档号：2018-Y-KY-0066）

图4-109 学校近年获得的国家级科技奖项

（资料来源：合肥工业大学科研院）

图4-110 学校近年获得的省部级一等奖等科技奖项

（资料来源：合肥工业大学科研院）

三、强化服务管理，科研工作质量稳步提升

为提高我国自主创新能力，建设创新型国家，全面落实科学发展观，促进经济社会可持续发展。2016年，国家下发了《中共中央 国务院关于实施科技规划纲要 增强自主创新能力的决定》《国务院关于印发实施〈国家中长期科学和技术发展规划纲要（2006—2020）年〉若干配套政策的通知》。安徽省也印发了《中共安徽省委 安徽省人民政府关于实施科技规划纲要增强自主创新能力的意见》《安徽省科技发展"十一五"规划纲要及2020年远景展望》《中共安徽省委安徽省人民政府关于合芜蚌自主创新综合配套改革试验区的实施意见（试行）》（图4-111）。

为贯彻落实创新驱动发展战略，更好地为国家与安徽省地方的经济建设和社会发展提供科技和人才支撑，着力增强自主创新能力，加快推进学校新一轮发展，学校制定了《合肥工业大学自主创新行动纲要》（图4-112）。《纲要》系统规划了学校服务于地方经济

图 4-111 中共中央 安徽省委关于实施科技规划纲要 增强自主创新能力的决定与意见

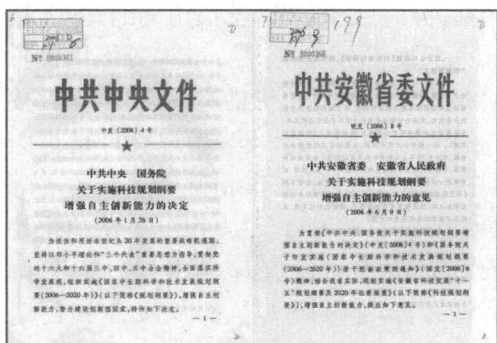

（资料来源：合肥工业大学档案馆 档号：2006-D-KY-0006、2006-D-KY-0007）

图 4-112 学校印发的《合肥工业大学自主创新行动纲要》

（资料来源：合肥工业大学档案馆 档号：2008-C-XZ-0097）

发展、开展自主创新的行动线路图，明晰了"机制先行、系统推进、重点突破"行动思路，提出了"一个特色、两个突破、三个推进、四个提高"的发展目标，拟推动实施"创新型产业核心技术重点突破、创新平台拓展、创新人才培养提升、产学研合作推进、知识产权创造"等重点行动计划，并就创新深化校内相关"人事制度、分配制度、目标管理、学科责任人制度、科技资源配置体制、基层学术组织、实验室管理体制、教学工作"等体制机制改革等做出安排。

为适应科研发展的新形势与新要求，2011年学校成立了科技服务中心，突破项目管理上传统的条块分割状况，实现信息和资源共享，开拓以广大教师为中心的一站式、集成化服务的工作模式，提高了科研管理工作效率；2016年又适时建设了科技服务大厅，集纳全部科研业务的办理。为了进一步释放创新活力，学校以科研工作的实际需求为导向，搭建了面向全校开放的"一站式"科研服务平台。这一信息服务平台由数据层、管理层、联动层构成，覆盖了科研活动全过程以及项目全生命周期的管理与服务，在经济合同审核，科研项目立项、过程和结题管理以及科研进度、资源、经费、成果及应用等全过程中实现了精细化的管理模式。实时推送的动态科研管理数据和数据应用服务大大降低了相关工作的复杂程度。通过打造"线上线下"一体化的科研管理架构，学校形成了精细规范的信息服务平台、快捷方便的一站式服务环境、协同高效的科研管理体系，建立起职能部门、学院和项目负责人三级联动的项目管理体制，在全国高校中率先实现了联合网签、高度集成的工作服务模式——"合工大经验"。这一经验与做法得到教育部与全校师生的充分肯定，曾在2018年的全国高校科技工作会议上做专门经验介绍，《中国教育报》也曾在2019

图4-113　相关媒体关于校"一站式"科研服务工作的报道

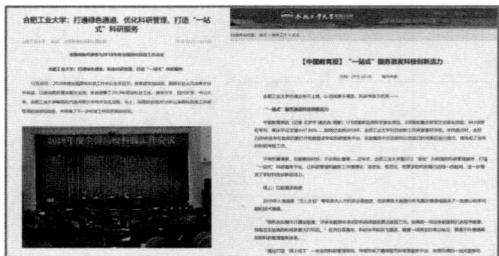

（资料来源：中国教育网）

年2月23日3版以《"一站式"服务激发科技创新活力》为题做了报道（图4-113）。

2018年，国务院印发了《关于优化科研管理提升科研绩效若干措施的通知》，教育部也下发了《关于进一步落实优化科研管理提升科研绩效若干措施的通知》（教技厅〔2018〕5号）。学校为做好文件精神的贯彻落实，以科研工作和科研人员的实际需求为导向，形成了"放管服"精细化管理模式，落实科研管理自主权，充分调动、激发学校科研人员的积极性和创造性，提升学校整体科研绩效，为此专门向教育部报告（图4-114）。2019年，学校成为教育部优化科研管理提升科研绩效"绿色通道"改革试点高校。

为贯彻落实国家创新驱动发展战略，促进学校科技成果转移转化，服务学校"双一流"建设，学校修订了《合肥工业大学促进科技成果转移转化实施办法》（图4-115）。根

图4-114　学校关于报送贯彻落实科研管理自主权情况工作报告的函

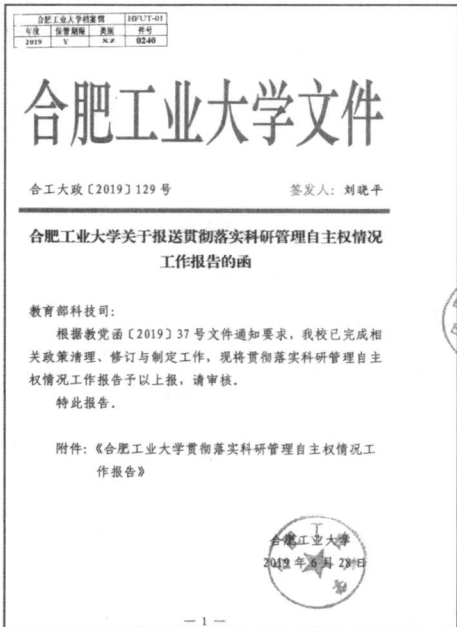

（资料来源：2019-Y-XZ-0240　合肥工业大学档案馆）

图4-115　学校印发的《合肥工业大学促进科技成果转移转化实施办法（修订稿）》

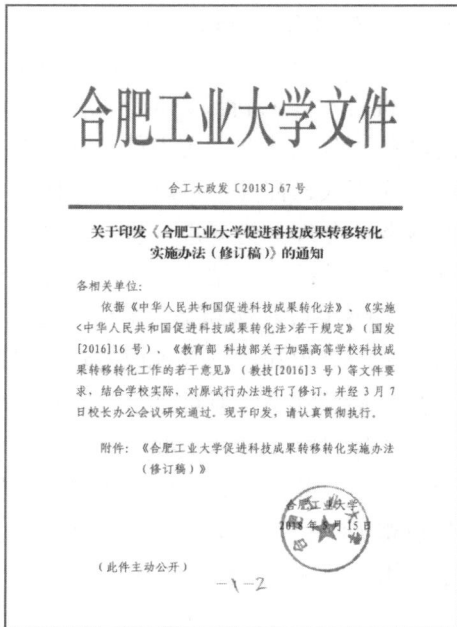

（资料来源：2018-Y-KY-0398　合肥工业大学档案馆）

据此《办法》，学校成立由主要校领导任组长、分管科研与财务的校领导为副组长、各相关职能部门负责人为成员的科技成果转移转化领导小组，负责学校科技成果转移转化的顶层设计及统筹协调。作为国家技术转移示范机构的合肥工业大学技术转移中心具体负责科技成果转移转化的日常工作。学校界定了校内各相关部门的工作职责，规定：学校科研管理部门具体负责科技成果培育、登记入库、许可、转让及年度报告编制，财务管理部门具体负责科技成果的资产评估、收益分配及奖励，资产经营部门具体负责科技成果的作价入股及资产管理，人事管理部门具体负责人事评价与考核，情报信息管理部门具体负责知识产权信息服务。以服务学校"双一流"建设为目标，建设校地合作的新模式，打造服务地方的政产学研创新平台，通过需求传导型的产学研合作，推进科技成果供给侧改革，提高科技成果转移转化率，提升产学研合作水平与层次。

近年来，因采取了积极有效的科研管理与政策引导，学校逐步构建了"四个面向"的新型科研架构体系，充分发挥了学校在工科领域的综合实力和人才聚集优势，巩固和加强了科研特色和优势，大幅提升了基础研究水平，加强跨学科、跨学院交叉特色研究中心建设，从而产生了一批具有重大影响的项目与成果。

学校首次作为主持单位承担了"国家自然科学基金基础科学中心项目"——智能互联系统的系统工程理论及应用。该项目由合肥工业大学牵头主持，清华大学、全球能源互联网研究院有限公司为合作单位。项目直接经费为5000万元，资助期5年，是安徽省首个获批主持的基础科学中心项目。2021年9月28日，"智能互联系统的系统工程理论及应用"基础科学中心项目通过了自然科学基金委的现场考察（图4-116）。该项目的成功获批，是学校"双一流"建设取得的重要成果，同时也将进一步助推学校国际知名研究型高水平大学和一批世界一流学科建设。

近年来，学校主持承担的国家科技重大项目不断取得突破，学校科技成果显示度不断提高（表4-7）。特别是学校结合国家重大项目建设与新冠肺炎疫情防控等工作需要，也研制出了一批有特色的成果，例如：校自主研制的智能移动微创医疗装备及远程服务系统，是我国唯一能够应用于舰艇长远航卫勤保障的微创装备；新一代智能拓展医疗救援方舱，是我国首套可通过搭载"运20"飞机实现高机动战略投送的微创装备；智能移动机械装备系统开发了大空间刚柔耦合高精度定位复合控制方法及系统，攻克了动态复杂环境下智能

图4-116 国家自然科学基金基础科学中心项目"智能互联系统的系统工程理论及应用"现场考察会

（资料来源：合肥工业大学新闻网）

表4-7　2015年以来学校承担的部分国家重大科研项目一览表

年度	项目名称	资助类别
2015	安徽省机械产品数控化创新研发及应用示范	国家科技支撑计划项目
2015	互联网与大数据环境下面向企业的决策理论与方法研究	国家自然科学基金创新研究群体
2015	基于3极化的肺部低场磁共振成像专用设备研发	国家自然科学基金重大科研仪器研制项目
2016	大数据知识工程基础理论及其应用研究	国家重点研发计划项目
2016	互联网与大数据环境下高端装备制造工程管理理论与方法研究	国家自然科学基金重大项目
2017	氢能利用中安全泄爆研究	国家重点研发计划项目
2018	粮油食品供应链危害物识别与防控技术研究	国家重点研发计划项目
2018	No go－B表达在胆汁代谢与胆汁淤积中的病生理功能与机制研究	国家重点研发计划项目
2018	视听媒体×××技术研究及平台开发	国家重点研发计划项目
2018	新时代背景下我国经济发展质量动态评价及其政策协同研究	国家自然科学基金重大项目
2019	跨尺度微纳米三坐标测量基础理论与技术	国家重点研发计划项目
2019	机载共形阵列天线柔性自动三维扫描测量技术与系统	国家自然科学基金重大科研仪器研制项目
2019	黄淮特色酱卤鸡肉制品质量安全保障技术的全链条综合示范	国家重点研发计划项目
2020	高新区工业废水近零排放及资源化利用技术研究与示范	国家重点研发计划项目
2020	废旧服务终端自动化拆解与高效回收利用技术	国家重点研发计划项目

注：数据统计截止日期为2020年3月

（资料来源：合肥工业大学科研院）

路径规划与自主避障技术；390-1银碳石墨电刷材料用于地面测控系统、卫星通信设备，并成功应用在"神舟"载人航天飞行工程中；围绕飞机雷电电磁耦合理论、整机雷电电磁效应评估、瞬态电磁防护技术等基础关键问题，攻克了飞机电磁瞬态仿真及防护的系列关键技术，成果打破了国外封锁，填补了国内空白。"互联网与大数据环境下面向企业的决策理论与方法研究"项目获批国家自然科学基金创新研究群体（图4-117）。

四、谋划科技基础保障，平台基地建设不断强化

科研基地和平台建设是高校科研工作的重要组成部分，加强高校科研基地和平台建设既是创新型国家建设和国家宏观科技发展战略的迫切需要，也是高校提升科技自主创新能力、增强综合实力和核心竞争力、创建高水平研究型大学的必然要求。

学校现有（联合）国家重点实验室（培育）和国家工程实验室、教育部重点实验室、教育部工程研究中心、国家地方联合工程研究中心、国家地方联合工程实验室、国家国际科技合作基地（示范型）、教育部"111"创新引智基地，省级重点实验室、工程研究中心、国际联合研究中心、国际科技合作基地等50余个，还依托学校、学院设有若干个校级实验室与工程中心，形成了国家级、部级、省级和校级四位一体的实验室和工程研究中心的研究体系。学校依托现有科研机构，充分挖掘现有学科优势，建设基础研究平台和特色研究平台。基础研究平台主要在基础研究领域深入探索，进行高水平科学研究，力争取得若干原创性的标志性成果。特色研究平台以行业、地方重大项目为牵引，服务于行业和地区的经济发展（表4-8）。

图4-117 国家基金委对学校创新群体进行实地考察

（资料来源：合肥工业大学新闻网）

表4-8 合肥工业大学现有省部级以上科研基地一览表

序号	科研基地名称	主管单位
国家工程实验室、重点实验室（培育基地）（共建）		
1	特种显示技术国家工程实验室	国家发改委
2	省部共建现代显示技术国家重点实验室（培育基地）	科技部
国家地方联合工程研究中心（工程实验室）		
3	汽车技术与装备国家地方联合工程研究中心	国家发改委
4	智能决策与信息系统技术国家地方联合工程研究中心	国家发改委
5	有色金属与加工技术国家地方联合工程研究中心	国家发改委
6	可再生能源接入电网技术国家地方联合工程实验室	国家发改委

（续表）

序号	科研基地名称	主管单位
国家国际科技合作基地（示范型）		
7	智慧养老国际科技合作基地	科技部
8	先进能源与环境材料国际科技合作基地	科技部
教育部重点实验室、工程研究中心、网上合作研究中心、省部共建协同创新中心		
9	过程优化与智能决策教育部重点实验室	教育部
10	大数据知识工程教育部重点实验室	教育部
11	光伏系统教育部工程研究中心	教育部
12	农产品生物化工教育部工程研究中心	教育部
13	安全关键工业测控技术教育部工程研究中心	教育部
14	智能决策与信息系统技术教育部工程研究中心	教育部
15	高性能铜合金材料及成型加工教育部工程研究中心	教育部
16	水泥基材料低碳技术与装备教育部工程研究中心	教育部
17	教育部IC设计网上合作研究中心	教育部
18	教育部应用物理网上合作研究中心	教育部
19	安徽省新能源汽车省部共建协同创新中心	教育部安徽省教育厅
部门及行业协会和安徽省重点实验室、重点（工程）实验室、 工程（技术）研究中心、国际科技合作基地		
20	高性能铜合金材料及成形机械工业重点（工程）实验室	机械工业协会
21	机械工业绿色设计与制造重点实验室	机械工业协会
22	智能互联系统安徽省实验室	安徽省科技厅
23	安徽省汽车技术与装备工程研究中心	安徽省发改委
24	安徽省信息处理与信息系统工程研究中心	安徽省发改委
25	安徽省水泥基材料低碳技术工程研究中心	安徽省发改委
26	安徽省智慧交通车路协同工程研究中心	安徽省发改委
27	安徽省专用系统芯片集成技术工程研究中心	安徽省发改委
28	安徽省空天系统智能管理工程研究中心	安徽省发改委
29	安徽省工业废水处理与资源化工程研究中心	安徽省发改委

（续表）

序号	科研基地名称	主管单位
30	安徽省可再生能源及工业节能工程实验室	安徽省发改委
31	安徽省有色金属材料与加工工程实验室	安徽省发改委
32	智能汽车安徽省工程实验室	安徽省发改委
33	安徽省基础设施安全检测与监测工程实验室	安徽省发改委
34	安徽省农村水环境治理与水资源利用工程实验室	安徽省发改委
35	安徽省智能数控技术及装备工程实验室	安徽省发改委
36	农产品精深加工安徽省重点实验室	安徽省科技厅
37	新能源利用与节能安徽省重点实验室	安徽省科技厅
38	土木工程结构与材料安徽省重点实验室	安徽省科技厅
39	数字化设计与制造安徽省重点实验室	安徽省科技厅
40	情感计算及先进智能机器安徽省重点实验室	安徽省科技厅
41	先进功能材料与器件安徽省重点实验室	安徽省科技厅
42	先进催化材料与反应工程安徽省重点实验室	安徽省科技厅
43	工业安全与应急技术安徽省重点实验室	安徽省科技厅
44	航空结构件成形制造与装备安徽省重点实验室	安徽省科技厅
45	测量理论与精密仪器安徽省重点实验室	安徽省科技厅
46	汽车NVH安徽省工程技术研究中心	安徽省科技厅
47	微电子机械系统安徽省工程技术研究中心	安徽省科技厅
48	粉末冶金安徽省工程技术研究中心	安徽省科技厅
49	矿产资源与矿山环境安徽省工程技术研究中心	安徽省科技厅
50	农产品生物化工安徽省工程技术研究中心	安徽省科技厅
51	安徽省先进能源材料国际科技合作基地	安徽省科技厅
52	安徽省氢安全国际科技合作基地	安徽省科技厅
53	安徽省成矿理论与找矿预测国际联合研究中心	安徽省科技厅
	智能互联系统安徽省实验室	安徽省政府
注：统计截止时间为2022年10月		

（资料来源：合肥工业大学科研院）

图4-118　学校制定修订的重点科研基地相关管理规定

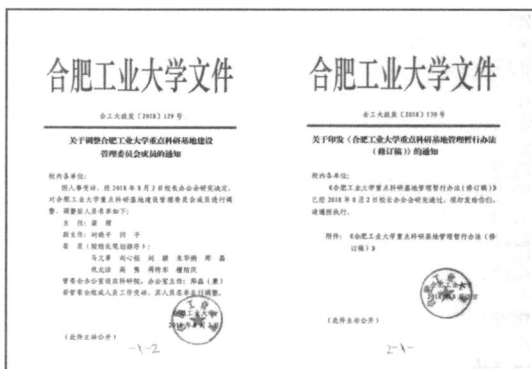

（资料来源：合肥工业大学档案馆
档号：2018-Y-KY-0399、
2018-Y-KY-0400）

通过科研基础和平台建设，集聚了一批优秀科研人才，学校的科研水平进一步提高，取得的科研项目和成果也稳步提升。为做好学校科研基地与平台管理，学校成立了重点科研基地建设管理委员会，先后制定修订了《合肥工业大学重点科研基地管理暂行办法》《合肥工业大学校企共建科研平台管理暂行办法》等相关管理工作规定与制度（图4-118）；同时，加强重点实验室与工程中心建设，适时组织验收等工作（图4-119）。

近年来，结合"双一流"建设和科技创新工作的开展，学校不断推进科研基地与平台的功能扩展，围绕国家战略需求与行业地方建设发展的需要，主动作为。学校的智能制造技术研究院、高端装备产业创新中心、光电显示产业创新中心等被列入《合肥综合性国家科学中心实施方案（2017—2020）》。承担合肥综合性国家科学中心能源研究院、人工智能研究院2个研究院子研究方向建设任务。智能制造技术研究院被认定为省级技术转移服务机构、省级科技企业孵化器和安徽省首批新型研发机构。2个中心被认定为省级制造业创新中心。新增省部级及以上基地21个，其中示范型国家国际科技合作基地2个，国家地方联合工程实验室1个，省部级科研基地18个（图4-120）。

"十四五"期间，学校将进一步强化科研基地和平台建设，依托智能互联系统安徽省实验室、高电压与飞机雷电防护平台和智慧应急平台三个方面，整合优势学科方向，推进国家重点实验室等国家级基地平台的申报和筹建工作；聚焦信息、能源、健康、环境等四大领域，加强合肥综合性国家科学中心人工智能研究院、能源研究

图4-119　学校关于报送教育部工程研究中心验收结果及验收材料的函

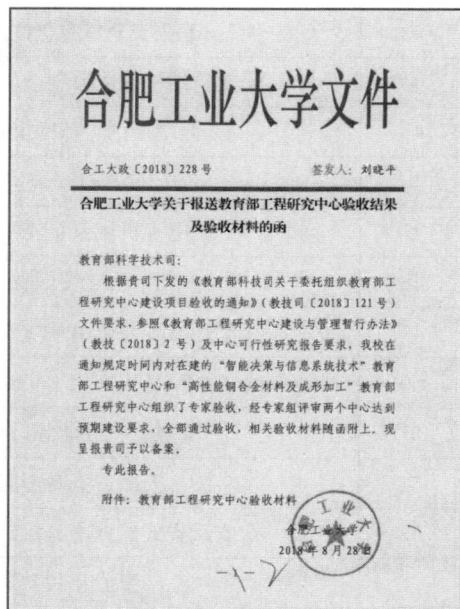

（资料来源：合肥工业大学档案馆
档号：2018-Y-KY-0401）

院等平台建设；谋划建设集成电路、机器人等一批共性技术研发平台，突破一批关键核心技术，加快新技术、新工艺、新产品的示范应用；依托G60科创走廊，融入长三角协同融合发展平台，与行业龙头企业、大型科研院所、品牌园区开展深度合作。

图4-120 关于安徽省首批新型研发机构名单的公示

（资料来源：安徽省科技厅网站）

第五章 艰苦创业与自强不息精神的缔造与传承

编者按：透过档案看今昔。通过学校初创与早期的建设发展历程，能使我们深刻感受到老一辈工大创建与建设者们，在面对艰难困苦的环境和条件，仍不懈奋斗、自力更生、艰苦创业、奋力探索，一边劳动、建校，一边教书、学习，将学校从一所职业学校发展到工业专科学校，再由单科性的本科矿业学院发展到多科性的工业大学。这种艰苦奋斗、百折不挠、顽强拼搏、自强不息的奉献精神与高贵品质，激励着一代代工大人奋勇向前。

第一节 学校初创时期的艰难办学

引言：学校肇初之时，就面临着环境恶劣，战乱遗患，办学条件、教学师资、办学经费短缺等困难。但以毕仲翰、蔡荫乔等人为代表的工专人秉承着"教育救国""工业救国"信念，发扬"艰苦奋斗、自强不息"精神，用热情和奉献熔铸了光荣传统，其忘我与无畏精神让今天的我们充满敬仰。

一、艰难创业，三易其址

1. 起步于蚌埠

1945年抗日战争胜利后，安徽省政府决定，将抗日期间设在金寨天堂湾的安徽省立工业职业学校一分为二，分别迁往蚌埠、安庆两地，另行组建，开办新校。1945年秋，这所学校的纺织、土木等班级的师生迁至蚌埠黄庄（现蚌埠一中附近），开办了安徽省立蚌埠工业职业学校，将日本侵略者占用过的数十间房屋和一座能容纳四五百人的礼堂改作为校舍（图5-1）。学校更名为安徽省立蚌埠高级工业职业学校后，积极增聘教师，扩充校舍。

1946年11月，国民党安徽省主席李品仙出巡，途经蚌埠，皖北地方各界人士公推以国民党参政员常恒芳、马景常、刘启端，立法委员陈紫枫，省参议员陈雁峰等人为代表携函面见李品仙，请求在皖北地区设立工业专科学校。李即将原函批交国民党安徽省教育厅核办。不久，李又致函淮南路矿公司，请求给予办学支持（图5-2）。

图5-2【附录】：

（李品仙信件原文如下，信中所称"兢清"为吴兢清，时任淮南铁路局局长，润琴"为王润琴，时任淮南煤矿局局长。）

兢清、润琴局长吾兄勋鉴：

抗战胜利，贵公司迅速复员，奠建国之基础，树工业之先声，仰企宏规，弥钦擘画。本省丁大劫之余，民生凋敝。治本之计，

图5-1　1945年学校初创时的草棚校舍

（资料来源：合肥工业大学档案馆
档号：1945-Y-SX12-0001）

非从遵循中央经建政策，推广工业教育不为功。国立安徽大学既未设置工学院，本省势必另设工业专科学校，培植大量工业人才，以应当前之切要。月前，皖东北收复后，弟出巡经蚌，适遇地方贤达常参政员恒芳、马参政员景常及陈立法委员紫枫诸先生，代表皖北各县公意，请利用贵矿区附近敌建房屋及配合贵公司人力、财力筹建工业专科学校一所，正与鄙见相合。故于回省后交由教育厅提付本府委员常会通过。惟兹事体大，不惟筹备时期，有赖专家之设计，即开办费一项，如建筑与设备所需，亦确非本省目前财力所能济。爰经派员前往田家庵一带，实地查勘。据报贵公司大通车站前数十丈外之敌建房屋百余间（俗称红房子），占用民地约九十亩，颇为合用，查此项敌产虽由贵公司于复业时予以接收，然迄今除少数部分住有贵公司职员眷属外，大半尚属空闲，用请赐予全部拨让，借此稍轻该校建筑部分之负担；至设备方面，本省自应设法筹募，惟际此兵燹、水灾之后，公私交困，能力究属有限，尤盼贵

图5-2　时任安徽省主席的李品仙给淮南路矿公司的函

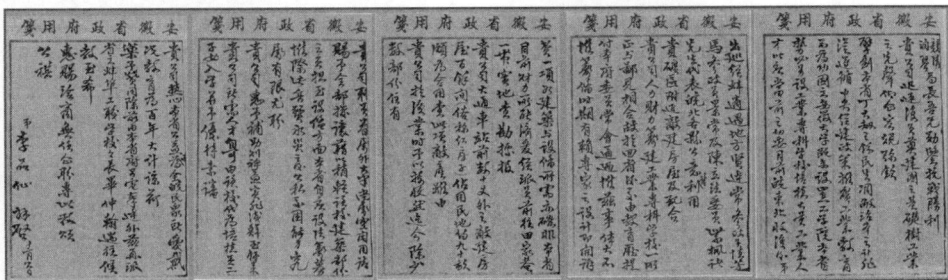

（资料来源：安徽省档案馆）

公司惠予补助，则裨益实非浅鲜。至将来贵公司所需人才，自可由该校代为培植，员工子女入学并予优待。素谂贵公司热心本省公益，而为全皖民众所爱戴，况教育为百年大计，谅荷乐于赞同。除前由本省府另电奉达外，兹再派省立蚌埠工职学校校长毕仲翰遄往候教，至希惠赐洽商，无任企盼。专此致颂公祺。

弟　李品仙 拜启
十二月二日

图5-3　安徽省立蚌埠高级工业职业学校代电（自中华民国三十六年秋季起，改设为安徽省立工业专科学校）

（资料来源：淮南市档案馆）

2. 发展于淮南

1947年1月17日，安徽省教育厅明文筹建"安徽省立工业专科学校"，并按"安徽省立蚌埠高级工业职业学校"升格办理（图5-3）。安徽工专筹委会正式成立，主任委员马景常，副主任委员毕仲翰，委员杭立武、倪荣仙、廖梓英、朱用和、程华亭、张湘泽、吴兢清等23人。3月15日，第一次筹委会决定由蚌埠黄庄迁往淮南洞山新校址办学。

淮南路矿公司积极支持这一决定，将该公司位于田家庵近郊废弃的洞山矿场房屋90间及地基百余亩，拨给该校作为校址、校舍。学校迁到洞山后，又新购土地约120亩。经过3个多月紧张的修缮、添建，学校大体分成校本部、学生生活区和新建区三个区域：校本部在修理淮南路矿公司拨让的44间旧屋的基础上，添建房屋58间，行政办公室、图书馆、教职工宿舍以及员工子弟小学、合作社、储藏室均设在这一区域；学生宿舍区以修理淮南路矿公司拨让的46间旧屋为主，添建了4间大厨房，组成学生生活区；新建区在新购的土地上建了一幢教学大楼（11间教室），一座大礼堂，一座机械厂。3个区域总建筑面积约7000平方米，而且房屋质量较差，条件简陋（图5-4、图5-5）。

建校初，学校就是在这样艰难困苦的条

图5-4　当时的安徽省立工业专科学校校园规划平面图

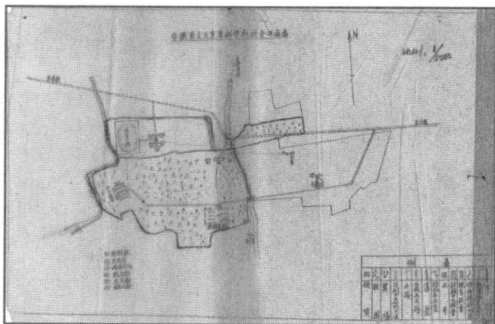

（资料来源：合肥工业大学档案馆
档号：1947-Y-DZ-0001·003）

件下，全凭师生自力更生，艰苦奋斗，克服
重重困难，一边劳动、建校，一边教书、学
习，一开始就展现了工大人艰苦奋斗、顽强
拼搏、自强不息的精神品格。

新中国成立后，学校获得了新生，在党
和人民政府的关怀下重新复校，仍称安徽省
立工业专科学校，归前皖北行政公署教育处
领导，学校的办学条件逐步改善。从1950至
1952年，学校为了适应全国高等院校系科专
业调整。校名、系科专业设置、学制、隶属
关系以及学校领导人等都作了多次调整和变
更，直至定名为淮南煤炭工业专科学校。学

图5-5　当时学校相关建筑与布局

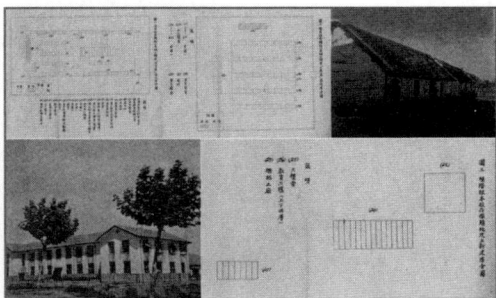

（资料来源：合肥工业大学档案馆
档号：1948-Y-DZ-0001·005）

校在党和政府的领导支持下，师生人数、教学用房、实验室、实习工厂等逐年增加，初步
改变了新中国成立前在国民党统治下的困难窘境。

1951年至1953年，学校经历了一个快速发展时期，到1953年3月，在校各类学生人
数达到1400多人。并且大力招聘教师，扩充师资队伍，1952年年底教师数量是1951年的
3.2倍。除了师资队伍建设迅速，学校在图书购置及实践设备购置、基建工作中也取得了
很大进展。

3. 壮大于合肥

1955年2月底，高等教育部和燃料工业部同意在合肥新址建校。3月9日，国务院批
示同意学校改称合肥矿业学院，迁合肥办学。1956年7月，学校由淮南洞山旧址全部迁到
合肥市南郊新址（现屯溪路193号）。在合肥建校，开始就有总体规划布局，由苏联专
家、中国专家与学校领导在一起反复研究制订了总体规划，从选址、购地到设计、备料、
施工，用一年半时间就完成了第一批约55000平方米校舍建筑任务。时任安徽省委第一书
记曾希圣就亲自为学校争取校舍建筑材料，确保建设工作的顺利进行。

当时中国和苏联关系友好，中国不少城市的很多建筑都是请苏联专家帮助设计、建设
的。合肥工业大学的建设当然也不例外，整个大楼充满着浓浓的"苏味"，整座大楼的设
计、建设是由苏联专家布斯洛夫担任总指导，为教学大楼设计规划出谋划策。主教学楼
共七层，高约25米，两侧相连的教学楼高六层，再分别接上两栋四层的配楼，为典型
的苏式建筑。主楼加东、西两幢副楼、配楼，总共约长500米，当时是合肥市最高建筑
（图5-6、图5-7）。

从1953年4月到1957年，学校经历了第二次发展高潮，这一时期不仅教师、学生人
数和校舍、设备等均比1953年之前翻了一番，而且学校完成了从专科向本科的跨越，从
工业专科学校发展到本科矿业学院，是学校发展史上的重要一页。

图5-6 合肥矿业学院位置示意图

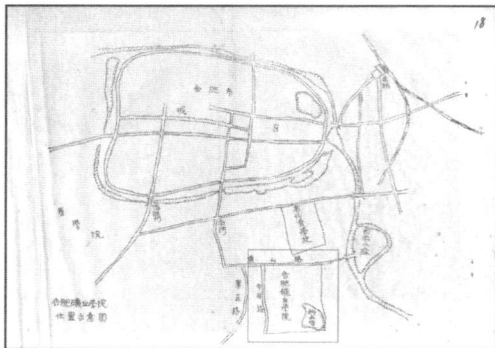

（资料来源：合肥工业大学档案馆
档号：1956-Y-DZ-0008·006）

二、踔厉奋发，谋划办学

安徽省立蚌埠工业职业学校在蚌埠成立，迁址淮南并更名安徽省立工业专科学校后，由于当时国民政府当局忙于内战，无暇顾及教育，给予的资金支持非常有限，远不能满足办学需要，所以学校虽属官办、名称省立，实则是官办民助创建起来的。

1. 选址建校

以毕仲翰校长为代表的老一代工专人经过多方奔走，努力争取，首先落实办学地址，创造与改善办学条件。在安徽省政府的指示与关心下，淮南路矿公司将洞山矿区的闲置房舍暂借给安徽省立工业专科学校作为办学使用。房舍部分主要包括住宅区、工房区两个部分。住宅区除去厕所、井亭、碉堡外，共有房屋48间，工房区除去厕所外，共有房屋46间，两区合计94间房屋（图5-8）。但这些房舍颓败严重，安徽省立工业专科学校筹委会迁入后，立即组织并由蚌埠江淮建设工厂承包修缮，1948年10月底竣工。

除去淮南路矿公司借用的房屋及相关设备外，学校还临时添建了50余间房屋，建造了大礼堂、教室大楼、机械工厂等工程项目，严格做好工程招标、工期监督、建设资金使用等的管控，确保建校工作如期开展。学校筹委会为了建筑新校舍，还在洞山矿区附近征购100余亩土地。为此，安徽省立工业专科学校筹委会还分别与淮南路矿公司与农户个人签署了契约（图5-9、图5-10、图5-11）。

图5-7 20世纪50年代末建设中的合肥工业大学主教学楼

（资料来源：合肥工业大学档案馆 档号：1958-Y-SX12-0008）

图5-8　安徽省立工业专科学校财产情况（部分）

（资料来源：合肥工业大学档案馆　档号：1948-Y-DZ-0001·001）

图5-9　安徽省立工业专科筹委会与淮南路矿公司签订的契约（部分）

（资料来源：合肥工业大学档案馆　档号：1948-Y-DZ-0001·005）

图5-10　安徽省立工业专科筹委签订的其他契约（部分）

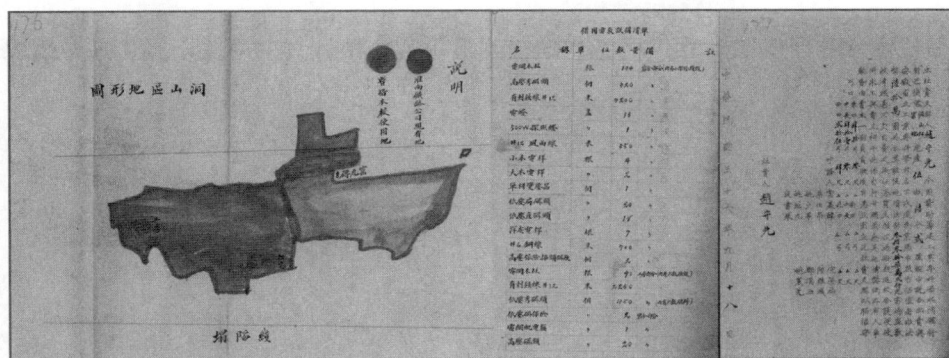

（资料来源：合肥工业大学档案馆　档号：1948-Y-DZ-0001·005）

图 5-11　安徽省立工业专科学校校园

（资料来源：合肥工业大学档案馆
档号：1955-Y-SX12-0001）

2. 筹集办学资金

安徽省立工业专科学校自筹建以后，因为是新学校，又搬迁到新址办学，所需建校与办学经费数量大、筹集困难窘状。当时，学校经费主要来源：一是由安徽省政府编列预算，省财政厅签拨经常、临时各费；二是由淮南路矿公司赞助。

截至1947年10月，在筹委会及其成员带领下，经多方努力，筹集到的开办费103050万元（当时1万元约合人民币1元），其中省政府拨发的开办费25000万元（包括：建筑费20000万元、设备费5000万元），淮南路矿公司捐助费26000万元，善后救济总署拨发工粉（面粉）50吨计值40000万元，蚌埠面粉厂捐助7000万元，怀远虞耕乡捐5000万元，杭立武（国民政府教育部次长）捐助50万元（图5-12）。

1947年下半年，学校的日常经费除省教育厅拨给的967.9万元外，淮南路矿公司补助讲座费每年3000万元（用于从京沪聘请客座教授课程酬金），补助职工用煤每月30吨，学校用电每月1500度。教学设备除自行购置外，还接收了蚌埠修械所的一些机械设备供学生实习使用。

在办学经费本就非常困难的情况下，1948年7月，国民政府安徽省财政厅未事先通知，就突然降低学校员工生活补助费，引起恐慌。为此，时任安徽省立工业专科学校校长的毕仲翰专门为教职工待遇问题给省政府的呈文（图5-13）。

图 5-12　1947安徽省立工业专科学校建筑教室大楼计划书中关于经费来源情况

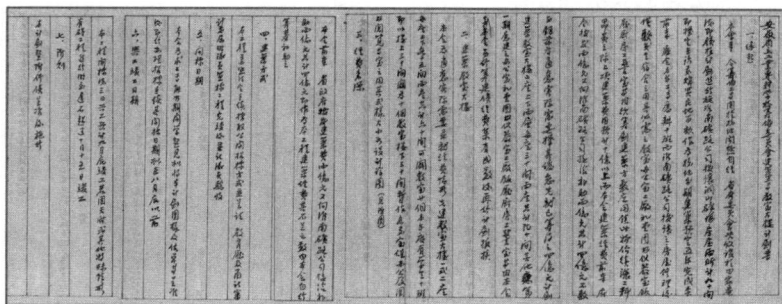

（资料来源：合肥工业大学档案馆　档号：1947-Y-DZ-0001·003）

图5-13【附录】：

毕仲翰向省政府呈文的原文：

签呈三十七年七月十日（1948年7月10日）

　　窃本校系就蚌埠高工升格，办理经费原列蚌埠区，过去一年悉依该区标准具领。乃财厅突自七月份起降低本校生活补助费，改依安徽区标准发放，员工闻讯，群情惶遽万状。查本校新创，各种客观条件尚嫌不足，因此对于专门人才之罗致，向甚困难，倘待遇再予削减，则势将造成严重之师资恐慌，且最近下学年聘书业照蚌埠区标准发出，事实上已无法重行收回。再就蚌、田两地物价比较，则因相距密迩，本无轩轾，而本省高等教育机构仅有学院及本校，田家庵又无省级机关，本校享受蚌埠区待遇，绝无令省厅感觉应付困难之处。基于上述种种情形，理合签请钧长裁夺，俯准恢复原标准，并饬财政厅即将七月份扣数予以补足，俾安众心而固校本，实为公便，谨呈主席李。

安徽省立工业专科学校校长　毕仲翰

图5-14　1945学年度安徽省立蚌埠工业职业学校教职工和学生人数统计表

人数 学期	教职工			学生	
	专任教员	兼职教员	其他职员	土木科	纺织（染织）科
第一学期	8	2	13	100	50
第二学期	24	1	16	100	50

（资料来源：合肥工业大学校史（1945—2005））

图5-13　1948年7月时任安徽省立工业专科学校校长的毕仲翰为教职工待遇问题给省政府的呈文

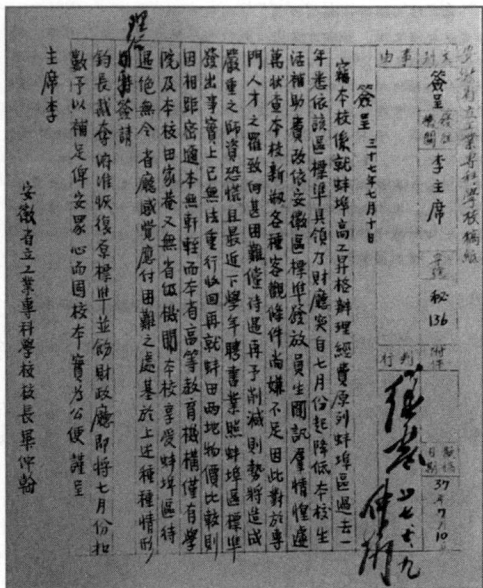

（资料来源：合肥工业大学档案馆档号：1948-Y-DZ-0001·003）

三、克服困难，增聘师资

　　学校在创建之初，师资严重紧缺，学校通过各种途径积极增聘教师。学校实行导师制，每个班设导师1人。导师参加学校训导委员会，制订学生训导计划，负责考核学生。学校成立之初，面临师资严重短缺问题。1945年，正式招收土木、纺织（染织）两科学生共150名。第一学期共有专（兼）职教员、职员23人，第二学期共有专（兼）职教员、职员41人（图5-14）。

　　关于学校师资缺乏情况，根据1959年9月

26日《合肥工大》报第二版刊发的蔚道环老师的文章《我亲眼见到学校十年来的巨大发展》中也曾有相关描述,其中写道:"我是一九四六年就到本校的前身——蚌埠高级职业工业学校读书,解放后又一直在学校工作,所以学校的发展状况历历在目。我们学校是一九四五年成立的,到一九四九年解放时,虽有四、五年的历史,但是在国民党反动派统治时期,教育事业同其他事业一样,备受摧残,根本谈不到发展。当时,我们学校虽是伪安徽省仅有的两所高等学校之一,但实际上真是差得可怜,不如我们现在的一所普通中学。那时共有学生已一、二百人,正式实验室一个都没有,我们虽然从书本上知道水银的重量是水的13.6倍,但我们要想看看水银究竟是什么样子,却没有水银。教师也很少,当时只有十余人,电机、机械、土木三个科连一个专职的专业教师都没有。记得,一九四八年我读电机三年级时,学校从南京电厂请了一位教师,这位教师要每隔两个星期,才利用一个星期天从南京到学校来上一次课,教师来的那天,整天在教室听课,教师走后,学生就没有事干,这样的教学怎么能保证质量呢。"由此可见,当时学校师资严重缺乏,甚至不能保证教学正常举行(图5-15)。

1946年7月27日,安徽省政府任命毕仲翰为安徽省立蚌埠工业职业学校校长。

1947年,学校定名为"安徽省立工业专科学校"。一面续聘学识经验丰富、成绩卓著、为学生钦佩的省立高级工业职业学校的原有教师,一面从省内、省外(主要是京沪等地)增聘新人,其中教授、副教授8人,讲师5人,教员、助教5人。1947年,此时学校共有教职工70余人。

1947年9月3日,安徽省教育厅转发省府聘书,聘毕仲翰为安徽省立工业专科学校校长。10月18日,学校正式启用"安徽省立工业专科学校"印章。

1948年,因淮海战役正在进行,本着安全考虑,学校学生提前放假。此期间,学校师生有一定程度的流失。

自1949年年初淮南解放后,学校积极组织复校开学。至7月,教职员除原留校和应邀返校的共27人,又新聘了11人,总共38人,比1948年下半年少27人。工人留校、返校的共29人,新雇用16人,合计45人(包括校警20人),与1948年人数相等。

图5-15　《我亲眼见到学校十年来的巨大发展》一文(部分)(1959年9月26日《合肥工大》报第二版　作者:蔚道环)

(资料来源:合肥工业大学档案馆　档号:1959-Y-DZ-0025)

第二节　艰苦创业与自强不息精神的缔造

引言：抗战胜利后，安徽一些有识之士怀着"教育救国"和"工业救国"的理想抱负，创建了安徽省第一所工业专科学校。以毕仲翰为代表的爱国教育人士克服重重困难，通过拟订筹备计划纲要、编制校园建设规划、制定大学章程等一系列措施，苦干实干、艰苦创业，不断扩大办学规模。在学校早期的创建过程中，老一辈工大人自力更生、不屈不挠、艰苦探索、奋力拼搏，这种精神逐步形成了工大人"自力更生、艰苦奋斗，自强不息、争创一流"的高贵品质，一代代工大人"艰苦奋斗、自强不息"精神得以缔造与传承。

一、拟定纲要，筹建工专

1945年，抗日战争胜利后，安徽省政府从日本人手中接收了淮南路矿公司（即淮南铁路公司和淮南煤矿公司）。在"教育救国"理想与抱负感召下，安徽省立工业专科学校成立并积极筹办。在由毕仲翰主笔起草的《安徽省立工业专科学校筹备计划纲要》中，由此描述："鉴于工业建国为既定之国策，兼认为工业技术人才之培养，实为当前之急务，爰由地方贤达常恒芳、马景常诸先生联系致函省府，请就皖北适中地点，设立工业专科学校一所，以应实际之需要。嗣经省府常会通过，并决由省立蚌埠高级工业职业学校之现有基础，着手筹备。"（图5-16）

图5-16　安徽省立工业专科学校草拟的《安徽省立工业专科学校筹备计划纲要》

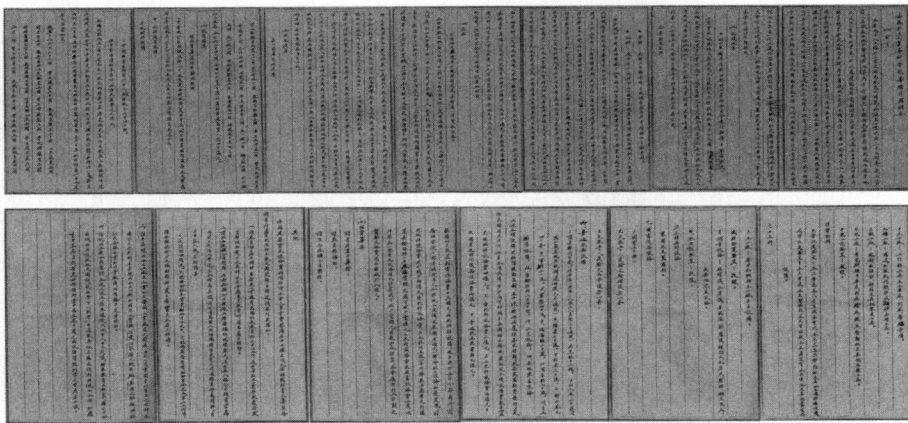

（资料来源：合肥工业大学档案馆　档号：1947-Y-DZ-0001·003）

1947年1月13日，安徽省政府发出代电，公布了安徽省立工业专科学校筹备委员会委员名单。其中常务委员为马景常、常恒芳、陈雁峰、吴兢清（淮南铁路局局长）、王润琴、柯育甫（安徽学院院长）、毕仲翰7人，马景常兼主任委员，毕仲翰兼副主任委员。同时，教育厅还发出训令，指示省立工业专科学校在省立蚌埠高级工业职业学校的基础上升格办理，淮南煤矿公司协助筹备，校址一并移设至淮南田家庵。

1947年1月15日，安徽省立工业专科学校筹建办事处在省立蚌埠高级工业职业学校设立。3月15日，学校举行了第一次全体筹备委员大会。会议修正通过毕仲翰副主任委员草拟的《安徽省立工业专科学校筹备计划纲要》及有关建校的各项章则。遵循这次会议精神，筹建办事处正式开展工作。《安徽省立工业专科学校筹备计划纲要》，对学校办学定位、设校地点、学制及设科、设班、校舍建设、设备购置、经费筹集、其他相关事项提出建设与发展规划。

学校筹建过程中，厉行节俭办学，编制《安徽省立工业专科学校校园建设规划》，在淮南捐赠地的基础上，又新购部分教学用地，规划建设教室大楼、大礼堂、体育场、学生宿舍、教职工宿舍、总办公所、实习工厂（机工厂、木工厂、锻工厂等）、子弟小学、炭窑等，严格建设项目招投标程序。为节约建校成本，还在学校附近建设了一个砖瓦窑，烧制砖瓦供应学校建设。

淮南解放后，教务长蔡荫乔及时从合肥返校，按照淮南煤矿特区党委会的工作要求，配合政府接管工作开展，第一时间组织师生返校复学。

图5-16【附录】：

《安徽省立工业专科学校筹备计划纲要》（文字稿全文）

（一）前言

本省地方人士，鉴于工业建国为既定之国策，今认为工业技术人才之培养，实为当前之急务，爰由地方贤达常恒芳、马景常诸先生联衔致函省府，请就皖北适中地点设立工业专科学校一所，以应实际之需要，嗣经省府常会通过，并决由省立蚌埠高级工业职业学校之现有基础，着手筹备，旋由省府遴聘马景常、毕中翰等二十三人为筹备委员，组织省立工业筹备委员会。兹者第一次全体委员大会，业于本年三月十五日在蚌埠举行，今以工专之设立，旨在培养高级技术人才。其必备之条件：一曰拥有足敷应用之校舍，二曰具有充实之现代设备，三曰获致适合水准之优良师资；三者缺一不可。惟丁兹百物腾贵时期，稍具规模之建筑及设备，动需数十亿，似此巨额金钱，势非本省财力所能济，爰就成立后第一年之实际需要紧缩设计。由业委会仲翰拟定筹备计划纲要草案提经大会修正通过。今后吾人将循此途径，向前迈进，冀使此百年大计之本省唯一工业教育最高学府得以早观厥成。

（二）设校地点

以田家庵为原则必要时由常务委员会重行勘择，并报省核定。

工业学校设校地点应选定交通便利及水电燃料供应充分之处，倘更能临近工业区域，使学生得以置身工业环境中，逐日有所观摩，尤称合适。查田家庵为淮南路起点，交通既便，复有淮南路矿公司之水电燃料足资利用，更有其广大之工业设备足资观摩，故于第一次全体委员大会时，多数委员均主张在田家庵设校。

（三）学制及设科

学制——先办五年制专科，日后视需要及财力，续办两年制专科。

设科——遵照府令，就蚌埠高工现有基础着手筹备，应先办机械、土木、电机三科。

依照现行学制，专科学校分五年制及两年制两种，前者招收初中毕业生，施以五年一贯之训练，后者招收高中毕业生，施以两年制之训练。本校成立后，为适应实际需要，五年制及两年制之专科，本应同时举办，庶得为本省初高中毕业生增开一升学之途径，以救济一部分学生之失学，惟以筹备时期短促，财力有限，关于设备一项，势难一次充足，而两年制专科修业期限甚短，苟于入学后，不能立时获致充分之实习机会，势将有误其学业而莫由补救，故为重视学生之实际训练起见，二年制专科，应候设备充实后再行举办。至五年制专科修业期限甚长，且一二年级注重基本学科之训练，其专门学科之实习，不若二年制专科需要之迫切，侭有时间陆续充实，故本校成立后，初期应为五年制专科，日后视需财力及需要，再行添办两年制专科，以完成本校应有之使命。关于设科方面，本会前奉省令，初就蚌埠高工之现有基础着手筹备，仍宜就该校现有科别予以维持，日后再行扩充。查该校现有机械、土木、电机三科，均为重工业之基础，切合当前实际之需要，故本校成立后，初期设科，宜暂以机、土、电三科为限，一候财力充裕自可陆续增设其他科别。

（四）设班

就经济及延揽专才便利起见，各科应一律双轨设班。

各科单轨设班，殊欠经济。同一科内足供三班五班之实习设备，苟在利用之时间上，予以适当之调度，则以之供应十班八班之实习，亦无初不足，故在经济上，各科实习设备，购置既非易易，应尽量予以利用，以发挥其极高度之效率。尤其各科课程、门类繁多，单轨设班，在延揽专才方面亦多质疑，因一科内各年级中之课程，性质均不相同，而学校延揽专任教师，又必每周使任一定之时数，如是则以少数之教师，担任门类不同之多数课程，势必至迫令不长于此类学科者而勉使担任终至教学效率为至减低，学生课业蒙其影响。若复轨设班，则一科之内，同年级至班次至少在两班以上，同门类之课程既较多，自得就各种不同之学科，延用专才，增强效率。此外五年制专科，在漫长之五年岁月中，学生流动——指休学、退学、转学而言——殆不可免，复轨，则至高年级学生减少时，同年级之班级可以合并，伸缩大可自由。基于上述三点理由，本校成立后之设班，各科至少应为一律双轨。而根据前项设科之假定，则本校今后五年内班级完成时，应为机械科十班、电机科十班、土木科十班，合计总班数应为三十班，但如增办两年制专科，其班级总数自不止此。

（五）校舍建筑

在田家庵觅地建筑。

学生饭厅兼礼堂（十二大间）折合普通二十间，教职员饭厅三间，学生接待室一间，学校接待室兼会议室三间，合作社两件，理发室一间，学生膳委会二间，木土厂四间，铸工厂四间，机工厂五间，煤工厂四间，电机实验室五间，制图教室四间，传达室及其他三间以上建筑，合计共二百四十间，每间以三百五十万计算，约需建筑费八亿四千万元。

（六）设备购置

视经费筹募情形斟酌办理。

工业学校，旨在训练技术人才，故充实各科设备，实居首要，此外图书、理化、仪器及足敷应用之普通校具，亦不可少。兹将本校成立后之初期设备，购置各述如左：

甲、各科实习设备

A. 机械科设备

下学期新旧生约有六百人，实需校舍二百四十间。

依目前市价约各估计，共需建筑费近九亿元。

根据设校地点一项所述未来之校舍殆将在田家庵觅地建筑，惟本校成立后，班级系逐年递增，建筑亦可分年着手。兹假定成立后招收新生六班，按双轨计划，每科招一年级新生两班，共三百名，连同蚌埠高工现有旧生七班合并计算，约有学生六百名，拟估计第一年之建筑及需费如左：

教师十三所共三十九间，学生寝室六十间，教职员寝室三十间，工友寝室五间。

图书室五间，一起兼理化实验室五间，学生储藏室三间，学校储藏室三间

总务处办公室三间，教务处办公室两间，训导处办公室两间，学生盥洗室六间。

浴室三间，学生厨房六间，教职员厨房一间，学生厕所五间，教职员厕所一间。

1. 木土厂——工作台、工具、木土车床、刨床、带锯等项。

2. 铸工厂——马达、打风机、化铁铲及翻砂各项工具。

3. 烧工厂——风箱、烧铁炉、铁砧及其他零星工具。

4. 机工厂——老虎钳、锉刀、车床、刨床、钻床、铣床、发动机及其他各种工具。

5. 热工试验室——徐缓。

B. 电机科

1. 电机实验室——各式电表、各式交直流发电机、各式交直流电动机及其他各项附属设备。

2. 电机实验室——各式电表、各式电报机、各式电话机、各式真空管、各式电池及其他各种仪器设备。

C. 土木科

1. 土木科——暂用机械科木土厂不另设备。

2. 材料实验室——徙缓。

3. 测量设备——经纬仪、水准仪、平板仪、罗盘仪、视距尺、水准尺、标杆、钢尺、皮尺及其他零星设备。

4. 水力实验室——徙缓。

D. 三科共同设备

制图板及制图台。

乙、图书仪器设备

1. 图书三十册

2. 足敷五十人实验之化学仪器一套

丙、普通校具设备

1. 课桌凳六百套。（蚌埠高工均系二人或三人桌凳，已不适用。）

2. 黑板十二块。

3. 双人床三百张。（高工寝室现用统铺，迁田后已不适用。）

4. 条桌三十张。

5. 棕床三十张。

6. 椅子茶几四十套。

7. 书橱二十张。

8. 书架四十张。

9. 仪器橱二十张。

10. 写字台二十张。

11. 员生厨房设备。

12. 电灯材料二百四十间（件）。

13. 浴室设备。

14. 其他零星设备。

上述各项设备，因物价波动急剧，且手边一时无法获得参考材料，故其究需经费几何，实难为精确之估计，好在各项设备，多少尚可伸缩，不无斟酌之余地。兹假定各项设备费数字如左：

1. 机械科设备费四亿元。

2. 电机科设备费三亿元。

3. 土木科设备费两亿元。

4. 图书及理化仪器设备费两亿元

5. 普通校具及电科二亿元。

根据以上假定，约需设备费十三亿元，内机械科设备，现正与保安司令部商洽，请拨蚌埠倪公司修械所内之全部机工设备及芜湖方面之一部分机工设备，如获实现，则机械科设备费，或可减少两亿元；电机科设备费，在本校成立后一年内，择其必要者先行购置，其余留待一年后陆续补充，或可减少一亿元；土木科设备费及图书设备费二者，以蚌埠高工现有之设备并入计算或可减少一亿元。前后扣合计算，本会应行列入计划之实际设备费，恐不能低于八亿元。

（七）经费筹集

请省府尽力筹拨。

请教育部补助。

请淮南路矿公司乐捐。

（其他）

依据建筑费及设备费两项估计，本会之事业费，势须在十七亿左右。此项巨额经费之筹集除请省府尽力挹注外不敷之数，定须另辟途径。兹列数端如下：

1. 请教育部尽力补助，查发展工业教育，为胜利后教育部之中心工作，过去省私立工业学校获得教育部补助者，不乏其例，故本会应具呈教育部，请其尽力补助。

2. 请淮南路矿公司捐助，淮南路矿公司握皖北经济枢纽，规模宏大。过去英人福公司捐资四十万两，成立焦作工学院，至今传为美谈。该公司为国人所组织关系更有不同，遂想其好义精神，自不甘落人后。兹拟请其：

（1）一次捐助四亿元。

（2）就淮南路客货票附加百分之十。

（3）就煤炭发售价，附加百分之三，第二三两项，仅系假该公司之协助精神，实不影响其本省之经济。

3. 请本省境内各大工厂及企业公司乐捐工业教育之发展，由于工商业家予以有力之扶持，各国亦不乏先例。本省境内各大工厂，如蚌埠之宝兴、信丰、田家庵之面粉厂、芜湖之纱厂、油厂以及安徽企业公司等厂商，均有余力，足资借助。

4. 请皖北各县分别负担本校之设立，系根据皖北地方人士之建议，将来教育之对象，虽云不分区域，而因设校地点关系，皖北学生之就学，自远较其他各处为便利，故皖北各县，似应量力而为负担。暂定每县捐助一千万至三千万元或改捐价值相当之学产若干亩。

[注：上文中的货币为当时的法币]

二、制定章程，明确宗旨

安徽省立工业专科学校筹建成立后，制定了《安徽省立工业专科学校组织规程》（以下简称《规程》）（图5-17），这是我校创办后制定的第一个学校章程。

《规程》共6章20条，内容包括：总纲、学制、组织、会议、章则、附则等，对学校的名称、办学宗旨、专业、学制、内部组织机构的组成、校务会议和学校各类会议的人员构成以及议事规则等都作了详细规定。其中《规程》在第一章"总纲"第二条规定："本校依中华民国宪法第一百五十八条之规定'以教授应用科学、养成技术人才'为宗旨。"这说明安徽省立工业专科学校筹备初期的办学定位明确，办学目标是以培养应用型工科人才为主。

图5-17　《安徽省立工业专科学校组织规程》

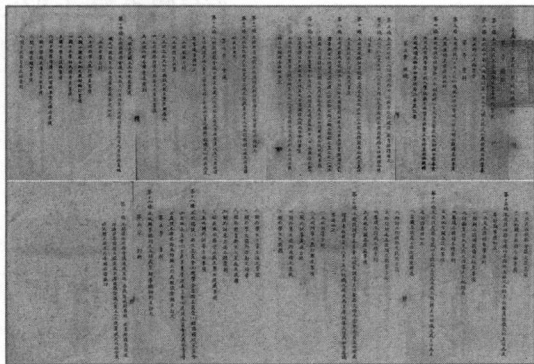

（资料来源：合肥工业大学档案馆
档号：1949-Y-DZ-0001-038）

《规程》第二章"学制"第三条对学校设置的专业也做了规定："本校暂设（1）土木工程（2）机械工程（3）电机工程三科，以后得基于事实之需要，经呈准增设他科。"这三个专业经过70多年的发展，现在已经成为具有博士学位授予权的一级学科，也是国家级"双一流"专业，为国家各个领域培养了成千上万的出色人才。

《规程》第四章第十三条对校务会议的人员构成、议题都作了明确规定："本校设校务会议，由校长、各处主任、各科主任及专任教员代表（人数依法不得超过其他人员之一倍，亦不得少于其他人员之总数）组织之，以校长为主席审议事项如左：

1. 本校校政方针；
2. 本校预算决算；
3. 本校各科及附设机构之设立、变更与废止；
4. 本校教务、训导及总务上之重要事项；
5. 本校内部各种重要章则；
6. 校长交议及其他重要事项。

从这一条来看，学校成立时就明确了以校长为主的负责制，积极推动学校治理结构建设。《规程》中其他有关议事规则的条文，同样也要求参加人员广泛并充分发扬民主。这体现出安徽省立工业专科学校在成立初期为规范学校事务管理，要求"学者参与、民主决策"。

《规程》规范了学校内部的权力边界和运行规则，在推动大学发展进程中起到了关键性作用，是我校现代大学章程中的首要文本。

图5-17【附录】:

《安徽省立工业专科学校组织规程》

（1947年，学校筹备委员会制定）

第一章　总　纲

第一条　本校定名为安徽省立工业专科学校。

第二条　本校依照中华民国宪法第一百五十八条之规定"以教授应用科学、养成技术人才"为宗旨。

第二章　学　制

第三条　本校暂设（1）土木工程，（2）机械工程，（3）电机工程三科，以后得基于事实之需要，经呈准增设他科。

第四条　本校所设各科暂系五年制，招收公立或已立案之私立初级中学毕业生或具有同等学力经入学试验及格学生。修业五年，修业期满，复经考核成绩及格者，由学校发给毕业证书。

第三章　组　织

第五条　本校设校长一人综理校务，由安徽省政府遴请、教育部聘任之。

第六条　本校各科各置主任一人，由校长聘任之，秉承校长商同教务主任办理各该科事宜。

第七条　本校设教务、训导、总务三处，各处各设主任一人，由校长聘请专任教员兼任之，秉承校长主持各该处事宜。

……　……

第四章　会　议

第十三条　本校设校务会议，由校长、各处主任、各科主任及专任教员代表（人数依法不得超过其他人员之一倍，亦不得少于其他人员之总数）组织之，以校长为主席审议事项如左:

一、本校校政方针；

二、本校预算决算；

三、本校各科及附设机构之设立、变更与废止；

四、本校教务、训导及总务上之重要事项；

五、本校内部各种重要章则；

六、校长交议及其他重要事项。

…… ……

第五章 章 则

第十九条 本校办事总则及各科处室办事总细则另订之

第六章 附 则

第二十条 本规程由校务会议通过呈送，安徽省政府核转，教育部备案后施行，必要时得由校长或出席校务会议人员五人之连署，提交校务会议修正，修正后再行层转核备施行。

三、自力更生，烧砖建校

1947年年初，安徽省政府决定在省立蚌埠高级工业职业学校的基础上，筹建安徽省立工业专科学校，当时的学校筹备委员会为节约经费，兴建砖瓦窑两座、石灰窑一座，所需砖瓦石灰等都自行烧制。1947年6月，承包商郑守富承包了此项工程，准备烧制砖瓦各三十万块、石灰十万斤，双方签订了《烧制砖瓦石灰合同》（图5-18）。

图5-18 1947年6月，安徽省立工业专科学校与承包商郑守富签订的《烧制砖瓦石灰合同》

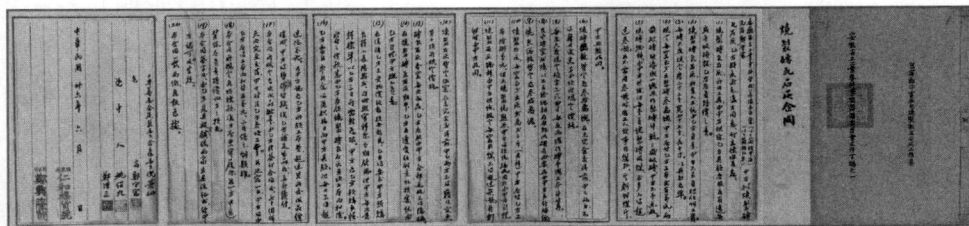

（资料来源：合肥工业大学档案馆 档号：1947-Y-DZ-0001·003）

合同中对甲乙双方的相关事宜都作了明确规定，特别是对烧制成本作了严格规定，如合同中第5条规定："烧砖燃料，由甲方供给，但每一万块整砖用煤，至多不得超过三吨。如不需三吨时，除工人炊事用煤外，所剩余煤斤，甲方照数收回。"第8条规定："瓦由砖窑代烧，以不另给燃料为原则，如确有必要，再由甲方另行补给。"第11条规定："烧制石灰燃料，由甲方供给。规定每窑用煤，不得超过七吨。有剩余时，由甲方收回。"

另外，合同对烧制砖瓦石灰的规格、数量也都作了详细规定，如合同第3条对砖的规格作如下规定："每砖尺度规定厚二寸三分，宽四寸七分，长十寸。以英制为准。"第7条

图5-19　郑兴隆号负责人郑传贵和仁和杂货号负责人王业农为被保证人承包商郑守富订立的保证书

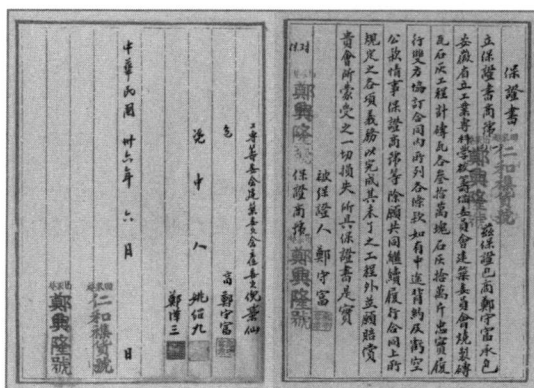

（资料来源：合肥工业大学档案馆
档号：1947-Y-DZ-0001·003）

图5-20　安徽省立工业专科学校建筑委员会主任委员倪荣仙写的收据

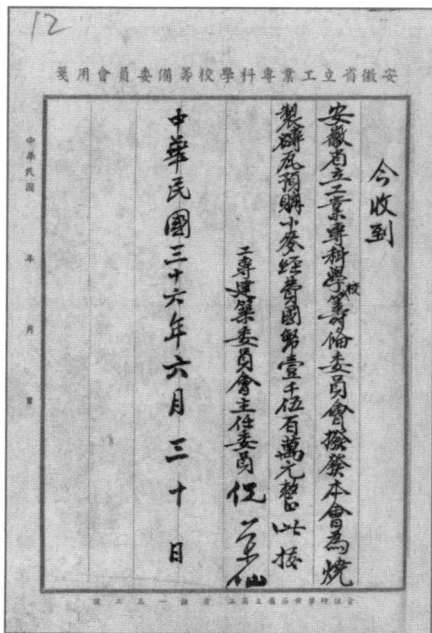

（资料来源：合肥工业大学档案馆
档号：1947-Y-DZ-0001·003）

对瓦的规格也作了规定："每瓦尺度规定棱字二尺四寸，每瓦两块作砖一块工本计算。"合同中要求每窑烧制砖块的数量："规定每窑至少出整砖三万块，甲方应付工本二百万元，两截破砖能凑成一块，此作整砖计数。三截破砖，甲方不予点收。"

整个工程包括：

1. 烧制砖瓦石灰合同。

2. 保证书（图5-19）。

3. 建筑委员会主任委员倪荣仙收到预购小麦经费国币一千五百万元条据（六月三十日）（图5-20）。

4. 致姚绍九、郑汉三（证明人）两先生笺函（九月三日）。（为函请转知承包砖瓦石灰等窑商限于一周内归还超支国币三百八十二万七千元由）……等九项内容（图5-21）。

合同最后，甲（工专筹委会）乙（承包商）以及凭中（证明）人三方签字

图5-21　安徽省立工业专科学校致姚绍九、郑汉三（证明人）两先生笺函

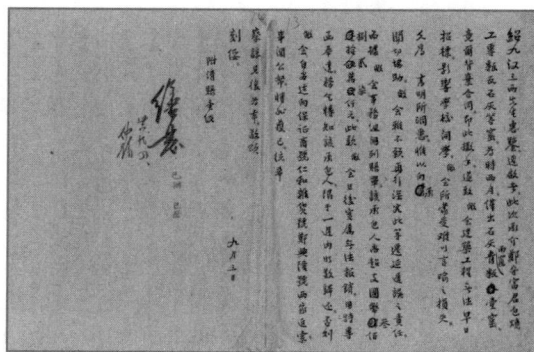

（资料来源：合肥工业大学档案馆
档号：1947-Y-DZ-0001·003）

盖章。

《烧制砖瓦石灰合同》中第17条规定："本合同所规定各项成品数量，由乙方于签订合同后，七十个晴天内完成交清，甲方付清乙方各项工本。如延迟一日，甲方得由乙方应得工本内扣付五万元，二日倍之，余类推。"

后来，因承包商郑守富未按照合同约定的七十个晴天完工，学校分别致函两位证明人姚绍九（田家庵仁和杂货号）和郑汉三（田家庵郑兴隆号）、保证商号田家庵郑兴隆号负责人郑传贵和田家庵仁和杂货号负责人王业农，要求转告承包商郑守富限一周内归还超支三百八十二万七千元（图5-22）。因承包商限期未归，亦未回复，学校又专函致

图5-22　安徽省立工业专科学校致函保证人仁和杂货号和郑兴隆号要求转告承包商郑守富限一周内归还超支三百八十二万七千元

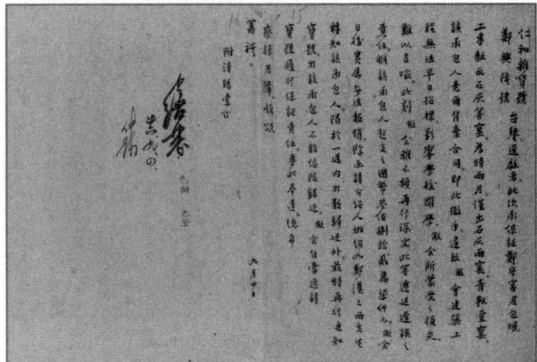

（资料来源：合肥工业大学档案馆
档号：1947-Y-DZ-0001·003）

保证商号郑兴隆号和仁和杂货号，要求三日内来筹备委员会履行保证责任，代为偿付上项超支公款。

由于承包商和保证商都未能如期归还超支款项，安徽省立工业专科学校主任委员马景常、副主任委员毕仲翰致公函安徽省第十区行政督察专员公署，为函请转饬田家庵镇公所代为依法追索包商郑守富亏空公款三百八十二万七千元（图5-23）。

图5-23　安徽省立工业专科学校主任委员马景常、副主任委员毕仲翰致公函安徽省第十区行政督察专员公署

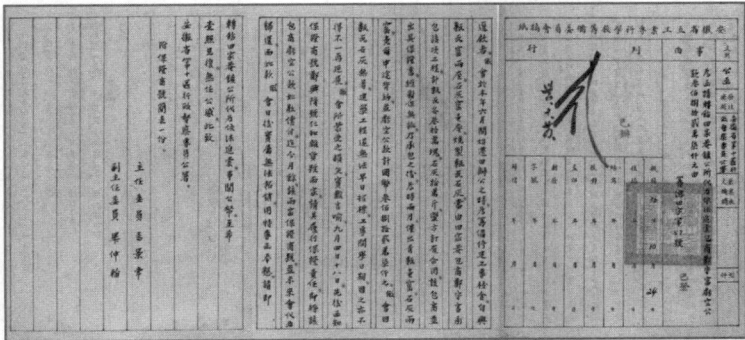

（资料来源：合肥工业大学档案馆　档号：1947-Y-DZ-0001·003）

图5-24　安徽省第十区行政督察专员公署转函田家庵镇公所

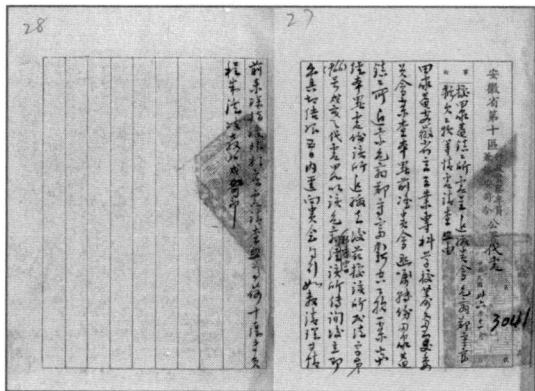

（资料来源：合肥工业大学档案馆
档号：1947-Y-DZ-0001·003）

安徽省第十区行政督察专员公署转函田家庵镇公所，该所依照民法字第（3041）号，传询包商郑守富，限五日内自行向安徽省立工业专科学校筹备委员会如数清理亏空公款（图5-24）。

安徽省立工业专科学校筹建初，当时的学校筹备委员会为节约经费，除了自行烧制砖瓦、石灰外，还有打石工程等。如：承包商汪中美承包了打石工程并订立保证书（图5-25）。

四、公开招标，建筑校舍

1947年年初，安徽省政府决定，在省立蚌埠高级工业职业学校的基础上，升格筹建安徽省立工业专科学校，校址由蚌埠黄庄迁往淮南洞山新址。淮南路矿公司拨借洞山瓦草房屋共九十余间，因破漏塌坏，不堪应用，1947年6月安徽省立工业专科学校筹备委员会决定对校舍进行修缮，并登报招标。另外，为满足师生教学、生活需要，决定建设礼堂、教室等。

1. 严格程序，公开招标

当时，工专筹委会将招标公告发布在影响较大的《皖北日报》上，招标修缮校舍启事内容如下："兹为修缮田家庵西南八华里处洞山之工专校舍，分木工瓦工两部分招标承包如下：一，舍部修缮工程分木工部分瓦工部分两个标单；二，志愿投标营造厂商于领取施工说明书及标单时须缴：1. 说明书及章则费一万元（得标与否概不退还），2. 投标保证金一百万元（不得标者开标后退还，得标者订立合同后退还）。三，领标单地点：1. 田家庵洞山工专筹委会，2. 蚌埠黄庄高工学校；四，开标日期及地点：三十六年七月一日上午十时在田家庵第

图5-25　承包商汪中美承包了打石工程并订立保证书

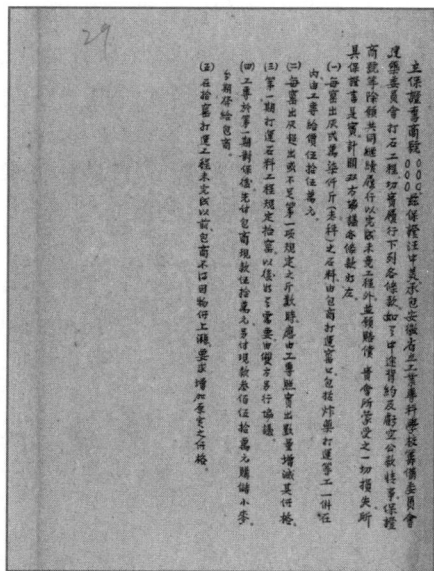

（资料来源：合肥工业大学档案馆
档号：1947-Y-DZ-0001·003）

十区专员公署当众开标。"（图5-26）

当时学校为严格程序，规范手续，加强监督，6月25日专门发电报致函安徽省教育厅厅长汪励奎，"派员届时莅临监标，以照郑重。"（图5-27）

图5-26　中华民国三十六年十二月四日《皖北日报》刊登的安徽省立工业专科学校招标修缮校舍启事

图5-27　安徽省立工业专科学校致函安徽省教育厅厅长汪励奎

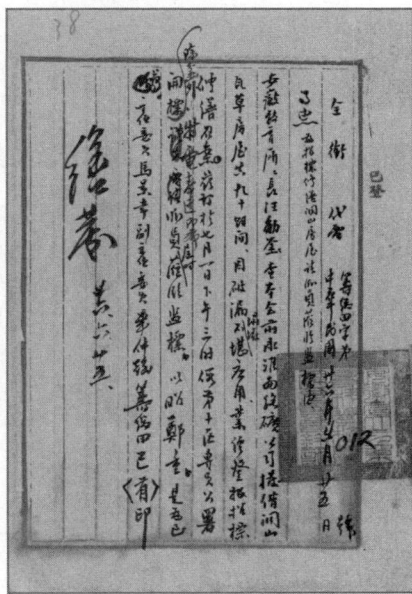

（资料来源：合肥工业大学档案馆
档号：1947-Y-DZ-0001·003）

（资料来源：合肥工业大学档案馆
档号：1947-Y-DZ-0001·003）

7月1日，开标后，蚌埠江淮建设工厂中标，总计标额88622750元（图5-28）。江淮建设工厂提供了校舍木工、瓦工部分标价单和修缮工程工料总估计表。工专筹委会和江淮建设工厂双方签订了合同（图5-29），且为了保证江淮建设工厂切实履行合同，不得中途背约或亏空公款，蚌埠恒记布厂和蚌埠汇源粮行共同签订了保证书（图5-30）。

2. 规范手续，节约成本

1947年，安徽省立工业专科学校迁至淮南洞山后，应开办教学班10个。筹备委员会修缮淮南矿务局拨让的九十间房屋，只能用于教职员工和学生的宿舍，"其必需之教室、办公室、工厂、礼堂、图书仪器室、饭厅厨房、工警室等均须筹划建筑，方敷应用。"因此，安徽省立工业专科学校计划购买农民的土地一百余亩，作为校址分期建筑，预计五年

图5-28　江淮建设工厂标单（部分）

（资料来源：合肥工业大学档案馆　档号：1947-Y-DZ-0001·003）

图5-29　安徽省立工业专科学校筹委会与江淮建设工厂签订的合同

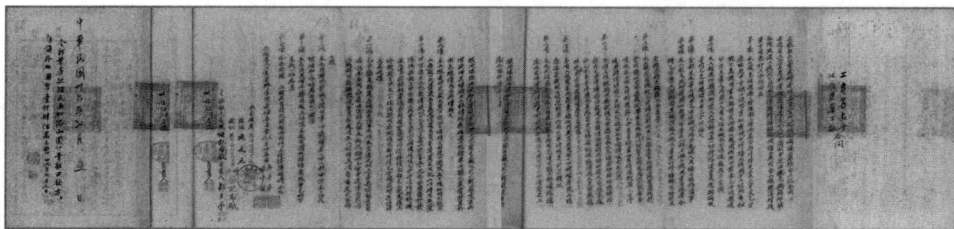

（资料来源：合肥工业大学档案馆　档号：1947-Y-DZ-0001·003）

图5-30　蚌埠恒记布厂和蚌埠汇源粮行共同为江淮建设工厂签订的保证书

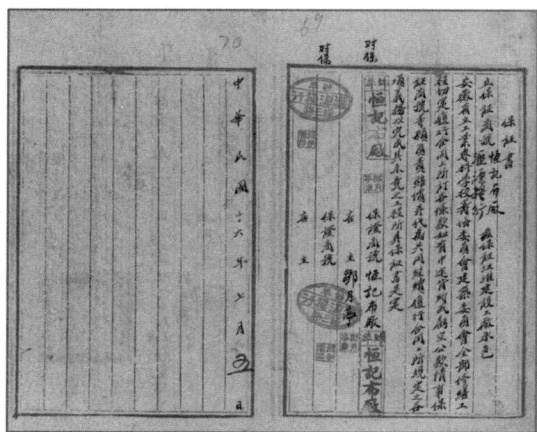

（资料来源：合肥工业大学档案馆
档号：1947-Y-DZ-0001·003）

完成。由于当时物价持续上涨、工料昂贵，建筑教室、礼堂等费用预计10亿元以上，而安徽省政府前期只拨发了2亿元，加上向淮南矿务局接洽补助2亿元，共计4亿元，经费远远不够。所以学校致电向安徽省教育厅审计处请示再行拨付经费，并附有建筑工专教室大楼一式两座计划书、预估低价书、工程施工计划说明书等（图5-31）。

当时，工专筹委会将建筑礼堂、教室的招标公告发布在全国影响最大的《中央日报》（中华民国三十六年八月二十九日）（图5-32）和在安徽省影响较大的《皖北日报》（中华民国三十六年九月二九日）上。

图5-31 建筑工专学校教室大楼一式两座预估低价书

（资料来源：合肥工业大学档案馆 档号：1947-Y-DZ-0001·003）

图5-32 中华民国三十六年八月二十九日《中央日报》刊登的安徽省立工业专科学校招标公告

（资料来源：合肥工业大学档案馆
档号：1947-Y-DZ-0001·003）

图5-33 安徽省审计处电令蚌埠直接税分局就近派员监标的代电

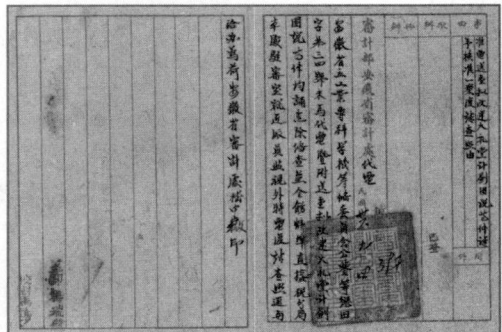

（资料来源：合肥工业大学档案馆
档号：1947-Y-DZ-0001·003）

　　为了严格程序，学校分别致电筹委会的社会各界及审计部安徽省审计处和安徽省教育厅，请派员参加监标。其中，省审计处电令蚌埠直接税分局就近派员监视，省教育厅派省立蚌埠中学叶树垣校长前往监标（图5-33、图5-34）。

　　查阅安徽省立工业专科学校筹委会关于建筑大礼堂教室开标的会议记录（图5-35）可知，在开标通知（图5-36）正式公布前，推举汪近仁、叶元龙、杨铸青、叶树垣等四位先生为监视开标人，审查标单及决定采取何种决议案，"投标标价在十亿元以上者不

图5-34 安徽省教育厅派省立
蚌埠中学校长叶树垣前往监标

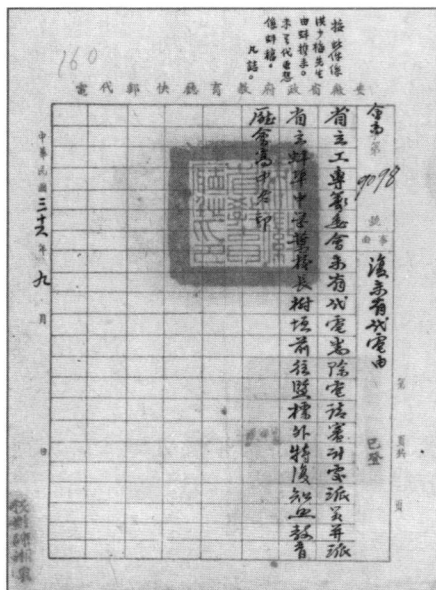

（资料来源：合肥工业大学档案馆
档号：1947-Y-DZ-0001·003）

保留，十亿元以下者保留，经审查标价后再行决标。"总共南国营造厂、大厦营造厂、江淮建设工厂、柴德记营造厂等11家建筑单位参加投标（图5-37）。经过安徽省立工业专科学校建筑校舍审查标单会议的专家讨论，决定大礼堂与教室大楼分别决标。经投标专家决议："（一）礼堂建筑以企新估价两亿五千二百五十二万零五百元为最低，应得首标，次低者为柴德记应得次标；（二）教室大楼建筑以柴德记估价四亿四千一百二十一万元为最低，应得首标，次低者为企新……"（图5-38）。

上海企新营造厂致函安徽省立工业专科学校："因敝厂路途遥远，购料亦已零碎，费用亦不节省等情，所以敝厂自愿放弃得标，权请贵校将此项工程交给次标承建。"（图5-39）因此，大礼堂建筑工程依次转让给次标得主柴德记营造厂，这样柴德记营造厂就承包了大礼堂与教室大楼两项工程。

图5-35 安徽省立工业专科学校筹委会关于建筑大礼堂教室开标的会议记录

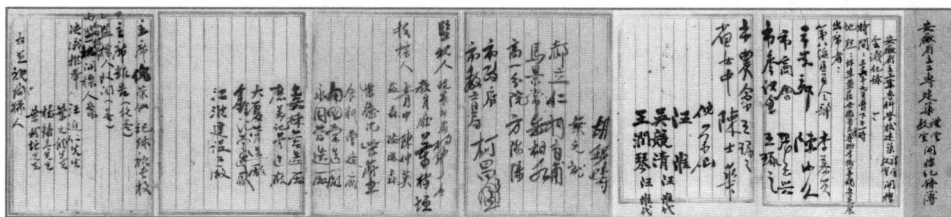

（资料来源：合肥工业大学档案馆 档号：1947-Y-DZ-0001·003）

1947年9月11日，安徽省立工业专科学校筹备委员会和柴德记营造厂签订了建筑工专大礼堂、教室大楼工程合同（图5-40）。合同中对工程费用、完成期限、违约责任等相关事项都作了约定。如第八条规定了工程的总费用："甲方应出之全部价款，国币七亿三千一百零四万元，于订立合同后，乙方得按实际需要，请由保证商店出具无利借款红条，先向甲方分期借支……"；第十条规定了工程的完工时限："本工程定自九月二十日起，七十个晴天内全部完工，乙方不得延长，如有逾期情事，每延一日，罚款五百万元，按日计

图5-36　安徽省立工业专科
学校筹委会关于建筑大礼堂教室
大楼开标的通知

图5-37　各建筑厂商关于建筑大礼
堂教室大楼投标的标价

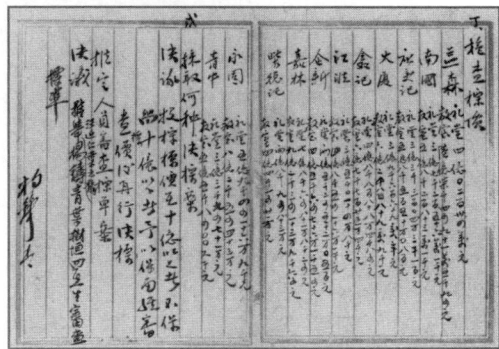

（资料来源：合肥工业大学档案馆
　档号：1947-Y-DZ-0001·003）

（资料来源：合肥工业大学档案馆
　档号：1947-Y-DZ-0001·003）

图5-38　安徽省立工业专科学校建筑校舍审查标单会议记录

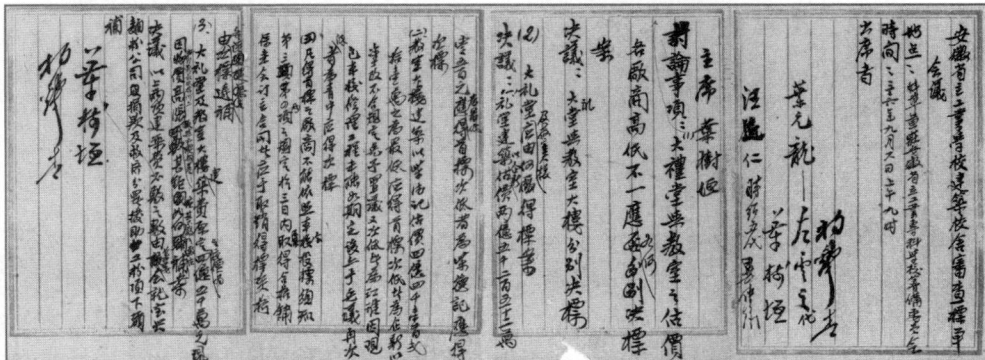

（资料来源：合肥工业大学档案馆　档号：1947-Y-DZ-0001·003）

图5-39　上海企新营造厂放弃得标权的申请

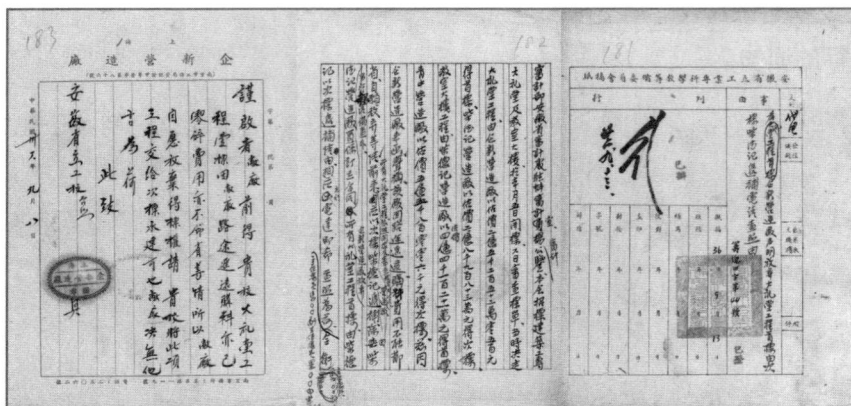

（资料来源：合肥工业大学档案馆　档号：1947-Y-DZ-0001·003）

图5-40　安徽省立工业专科学校筹备委员会和柴德记营造厂签订了建筑工专大礼堂、教室大楼工程合同

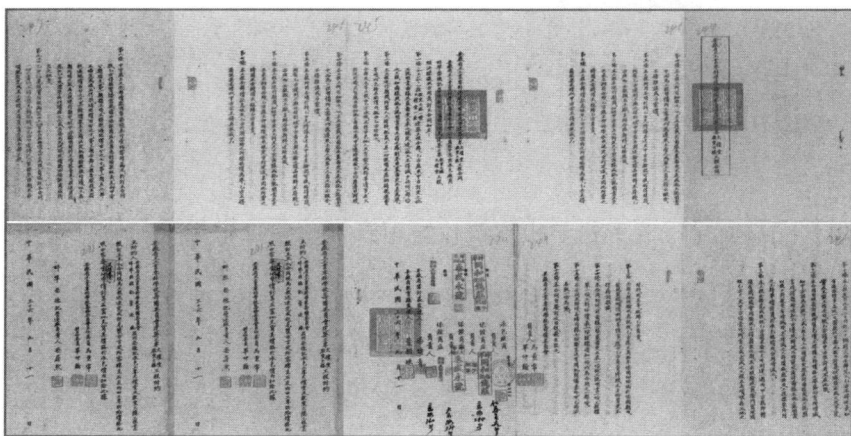

（资料来源：合肥工业大学档案馆　档号：1947-Y-DZ-0001·003）

算，但遇阴雨或天灾事变，实在不能工作之日，经乙方请求甲方准许者，不在此限。"签订合同后，双方负责人、对保商店负责人、安徽省审计处和安徽省教育厅监视人都签字盖章，甲方有工专筹委会负责人马景常、毕仲翰，承包厂商乙方有蚌埠柴德记营造厂负责人柴蔚然，保证商店负责人蚌埠同和裕记钱庄、蚌埠泰盛永号、蚌埠王恒昌药号，以及安徽省审计处监视人杨铸青、安徽省教育厅监视人叶树垣。

此外，1947年11月23日，蚌埠柴德记营造厂还承包了安徽省立工业专科学校机械工厂工程，双方签订了合同（图5-41），并就工程的时限及建筑费用进行了约定，第十条"本工程自十一月二十二日起，四十个晴天内全部完工，乙方不得延长……"，以及第八条"甲方应出之建筑费用国币三亿二千三百八十八万元，全部以面粉作价分期拨付（每袋计重一百三十二市斤，订价国币五十八万元）……"。

图5-41　蚌埠柴德记营造厂承包安徽省立工业专科学校机械工厂工程合同

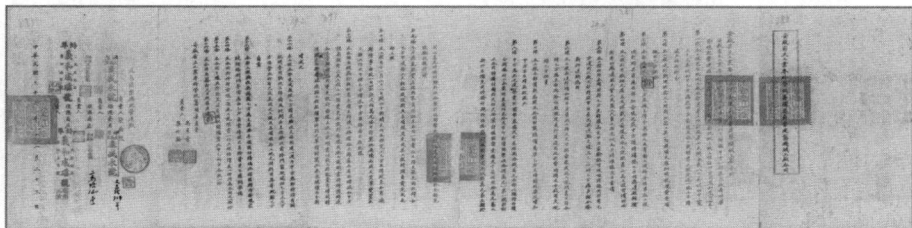

（资料来源：合肥工业大学档案馆　档号：1947-Y-DZ-0001·003）

五、加强宣传，扩大招生

抗日战争胜利后，安徽省政府教育厅决定在省立第七中等职业学校和省立蚌埠初级工业职业学校的基础上，组建成立安徽省立蚌埠工业职业学校。1945年10月24日，学生开学报到，10月28日上课。学校招收高级土木科和纺织（染织）科两科3个班，学生150人。见第一章图1-2、图1-3。

至1947年春，学校已有土木、机械、电机3科共7个班，在校学生200多人；共有教授10人：毕仲翰、蔡荫乔（教务主任）、佘小宋、顾仲勋、葛旭初（电机工程科主任）、冯汝为、叶嘉桂、陈观沧（机械工程科主任）、苏锡昌（土木工程科主任）、程元民，副教授12人，讲师9人，助教3人。

经安徽省政府同意，1947年6月3日，学校由蚌埠迁往淮南洞山新址，更名安徽省立工业专科学校，8月，在淮南洞山正式成立。因学校新办，基础差，"实习实验设备一时难以完善，而两年制专科修业期限甚短，如不能及时获致充分之实习机会，将影响其实际训练而莫由补救"。9月，学校"奉省府聘任毕仲翰代电准照备案，并准依据五年制专科课程调整改制"，学校"以教授应用科学、养成技术人才为宗旨"，设立5年制土木工程、机械工程、电机工程3科，3科"均为重工业之基础，切合当前实际需要"，招收初中毕业生入学，"施以五年一贯之训练"，边办学，边添置设备，"以后等设备充实后视需要和财力，再续办两年制专科，招收高中毕业生入学"。

学校原计划各科一律双轨设班，但1947年秋只被批准招收机械工程、土木工程、电机工程3科每科1个班新生（图5-42）。由于在蚌埠、合肥、安庆三地招生，报考人数达千人，于是增招1个义务班60人，教育厅不发这个班的人头费（图5-43）。1947年10月11日学生进校注册，10月21日上课。加上前蚌埠高级工业职业学校原有的7个班，此时学校共有11个班，在校学生425人。

图5-42　安徽省立工业专科学校1947年（民国三十六年）第二学期土木工程科、机械工程科、电机工程科学生一览表

（资料来源：合肥工业大学档案馆　档号：1947-Y-JX-0001·003）

图5-43　民国三十六年九月二日
《皖北日报》上刊登的安徽省立工业专科
学校录取新生名单

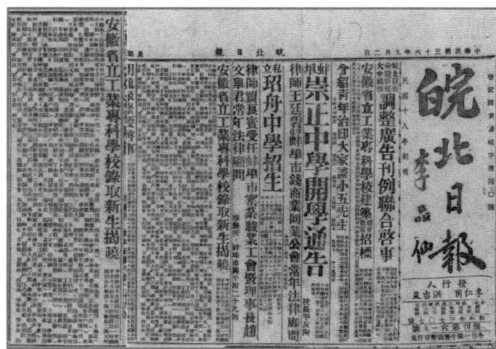

（资料来源：合肥工业大学档案馆
档号：1947-Y-DZ-0001·003）

图5-44　安徽省立工业专科学校
1948年（民国三十七年）招生简章

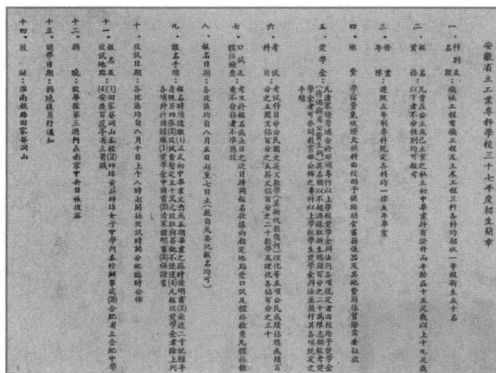

（资料来源：淮南市档案馆）

1948年学校制定招生简章（图5-44）。扩大招生宣传，录取新生增加，11月学校班级数达到13个，在校学生数达到476人。由于当时还受旧社会重男轻女思想观念的影响，女孩读书的很少，当年在校男女生比例严重失调，男生465人，女生只有11人（图5-45、图5-46）。

1948年12月，淮海战役即将取得全面胜利，徐州和皖北一大批城镇陆续解放。当时的

图5-45　安徽省立工业专科学校三十七年度（1948年）录取一年级新生名单

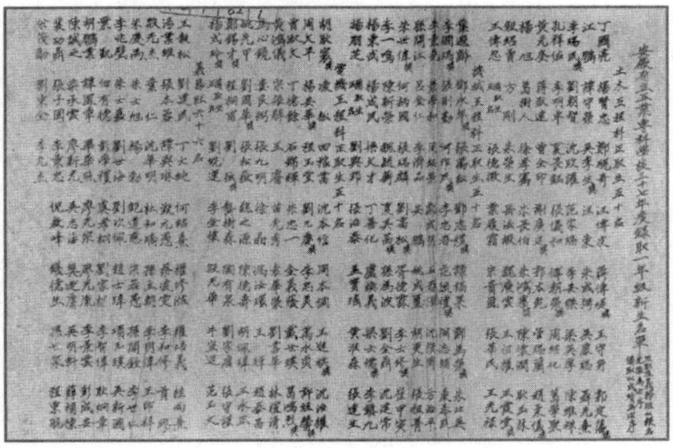

（资料来源：淮南市档案馆）

图5-46　安徽省立工业专科学校1948年（民国三十七年）第一学期班与学生统计简表

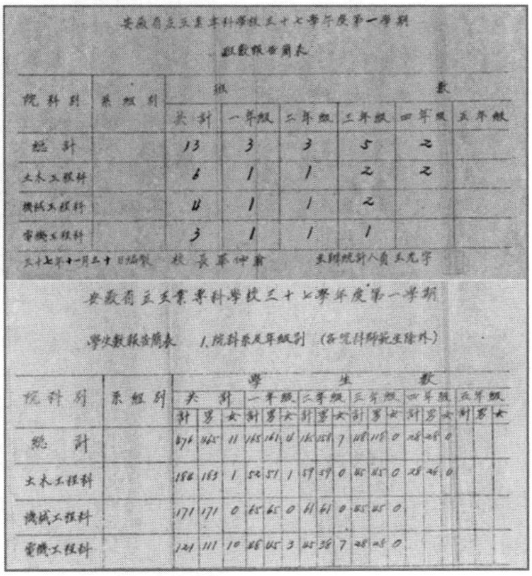

（资料来源：合肥工业大学档案馆
档号：1948-Y-DZ-0002）

淮南国民党地方政府一片混乱，许多官员纷纷作逃离的准备，社会局势十分动荡。鉴于此，学校提前放假。多数师生离开学校，有一部分教职员留在学校保护校产。

总之，新中国成立前，由于国民党反动派政府极端的反动堕落，学校在创办后的几年中，虽然是安徽省唯一的工业专科学校，但一直没有什么发展，只设有土木工程、机械工程、电机工程3科，校舍只有两百多亩平地，房屋是淮南路矿公司洞山废矿场遗留下来的90多间。教学设备极其简陋，除土木工程科的测量仪器60多件，机械工程科的非经修正不能使用的破旧车床、刨床十余部外，其他一无所有。

六、创造条件，做好复校

新中国成立后，学校获得了新生，在党和人民政府的关怀下重新复校，仍称安徽省立工业专科学校，归前皖北行政公署教育处领导。1950年1月，学校改归前华东军政委员会工业部领导，改名"淮南工业专门学校"；同年6月，改归前中央燃料工业部煤矿管理总局和前华东军政委员会教育部双重领导；10月学校改名为"淮南工业专科学校"。1950年11月、1951年3月，学校分别改名为"淮南煤业专科学校""中国煤矿工业专科学校"，至1951年5月，校名改称为"淮南煤矿工业专科学校"（图5-47）。

学校在党和政府的领导与支持下，师生人数、教学用房、实验室、实习工厂、办公室和宿舍等建筑物，一幢幢像雨后春笋般地建筑起来，仪器和机械设备也大量地添置，逐步改变了新中国成立前在伪国民政府统治下的面貌。

图5-47　淮南煤矿工业专科学校学生证

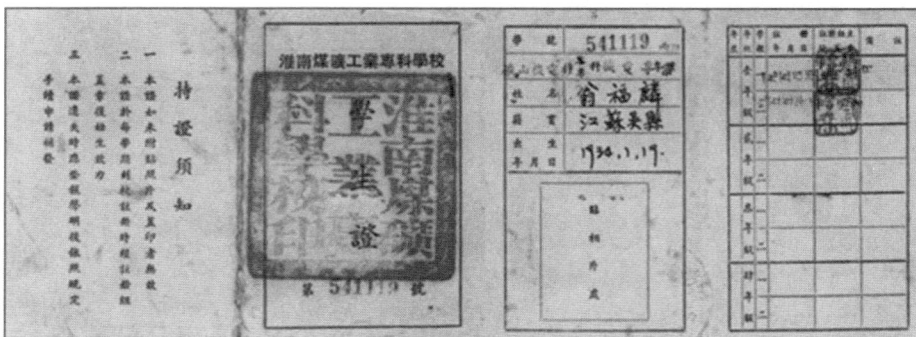

(资料来源：合肥工业大学档案馆　档号：1954-Y-JX-0001·002)

1. 顺利接管

随着解放战争的不断推进，国民党政府趋于垮台，原公立学校逐渐失去经费来源和主管部门的管理。1948年6月，中共中央宣传部发出指示，要求对各地教育机构"采取严格的保护政策"。

1949年1月17日午夜，淮南田家庵解放；1月18日，淮南大通、九龙岗相继解放。皖北人民行政公署和淮南煤矿特区人民政府先后宣告成立。2月2日，淮南煤矿特区区长赵凯派特区文教科长陈盛业同志率领教育小组前来进行接收。他们持赵凯亲笔写给"安徽省立工业专科学校负责同仁"的公函，"请将校舍、图书、仪器、校具一应设备造册三份，现有员工仍希负责照管，我们民主政府重视教育，优待一切文化人士，务希安心工作，为新民主教育事业而继续努力"。

2月11日、28日，煤矿特区人民政府两次召开全区公、私立专科与中小学原负责人及教职员代表联席会议，布置各校迅速复校上课。学校从合肥请回原教务主任蔡荫乔教授参加了2月28日会议。3月初，皖北人民行政公署、淮南煤矿特区人民政府批准了蔡荫乔、张凡中、王维山、张智珊、叶守肃、樊仲樾、方仲九、陈盛业等15人组成复校委员会，蔡荫乔为主任委员，陈盛业为副主任委员（图5-48）。在复校委员会主持下，积极开展复校工作。学校仍沿用安徽省立工业专科学校校名。

2. 整顿复校

1949年，复校工作伊始，学校着手清点原有全部校产。桌、椅、床及其他校具共1400余件，图书约3500册（大部分是自然科学方面的）。学校一面延聘教师，一面发出通告，召集学生于3月27日前回校注册，28日正式上课。除召集老生回校外，学校又补招了新生49人。1949年上半年在校学生共有266人，比1948年下半年少159人。1949年下半年学校又增招了部分新生，在校学生总数为320人，分成11个班：土木工程科一至五年级各

1个班，共5个班176人；机械工程科二至四年级各1个班，共3个班78人；电机工程科二至四年级各1个班，共3个班66人。

1949年9月，复校委员会改为校务委员会，并调整了部分人选，仍以蔡荫乔为校务委员会主任委员兼教务主任，陈盛业为副主任委员。委员有党士英（土木工程科主任、教授）、钟兴锐（机械工程科主任、教授）、娄之常（电机工程科主任、教授）、钟礼恒（电机工程科、教授）等9人。校务委员会领导学校全盘工作。

新中国成立初期，人民共和国处在经济的整顿恢复和社会民主改革时期。从1949年年初的接管、复校一直到1950年上半年，学校的工作主要是"维持与整理"，办学条件逐步改善。

图5-48　安徽省立工业专科学校复校委员会呈给皖北人民行政公署的报告

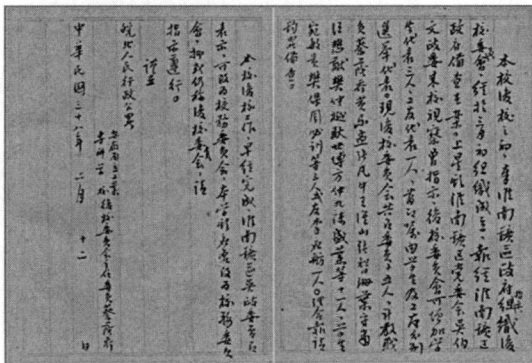

（资料来源：合肥工业大学档案馆　档号：1949-Y-DZ-0001·003）

第三节　20世纪五六十年代发扬艰苦奋斗精神的体现

引言：新中国成立后，在党的教育方针的正确指引下，学校经过两次发展高潮，逐步发展成为一所颇具规模、颇有影响的行业特色型本科高校。1955年3月，经国务院批准，学校改建为合肥矿业学院，决定1956年迁至省会合肥。在搬迁合肥、建设合肥新校区的过程中，全校师生克服重重困难，团结一心、顽强拼搏，发扬艰苦朴素、团结友爱的精神，发扬爱劳动、爱护公共财物的美德，发扬埋头苦干、勤恳踏实的作风，一面加强基础建设和迁校工作，一面坚决贯彻执行党的教育方针，开展教育革命运动，学校的各项工作都取得了很大成绩。

一、艰苦朴素精神的发扬——完成从淮南至合肥的整体搬迁

新中国成立后，国家教育事业百废待兴。党和国家工作重心战略转移，恢复经济和发展生产，迫切需要建设人才，特别是各类工业建设人才。发展高等教育，建立工科专业门类较齐全的高等教育体系，培养适应经济建设和社会发展需要的新人，成为十分重要的任务。在党的教育方针的正确指引下，学校逐步走上发展正轨，成为一所颇具规模、颇有影响的煤矿行业专科学校。

1. 调整干部，充实师资

1953年上半年，学校的党政领导班子进行了一次大的调整，相继采取了贯彻执行党的知识分子政策、调整充实师资队伍等一系列措施，学校初具规模，面貌发生了巨大变化。到1954年，教职员工达到500多人，学生1100多人，由专科发展为本科的条件基本成熟。

1955年3月9日，经国务院批准，淮南煤矿工业专科学校改建为合肥矿业学院。1955年暑期后，各专业全部招收4年制本科新生，停招专科学生。1956年7月，学校全部迁往合肥市。专业设置为5个系5个专业。1957年年底，在校学生总数达2556人，教职工总数719人，其中教师为331人。校内共设有25个教研室，28个实验室，并有规模较大的采煤模型室和机械制造厂。图书已增为20余万册，资料为1万余种，教学设备总值已近400万元。至此，学校完成了从专科向本科的跨越。从工业专科学校发展到本科矿业学院，是学校发展史上的重要一页，也为学校孕育了新的发展机遇。

在此期间，学校得到了中共安徽省委和省政府的多方关怀和支持：从1953年4月到1956年，省委调往学校的科级以上干部有30多人，其中县以上干部10余人，约占当时学校科级以上干部总数的一半。调进教师180人，其中留学归国的近20人。教师队伍也不断壮大，学校派出48名教师到外校进修，又派8名教师到苏联学习。帮助学校解决建校、迁校等方面的重大问题。安徽省委第一书记曾希圣同志和省长黄岩同志亲自带领孙宗溶校长察看合肥地形、选择校址并审查了学校建校规划图纸。在1955年合肥市要备齐一幢五层楼房的建筑材料还是比较困难的，曾希圣同志亲自为学校争取校舍建筑材料，确保了建校工作的顺利进行，并亲自题写了校名。

2. 充分准备，筹划迁校

为保证教学与迁校工作两不误，使迁校工作有领导、有计划、有组织地进行，1956年1月，学校成立了迁校工作组，开始筹划迁校工作。从各单位抽调一些干部组成了迁校办公室，并根据工作需要设立了行政事务、家具制作、设备拆卸安装和运输、财务及器材供应等五个组，于2月23日正式开始办公，积极进行各方面的准备工作。4月底，第一批教学仪器、图书及校园花草等共101吨运抵合肥新校舍。全部教学仪器设备于6月、7月、8月分三批搬迁完毕。当时，为了保证精密仪器的装箱安全起见，还从上海请来了装箱技术工人。除部分勤杂工、厨工及校警家属因受住宅房屋的限制，暂留洞山外，其余绝大部分教职员工及其家属分两批迁移，第一批迁移的教职员工和家属290余人及近2000件行李，于7月10日在迁校委员会工作人员的护送下，安全到达合肥新院址。第二批迁移的120余户教职员工和家属848人于7月20日安全到达合肥（图5-49、图5-50）。

6月7日，学校成立了庆祝迁院大会筹备委员会。确定在10月初，在合肥新院址举行系列庆祝迁院活动：一是举行第一次科学讨论会和教学法报告会，以检阅学院几年来的科学研究和教学改革工作，进一步推动和提高科学研究和教学法工作。这次讨论会的内容大致分为三类：科学研究、教学法研究和翻译文献。二是举办建校展览馆、教学改革展览馆、科学研究和培养师资展览馆、三好馆和专业展览馆。三是举行全院体育运动大会。在庆祝迁院活动中还将邀请各兄弟学校、有关生产部门和部分校友来院参加。7月4日，庆祝迁院筹备委员会举行会议，听取筹备工作情况介绍，并讨论了经费开支及邀请参加庆祝会的名单等事项。决定9月份成立筹备委员会办公室。各有关单位积极开展收集、整理、拍摄各个展览馆所需的资料、文件、实物、模型和图片等工作。

　　大规模的集体整体迁院，数千人的大迁移，在各方面都会遇到一定的困难，但全校师生员工发扬艰苦朴素、团结友爱的

图5-50　1956年7月21日《合肥矿院》报第四版刊登教职工从洞山搬迁至合肥的部分场景

（资料来源：合肥工业大学档案馆
档号：1957-Y-DZ-0182）

图5-49　1956年7月7日《合肥矿院》报第四版刊登合肥矿业学院搬迁的场景

（资料来源：合肥工业大学档案馆
档号：1957-Y-DZ-0182）

精神，发扬爱劳动、爱护公共财物的美德，发扬埋头苦干、勤恳踏实的作风，克服暂时的困难，帮助迁校委员会做好迁校工作。学校迁往合肥，对学院的发展，具有重大的历史意义。首先，合肥相较于淮南洞山来说，地理位置优越，合肥是省会，是全省的政治文化中心，靠近省委和省政府，可以更好地及时地取得安徽省党政机关的帮助，促进学校政治上更快地发展前进；其次，当时合肥市已有四所高校（安徽行政学院、安徽医学院、安徽农学院、合肥师专），可以经常地及时地交流教学经验，互相学习，这对加速教学改革的完成、教学质量的提高、科学研究工作的发展也有很大帮助；再次，就以教学用房来说，1956年下学期可以投入使用的有28000平方米，较洞山10000多平方米宽裕，质量也比洞山好。根据学院基建规划，学院发展前景令人兴奋，到1961年全部建筑工程完成后，学生规模为7500名，最后总建筑面积为24万平方米，占地总面积为60万平方米；另外，在物质生活方面，更加丰

图 5-51　1956 年 9 月 15 日《合肥矿院》报第二版刊登的中共安徽省委书记处书记桂林栖同志参加了合肥矿业学院迁校后在合肥举行的第一次开学典礼（1956—1957 学年）上的讲话

（资料来源：合肥工业大学档案馆
档号：1957-Y-DZ-0182）

富多彩。新中国成立后，尤其是国家有计划地进行社会主义建设和社会主义改造以来，合肥的工商业、交通便利条件、文化生活设施等都有利于学校的发展。

1956 年 9 月 1 日，中共安徽省委书记处书记桂林栖同志参加了迁校后在合肥举行的第一次开学典礼（1956—1957 学年），并作了重要讲话，分析了合肥矿业学院搬迁至合肥的重要性及历史意义，鼓励师生独立思考、刻苦钻研，贯彻"百家争鸣"方针，发挥师生集体智慧建设社会主义（图 5-51）。

在这一阶段，学校克服了重重困难，一面加强基础建设和迁校工作，一面坚决贯彻执行党的教育方针，开展教育革命运动，实行以教学为中心的教学、生产，通过整风运动和反右派斗争，巩固了党在学校的领导权，保证了学校的社会主义方向，学校的各项工作都取得了很大的成绩。至 1958 年学校改成为多科性的合肥工业大学，专业、教职工、学生都大幅增加。专业由原来属于采矿类的 5 个系 5 个专业，发展到包括很多工程技术类别的 8 个系 18 个专业；从 1956 年 11 月到 1959 年 4 月，教职工数量由 705 人发展到 1148 人，学生由 1770 人发展到 3912 人（包括专修班学生 310 人）。这在学校发展史上是一个有重大意义的历史阶段。

二、艰苦奋斗精神的传承——师生参与教学楼设计和建设

提起合肥工业大学，人们自然会想起北门口那幢老教学主楼，以及东西教学楼，虽然经历了 70 余年风雨，但看起来依然历久弥新。这幢红色教学楼是典型的苏式建筑，其设计、建设都有一段令人称奇的故事（图 5-52）。

合肥工业大学的教学楼是典型的苏式建筑，主楼高七层，两侧相连的教学楼高六层，再挨着的是四层高的辅楼。与主楼有一连廊贯通的是其两幢配楼，被称为东、西教学楼。顺着主楼的台阶走上前，只见两根高十几米的门柱擎着大楼，给教学楼增添了几分气势和古朴韵味，正因为此，曾有几部电影特意在此取景拍摄。

图5-52　1957年合肥矿业学院向煤炭工业部请示建筑主楼的报告

（资料来源：合肥工业大学档案馆　档号：1957-Y-DZ-0008·012）

1. 苏联专家指导，师生参与设计

一位当年曾参与教学楼设计建造的金志杰教授，谈起主教学楼曾经说过："一是高，它是当时安徽最高的楼，一共七层；二是长，主楼加东、西两幢配楼长500米，那时在全国都少见。"

说起这幢教学楼的诞生，要上溯到20世纪50年代。当时，安徽各地比较有名的高校陆续搬迁到合肥，合肥工业大学（当时还叫合肥矿业学院）也在那时从淮南搬迁到合肥。为了将教学楼设计得尽善尽美，当时的领导特意请来了苏联专家布斯洛夫担任总指导，为教学大楼设计规划出谋划策，前苏联专家的参与，使得教学楼充满着"苏味"。据金教授介绍，虽然有苏联专家参与，但具体的设计由华东（上海）煤矿设计院的雷明操刀，而具体的施工图纸最终是由当时的合工大建工系的老师带领学生完成的（图5-53）。

图5-53　合肥工业大学总体布局与航拍效果图（部分）

（资料来源：合肥工业大学档案馆　档号：1955-JJ11-0001·003、1955-JJ11-0001·004）

据1959年11月7日《合肥工大》报第二版报道的时任总务处处长陈绍藩同志撰写的回忆文章——《真挚的友谊，无私的援助——回忆苏联专家布斯洛夫同志》中有相关描述。

"1954年，苏联专家布斯洛夫同志来我校帮助建校工作，在研究建校方针时，专家认为首先要做好全校规划和总体设计工作，然后才能进行逐年设计工作，分年实施。当时我的认识是，建校任务急迫，不可能花许多时间进行这长远的规划工作，就想将总的方面大致的摆布一下，即着手搞1955年的房屋设计和施工工作。经过一再讨论，布斯洛夫同志仍坚持这个原则。校党委十分尊重与支持专家的建议，最后决定仍从全面规划着手。布斯洛夫同志很细致深入地指导我们工作，经常和孙校长研究问题到深更半夜，由全校发展规模到勘查校址、工程地质、交通、气候、环境、水电来源等问题的调查分析，多次作出几种不同的具体方案来选择比较，这都是决定建校质量高低的首要关键。"

　　文章写道："在这个基础上，接着又进行了总体设计工作，使我们逐年要建筑哪些房屋，建筑在哪里，都得到合理的安排，统一的部署，使建校工作有了全盘考虑，分别轻重缓急，有计划、有重点、有步骤地进行下去。几年来建校的经验证明，苏联专家这样做法是完全正确的，也是完全必要的。如果不这样做，就会适得其反，学校逐年发展下去，年年添建一批房屋，头痛医头，脚痛医脚，布置得很零乱，在建筑地点的安排上就可能造成不恰当不合理，甚至把次要的建筑放在重要的地点，重要的建筑却没有留下适当的位置，难于组成合适的建筑群。我们建校工作就避免这些困难，这就是在苏联先进经验指导下所获得的，也是与苏联专家坚持原则，高度负责的精神和努力分不开的。"

　　文章说："布斯洛夫同志在指导设计工作中，处处体现了理论与实际相结合的精神。他在介绍苏联情况时，一再指出要结合中国实际情况，不能生硬地搬套。他对设计的教室大小长短宽窄，实验室的工艺布置与生活用房的安排等，都作细心的分析研究，注意满足使用上的要求，哪怕是最细小的问题，都不肯放松过去，这种高度的对人的关怀的共产主义精神，实在令人感动。虽然布斯洛夫同志和我们在一起时间不长，这里所谈到的只是他工作中的一些片段，但他给予我们的启发，却是非常之大的。……"（图5-54）。

　　其实在苏联专家还未来之前，也曾"出炉"过一份图纸。据金志杰教授介绍，那份图纸上的教学主楼摆在现在科技大楼的地

图5-54　1959年11月7日《合肥工大》报第二版报道的时任总务处处长陈绍藩同志撰写的回忆文章——《真挚的友谊，无私的援助——回忆苏联专家布斯洛夫同志》

（资料来源：合肥工业大学档案馆
档号：1959-Y-DZ-0025）

方，是传统的中国自由式建筑，不把楼放在校门口，而是用一条小道实现"曲径通幽"的意境。但苏联专家一来便否定了这张图纸，并带来了苏式建筑风格。

新的图纸完成了，按照设计方案，这幢大楼共13层，但事实上主楼只有7层，这中间又发生了什么事情呢？原来，图纸在报送北京煤炭部审批时，认为13层太高了，所以减到了9层。接着到省里，省里出于对资金问题的考虑，批复时又给减了3层，变成了6层。

2. 降低建校成本，师生参加劳动

1955年各项建筑工程的造价原按每平方米105元计算，投资额为400万元。7月，为了贯彻中央在非生产性建筑中厉行节约的精神，重新修改了原有设计，降低了造价，每平方米造价由105降到40元至70元，年度投资数降低为260万元，为国家节约了140万元。10月6日，合肥矿业学院院务委员会第六次会议修订通过了《合肥矿业学院1955—56学年工作计划要点》，其中就明确了"大力加强建校工作，保证按时完成建校任务，为迁校工作积极做好一切必要的准备"。

1955年10月17日，合肥新校舍建筑工程破土动工，教学楼也正式平整土地建造。1956年，东西两幢教学楼用了几个月时间就完工。1958年，主教学楼开工兴建，面对即将建造的6层教学楼，大家都觉得太可惜了，于是便动起了脑筋，是不是可以偷偷盖高点？有了这样的想法后，合工大自己筹集了一部分资金，在建设时悄悄地加盖了一层。"看到楼顶两边留的那两个东西了吗？"金教授告诉记者，在原本的设计中，大楼是有一个塔顶的，像一顶尖尖的帽子扣在上面，但是当时没盖，"是想着以后再往上面盖的。"这也就是为什么现在我们看到的主楼是7层的原因了。（部分选自2008年10月27日《新安晚报》A11版）

1958年8月，学校因砖、木材支援大炼钢铁，主楼建筑工程暂停，至1959年4月才复工。复工后，一开始就得到了安徽省委、省人民委员会各领导部门的大力支持，教育厅调来了五十万块红砖，农业厅从梅山水库运来了木材。这给主楼工地的复工创造了物质条件。学校党委书记孙宗溶同志经常到工地现场办公，研究主楼的建设问题，解决材料供应不足的困难。党委常委吕超同志用大部分时间具体领导主楼建设工作，总务处处长陈绍藩同志拿出全部精力负责主楼基建工程的材料供应和其他有关事项。全校师生经常为主楼建设付出辛勤的劳动，土木工程系学生在暑假中参加主楼勤工助学劳动，土木工程系师生职工、麒麟山水泥厂的技工、土木工程系测量队和基建科的职工等参加了平整主楼周围的地坪。面对建筑技术力量不足时，党委就调出土木工程系教师前来支援。面对石子、木板、水泥等材料缺乏时，总务处的干部职工想尽办法，发动青壮年职工在校园内各地挖废石子，曾发动两百余职工到合肥钢厂连夜运回三百吨水泥，同时到省建筑公司木材加工厂突击制木板。正是由于职工们的苦干、实干和巧干，日夜奔忙，正是当时职工们拿出了"过五关、斩六将"的劲头，才使主楼建筑工程从复工以后没有一日中断过，才使主楼

图5-55 合肥工业大学教学主楼建设施工场景

（资料来源：合肥工业大学档案馆
档号：1957-Y-SX-0001·003）

图5-56 师生参加合肥工业大学教学主楼建设的场景

（资料来源：视频号《说合肥》中的"1958年
合肥工业大学教学主楼建设工地"）

图5-58 初步建成的合肥工业大学教学主楼

（资料来源：合肥工业大学档案馆 档号：1959-Y-DZ-0012-031）

建设工程加速推进，才使主楼的建设任务提前完成，为早日投入使用打下了坚实的基础（图5-55、图5-56、图5-57、图5-58）。

1960年7月29日，学校党委和各行政部门办公室全部迁入教学大楼三楼办公。与此同时，机械工程系各办公室和各教研组迁入西教学楼办公（图5-59）。

从1959年至1961年期间由于"大跃进"和人民公社化运动中的严重"左"倾错误，加上从1959年到1961年，中国农业连续几年遭受大面积自然灾害所导

图5-57 1959年11月22日《合肥工大》报第一版报道的学生在主楼周围平整场地

（资料来源：合肥工业大学档案馆
档号：1959-Y-DZ-0025）

致的全国性的粮食和副食品短缺危机，新中国面临成立以来最严重的经济困难，在中国历史上俗称"三年困难时期"或称"三年自然灾害"。在这样的困难条件下，全校师生团结一心、顽强拼搏，发扬艰苦奋斗、自强不息的伟大精神，终于把主教学楼建成并投入使用。

主楼的苏式造型和土土的红色，早已形成了一种深厚的文化、一种朴实的艺术，给每一名毕业生都留下深刻的印象，潜移默化地感染着每位校友，始终如一地指引着大家前进，默默无闻地激励着师生继续奋斗！

如今，主教学楼和东、西两幢教学楼已经列为省市区三级文物保护单位。2012年6月，安徽省人民政府（合肥市人民政府2013年7月）将合肥工业大学主教学楼列为重点文物保护单位。2021年4月，合肥市包河区人民政府在合肥工业大学主教学楼悬挂了"区文物安全责任公示牌"。随历经几十年的风霜洗礼，但教学主楼依然还是很适用、很坚固、很美观，在教学、科研、管理中仍然发挥着重要作用。主教学楼是学生上课、自习的重要场所，东、西两幢教学楼主要用于科研、行政办公等（图5-60、图5-61）。

此外，1956年奉煤炭工业部指示，模型工厂也由学校自行设计建造。

图 5-59　1960 年 7 月 31 日《合肥工大》报第三版报道的《党委和各行政部门全部迁入主楼办公》

（资料来源：合肥工业大学档案馆　档号：1960-Y-DZ-0028）

图5-60　合肥工业大学主教学楼被列为重点文物保护

（资料来源：现场拍摄）

图5-61　合肥工业大学主教学楼（部分）

（资料来源：现场拍摄）

三、自强不息精神的秉承——主动投入科研与生产劳动

自1954年以来，广大师生持续发扬实干、苦干精神，克服落后的物质条件等重重困难，奋发向上，逐步改变了学校落后的面貌，朝着先进的目标努力前进。

1. 贯彻教育方针，加强科学研究

1958年，学校积极贯彻党的"教育为无产阶级政治服务，教育与生产劳动相结合"的教育工作方针，及时开展教育革命运动，学校的面貌发生了深刻变化。学校实行以教学为中心的教学、生产劳动和科学研究三结合，并开展了现场教学，教学质量有了很大提高。学生参加了结合专业的生产劳动获得丰富的实际知识，克服了过去那种只懂得一般理论，不掌握生产实际，只会动口，不会动手的状态。如采矿专业四年级学生在李郢煤一矿结合现场教学，参加了该矿第一水采区的设计、施工及生产工作，并写了工作总结，学生受到了较为全面的训练（图5-62、图5-63）。

除了提高了教学工作，还有力地推动了

图5-62 采矿系师生在淮南、开滦等煤矿进行生产劳动，系统研究"水力采煤"新技术——图为学生在工人的指导下安装水泵

（资料来源：合肥工业大学档案馆
档号：1959-Y-DZ-0012·031）

图5-63 地质系师生结合地质普查在野外进行教学

（资料来源：合肥工业大学档案馆
档号：1959-Y-DZ-0012·031）

科学研究的开展。仅在半年时间内，即完成了向党献礼项目达1361项，其中属于科学研究的就达576项，价值较大的有50项。参加科学研究的不仅有教师，而且有学生，有工人。科学研究不仅解决了生产技术问题，提高了师生的科学技术水平，丰富了教学内容，还为国家创造了物质财富。

如1958年10月18日，电机电器专业的学生和教师、技工们，在党的领导和关怀下，经过两个多月的忘我劳动，战胜了无图纸、材料、设备、技术等方面的重重困难，制成了1050千瓦电动机，被选送出国在罗马尼亚展览。这是党的教育与生产劳动相结合的教

育方针，以及我校以教学为中心，教学、科研、生产三结合措施的又一光辉胜利。其中，同学们为了图纸去过哈尔滨电机厂后自行设计；为了铜线等材料到淮南煤矿、铜陵、上海采购后自行加工解决；在翻砂、加工电动机机壳的过程中，去淮南蔡家岗矿山机械厂请工人帮助；为了绝缘处理，同学们专门到上海电机厂学习、参观；等等。在整个试制过程中，师生们以冲天的干劲、顽强的毅力，战胜了各种困难，日夜坚持工作。曾经参加1050千瓦电机制造的电机教研组舒顺发同志写道："在这次参加1050千瓦电动机的制造过程中，给予我很大的教育和收获，不仅在业务上得到提高，在劳动中得到锻炼，而更重要的是，在政治上进一步体会到党所提出的破除迷信，解放思想，依靠群众的方针是完全正确的。它充分说明只要在党的领导下，发动了群众的智慧，加上群众的革命干劲，就没有克服不了的困难。"（图5-64）。

图5-64　电机工程系师生在1958年7月和10月间先后试制成功40千瓦和1050千瓦电动机。图为安装现场

（资料来源：合肥工业大学档案馆　档号：1959-Y-DZ-0012·031）

1959年4月，学校电机工程系的教师和合肥电机厂、电业局等单位协作，在资料、材料缺乏，设备不全的情况下，经过一个多月的苦干巧干，合作试制成功750千瓦水冷却发电机。水冷却发电机的制成，将为更充分利用我国丰富的水力资源，奠定了极为有利的前提。

从1958年下半年至1959年上半年，广大师生积极贯彻教学、科研、生产三结合的措施，在教学上开始改变了脱离实际的现象，为从生产实际出发开展科学研究创造了良好的条件。采矿系采煤三年级学生在开滦煤矿与矿上工人共同研究试制成功了菱苦土支架，可以代替坑木，以开滦地区计算，每年可节省坑木1万到1.5万立方米。机电四年级学生对谢一煤矿的管路排水设计，经研究提出修改意见后，为国家节约了无缝钢管。矿建专业师生在淮北闸河煤田与有关院校合作，采用了内径2.8米的震动管柱法凿井，解决了该处过流沙层的问题。地质系师生在安徽省部分地区找到了十余种稀有元素矿藏和二百多处矿点，为安徽省提供了丰富的资源条件。结合教学与普查工作，地质系师生共写出了191篇科学研究报告。机械制造系制成了对角线滚齿机、液压操纵水枪及电动、手摇两用颚式破碎机。冶金系师生和技工为适应钢厂生产需要，制成了土轧钢机。土木系教师和技工用土法和普通玻璃制成了一架水准仪。在结合生产实际的同时，猛攻尖端科学技术，电机工程系在物理工程系的协助下，制成了模拟式电子计算机，化工系提炼出半导体的原料锗和硅，提炼出了锆、钛、铍等稀有金属。物理工程系也完成了一些尖端科研项目。

通过科学研究的锻炼，学生的独立工作能力大大地提高了。如采煤专业三年级的学生编写出一本有六七万字的水力采煤讲义，地质系一年级的学生也独立地写出了92篇科学研究报告。

在完成这些项目的过程中，绝大部分师生克服了资料少、材料缺乏、知识不足等许多困难，废寝忘食，发挥集体智慧，共同研究，发扬艰苦朴素、自强不息的精神，努力取得更大的成绩。

据1958年10月29日《合肥工大》报第三版报道，繁昌县工交科写给合肥工业大学地质普查队的一篇文章《你们的干劲鼓舞着我们》（图5-65），文中写道："你们为了祖国，为了钢铁，你们的干劲冲天，白天上山，晚间开会，你们忘记了疲劳。你们在总路线的光辉照耀下，拿出了你们的光和热，不问晴雨，不分昼夜，你们执行任务是坚决的，……"当年，红色尖兵——地质系的同学们，从8月底到大别山和长江两岸13个县的广大地区，进行地质普查工作。他们在普查中，继承了我校的艰苦朴素、踏实肯干的光荣传统，发扬了我校不分昼夜、不问晴雨、奋不顾身的冲天干劲，到处受到当地党组织和政府机关以及人民群众的赞扬。

图5-65   1958年10月29日，《合肥工大》报第三版刊载的繁昌县工交科写给合肥工业大学地质普查队的文章《你们的干劲鼓舞着我们》

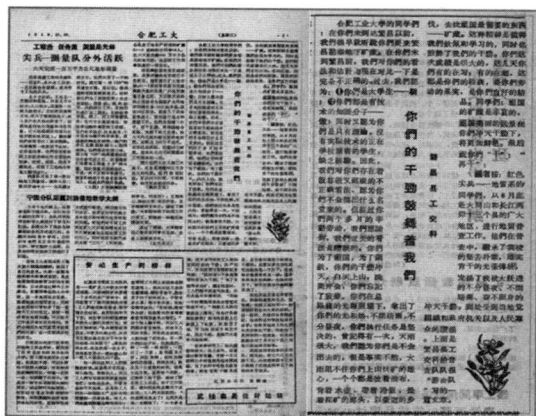

（资料来源：合肥工业大学档案馆
档号：1959-Y-DZ-0025）

2. 开展技术革新，自行设计制造仪器设备

1958年，学校坚决贯彻党的方针和政策，坚决贯彻党的建设社会主义的总路线和实现党的技术革命和文化革命，并开展以教学为中心，教学、科研与生产劳动相结合的运动；全面进行教育革命，坚决拥护和贯彻半工半读的措施。加强理论学习，加强思想改造，彻底肃清资产阶级的影响，树立无产阶级的思想，培养共产主义的思想意识、道德品

质和新风格；同时，加强理论联系实际，大办工厂，做到人人下车间，结合生产改进教学，做到个个参加体力劳动，通过劳动改造自己，达到知识分子劳动化。

　　学校根据省委指示精神和人民群众的要求，贯彻教育为政治服务，教育与生产劳动相结合的教育方针，积极开展成立人民公社、大搞炼铁炼钢运动，得到了同学们的热烈拥护，并在党的正确领导下，取得了很大的成绩。同学们通过劳动锻炼，都迫切要求提高共产主义思想觉悟，使自己非无产阶级思想得到了改造，无产阶级立场更加坚定，坚决要做一个又红又专的工人阶级知识分子。1958年10月7日，毕业生代表唐荣芝在庆祝合肥工业大学成立和第九届毕业典礼大会上说："我是分配到新疆维吾尔自治区去的，那里是祖国的边疆，是祖国多民族居住的地方，也是祖国工业基地之一，因此，我要以实际行动，贯彻党的民族政策，为建设边疆，为党的事业贡献出自己的力量。"这充分说明了我校培养的青年学子们在党的领导下，决不辜负党和国家的殷切期望，响应号召，支援边疆建设，艰苦朴素，踏实工作，坚定为母校争光的信心，努力提高为共产主义奋斗的思想觉悟，决心为党的事业献出毕生精力（图5-66）。

　　图5-66　1958年10月15日，《合肥工大》报第三版刊载毕业生代表唐荣芝的《艰苦朴素，踏实工作，为母校争光》一文

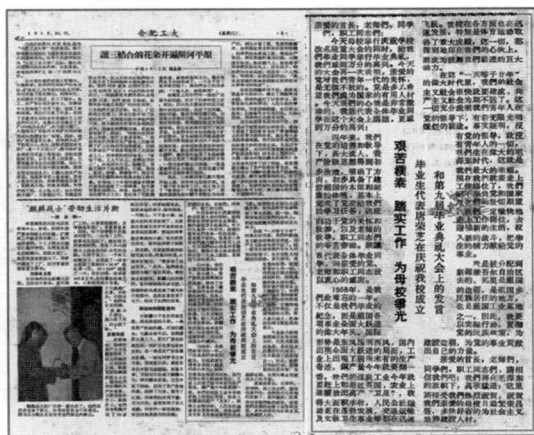

（资料来源：合肥工业大学档案馆
档号：1959-Y-DZ-0025）

　　1958年以后，为了克服困难，节约经费，师生们开展科技攻关，人人参加，个个动手，自力更生，自己设计、自己制造教学仪器和教学设备，新建和扩建了实验室，提高了教学质量。

　　为了适应新设置的机制工艺及设备专业的教学需要，机制工艺教研组全组教师与学生和机械工厂工人共同合作，先后制成了滚床精度检查仪、刚度测定仪、功率测定仪等教学设备和仪器，在教学实践中获得良好的教学效果。同时建立了一个自动化实验车间，其中包括无切屑加工的螺钉自动线、丝杆加工自动线和采用各种不同传动方式（电气程序控制、液压控制、凸轮控制、行程控制）的四台自动车床，综合解决了有关自动机床及自动线的实验和现场教学的教材、设备问题（图5-67、图5-68）。

　　地球物理探矿教研组当时在教学设备方面是"一穷二白"，有许多精密教学仪器急需使用，而又一时难以买到，所以教师们树雄心，立壮志，自己动手制作。两年来，共制成了辐射仪、万进位定标器、地震放大器、无线电报话机、综合物探仪、电子管检验器等仪

图5-67 师生开展科技攻关，研发相关仪器设备。图（中）为研发的深低温冷冻治疗仪

（资料来源：合肥工业大学校史册）

图5-68 师生开展科技攻关，研发相关机电设备

（资料来源：资料来源：合肥工业大学校史册）

图5-69 师生现场讨论相关教学科研设备问题

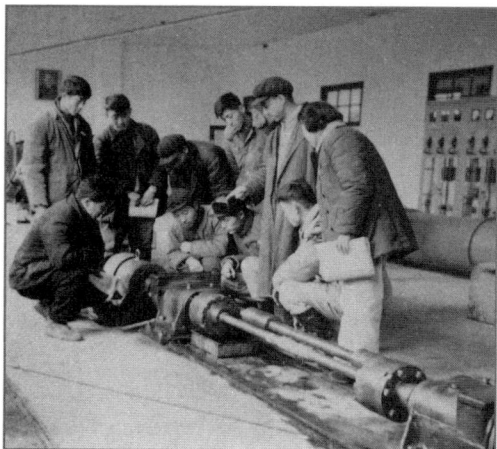

（资料来源：合肥工业大学校史册）

器。不仅为国家和学校节省了经费，而且还使师生得到了实际锻炼，获得了许多实际知识。通风安全教研室自己动手制造了瓦斯爆炸箱、煤尘爆炸试验仪一套、通风压力示范教具一套、恒温压差计四台等，并且及时用于教学，充实了实验课内容，增开了新的实验（图5-69）。

这些新的教学工具的制作，不仅保证了新的高质量实验的及时开出，而且帮助同学们深入理解了生产过程中某些重要现象的本质及其影响因素。总之，使用这些自制的现代化仪

器设备，代替了繁杂费时的笔算，使抽象的、难于领会的理论部分形象化，提高了教学质量，锻炼了师生的动手能力（图5-70）。

图5-70　1960年6月7日，《合肥工大》报第四版刊载的"自力更生，自制仪器，武装自己"专栏

（资料来源：合肥工业大学档案馆　档号：1960-Y-DZ-0028）

第六章 自强不息与追求一流的价值体现

编者按：学校深怀"工业报国"之志，秉承"厚德、笃学、崇实、尚新"的校训，贯彻党的教育方针，落实立德树人的根本任务，在做好人才培养、科学研究、学科建设、社会服务与对外合作交流的同时，还积极结合国内外形势与学校发展实际，发扬了艰苦创业、自强不息的光荣传统，克服了重重困难与挑战，科学谋划自身发展，在学校的建设与发展历程中作出了许多辉煌业绩。与此同时，在国家领导人、教育部、安徽省各级领导的关心与支持下，学校还不断加强内涵建设，采取各种有效措施，积极培育与践行着"爱国爱校、笃学问道、团结合作、尽己奉献、追求一流"的校园文化，为学校的进一步发展厚植着精神沃土。

第一节 主动谋划作为，加快新时期的创新发展

引言：1997年，原合肥工业大学与原安徽工学院合并组建为新的合肥工业大学后，学校进入新的建设与发展时期，但也同样面临着新的任务与挑战。学校始终秉承着"自强不息""争创一流"的光荣传统，能够主动作为、科学谋划，积极抓住全国高等教育大发展的机遇，整合学科专业，扩大招生规模，推进省部共建，探索多校区融合办学，推进创新型研究院建设。

一、抢抓机遇，重归教育部

1997年，新的合肥工业大学组建以及"211工程"的部门预审等工作开展，使学校出现了新气象，学校的加快发展已成为师生们的强烈愿望。1998年3月召开的九届全国人大一次会议上，通过了《关于国务院机构改革方案的决定》。改革后国务院部委由原来的40多个减少到29个，主管合肥工业大学的机械工业部改为国家机械工业局。根据《决定》精神，国务院着手制定调整撤并部门所属学校建立新管理体制的方案。近百所部属高校原则上都是中央和地方共建，其中大部分以地方管理为主，少数以中央管理为主。

经过学校领导的积极争取和全校师生的共同努力，经国务院批准，教育部通知（教厅秘函〔1998〕131号），合肥工业大学自1998年9月1日起划为教育部直属高校（图6-1）。

重归教育部是合肥工业大学发展史上的重大事件，对学校的发展有深远意义。不仅大大提高了学校的地位和声誉，还使学校从此在升高的层次上参与竞争，广泛开展交流，提高办学水平。合肥工业大学在巩固和扩大并校改革成果的基础上，适应高等教育新的发展形势，积极实行院系调整，扩大招生规模，强化内涵建设，改善办学条件，加强思想教育，在这一时期学校各项工作有了长足发展。

图6-1　教育部通知文件

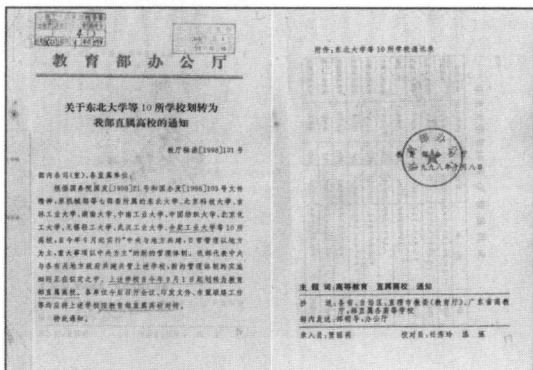

（资料来源：合肥工业大学档案馆
档号：1998-XZ11-0004·003）

二、科学谋划，扩展延伸办学

1. 翡翠湖校区建设

1999年，根据我国高等教育形势需要，全国高等学校开展大规模的扩大招生，我国高等教育进入一个新的历史发展时期。根据我校"十五"发展计划，本着"社会有需求，招生有计划，办学有条件，质量有保证"的要求，学校致力于扩大办学规模、改善办学结构、提高办学质量，但办学规模的扩大使学校现有的南北校区的容量远远满足不了今后的扩大办学需求。为此，学校决定在合肥经济技术开发区征地1500亩建设翡翠湖校区，计划把翡翠湖校区建成可容纳14000名学生、供学生学习和生活的教育基地。

图6-2　合肥大学城暨合肥工业大学新校区（翡翠湖校区）奠基典礼举行

（资料来源：合肥工业大学档案馆
档号：2001-Y-SX-0003）

2001年11月18日，"合肥大学城暨合肥工业大学新校区（翡翠湖校区）奠基典礼"隆重举行（图6-2）。安徽省、合肥市有关党政领导和广大师生员工出席了典礼。自此，新校区建设正式拉开帷幕，也标志着合肥大学城建设的成功启动。

图6-3　翡翠湖校区的励人湖景色

（资料来源：合肥工业大学档案馆
档号：2021-Y-SX-0109）

翡翠湖校区按照"整体规划、分步实施"的办法进行建设。规范招标、严格程序、提速施工、加强监督，确保建设的质量和进度。2001年12月，一期工程破土动工，完成了教学楼、学生食堂、宿舍等教学基础设施和生活设施，2002年9月，2002级5600名新生顺利入住新区。2002年12月，二期工程启动，至2003年8月交付。完成了教学大楼、体育看台、12栋学生公寓、综合服务北楼等重大工程。经过后期十余年持续不断的建设，翡翠湖校区已成为集科技、人文、环保于一体，相林碧水、书声溢谷的一道校园景观，人文、自然景观互渗互动、景色如画（图6-3）。

2. 宣城校区建设

为落实《皖江城市带承接产业转移示范区规划》和《教育部、安徽省人民政府关于共建合肥工业大学的意见》，也为贯彻落实全国教育工作会议精神和教育规划纲要，进一步深化校地合作，优化资源配置，创新办学模式，实现合作共赢，合肥工业大学和宣城市人民政府在深入调研、广泛论证、充分协商的基础上，拟合作共建合肥工业大学宣城校区。

2011年10月10日，宣城市人民政府、合肥工业大学举行《共建合肥工业大学宣城校区合作协议》签字仪式（图6-4、图6-5）。2011年10月25日，学校向教育部呈报了《关于请求批准建设合肥工业大学宣城校区的请示》。12月2日，教育部批复（教发函〔2011〕267号），同意学校在安徽省和宣城市的支持下，在宣城市选址建设新校区（图6-6）。同月，学校成立合肥工业大学宣城校区党委、管委会。2011年12月31日，合肥工业大学宣城校区举行开工典礼（图6-7）。宣城校区建设正式拉开帷幕。

2012年9月，在宣城市、学校及承建方等各方面的共同努力下，经过9个月的紧张施工，一座现代化的新校区初步

图6-4　宣城市人民政府与合肥工业大学共建协议签约仪式

（资料来源：合肥工业大学档案馆
档号：2011-Y-SX12-0187）

图6-5 宣城市人民政府、合肥工业大学共建合肥工业大学宣城校区合作协议（文本）

（资料来源：合肥工业大学档案馆 档号：2011-Y-XZ-0164）

图6-6 教育部关于合肥工业大学建设宣城校区有关问题的批复

（资料来源：合肥工业大学档案馆
档号：2011-Y-XZ-0113）

图6-7 合肥工业大学宣城校区开工典礼

（资料来源：合肥工业大学档案馆
档号：2011-Y-SX12-0277）

建成，迎来第一届2600多名新生。9月20日，合肥工业大学宣城校区举行揭牌仪式暨2012级学生开学典礼。典礼由时任学校党委书记李廉主持，时任安徽省省长李斌出席典礼并为宣城校区揭牌（图6-8）。

3. 合肥工业大学智能制造技术研究院建设

为贯彻落实"两部一省"共建意见，充分发挥合肥工业大学在智能制造技术领域的学科优势、迸发成果转化潜力，努力打造智能制造技术与装备产业发展的创新引擎，经学校与合肥市联合请示，并得到教育部、工业与信息化部、安徽省支持，合肥市与合肥工业大学共同建设合肥工业大学智能制造技术研究院（图6-9、图6-10）。

图6-8 合肥工业大学宣城校区揭牌暨开学典礼

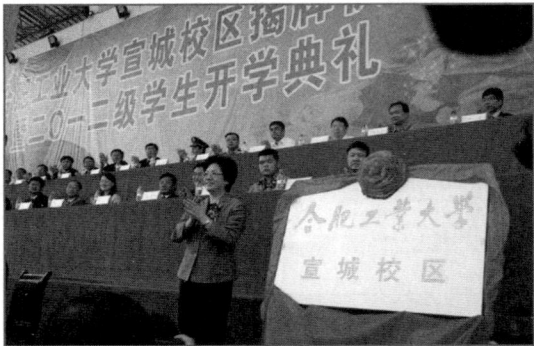

（资料来源：合肥工业大学档案馆 档号：2012-Y-SX12-0250）

智能制造技术研究院按照“省部合作、市校共建、企业协同”原则，以建立技术创新市场导向机制为动力，以“政府资金引导、政产学研合作、全球资源汇集、创新基地打造、开放平台搭建”为主要手段，以集聚创新人才、孵化高新技术企业、服务产业发展为目标，按照“1758”建设思路，即围绕“提升智能制造产业竞争优势”一条主线，主攻“高端智能装备、新材料及其制备工艺、节能与新能源汽车、新能源与储能技术、节能环保技术及装备、健康与医疗设备、物联网及大数据”七大领域，建设“智能制造技术服务中心、产品检测分析服务中心、产品设计服务中心、公共计算服务中心、创新创业中心”五个中心，形成“人才培养引进、关键技术研发、成果培育转化、质量检测评定、产品设计服务、公共计算平台、产业发展智库、国际合作交流”等八大功能，打造一流的新型产业研究院，促进合肥市打造“大湖名城、创新高地”，推动合肥工业大学创建国际知名高水平大学。

智能制造技术研究院建设坚持高位起点、改革创新、市场导向、全面开放原则，以“服务战略需求、服务社会发展、服务技术创新、服务学科建设”为宗旨，期望建成“立

图6-9 学校与合肥市联合向安徽省的请示建设合肥工业大学智能制造技术研究院

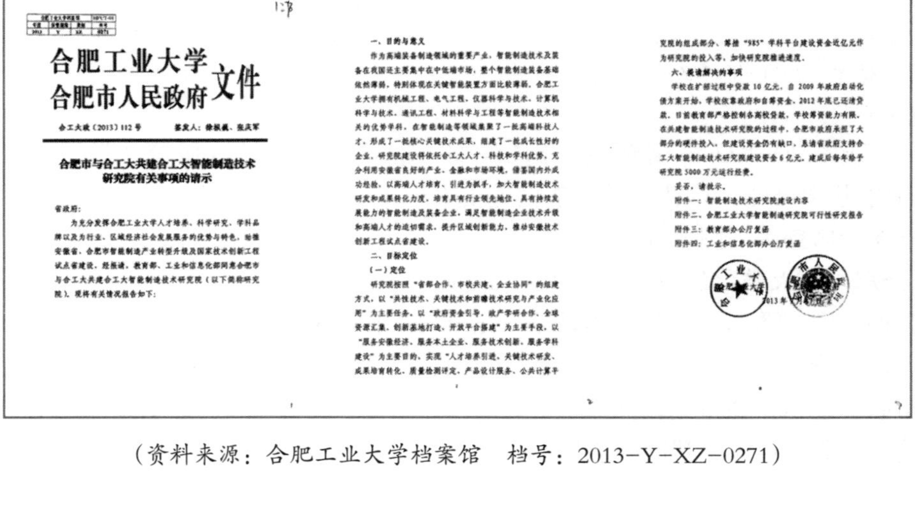

合肥工业大学
合肥市人民政府文件

合工大政〔2013〕112号　　签发人：徐枫、张庆军

合肥市与合工大共建合工大智能制造技术研究院有关事项的请示

省政府：

为充分发挥合肥工业大学人才培养、科学研究、学科品牌以及为行业、区域经济社会发展服务的优势与特色，助推安徽省、合肥市智能制造产业转型升级及国家技术创新工程试点省建设，经报请，教育部、工业和信息化部同意合肥市与合工大共建合工大智能制造技术研究院（以下简称研究院），现将有关情况报告如下：

一、目的与意义

作为高端装备制造领域的重要产业，智能制造技术及装备在我国还主要集中在中低端市场，整个智能制造装备基础依然薄弱，特别体现在关键智能装置方面比较薄弱。合肥工业大学拥有机械工程、电气工程、仪器科学与技术、计算机科学与技术、通讯工程、材料科学与工程等智能制造技术相关的优势学科，在智能制造等领域集聚了一批高端科技人才，形成了一批核心关键技术成果，组建了一批成长性好的企业。研究院建设将依托合工大人才、科技和学科优势，充分利用安徽省良好的产业、金融和市场环境，借鉴国内外成功经验，以高端人才培育、引进为抓手，加大智能制造技术研发和成果转化力度，培育具有行业领先地位、具有持续发展能力的智能制造及装备企业，满足智能制造企业技术升级和高端人才的迫切需求，提升区域创新能力，推动安徽技术创新工程试点省建设。

二、目标定位

（一）定位

研究院按照“省部合作、市校共建、企业协同”的组建方式，以“共性技术、关键技术和前瞻技术研究与产业化应用”为主要任务，以“政府资金引导、政产学研合作、全球资源汇集、创新基地打造、开放平台搭建”为主要手段，以“服务安徽经济、服务本土企业、服务技术创新、服务学科建设”为主要目的，实现“人才培养引进、关键技术研发、成果培育转化、质量检测评定、产品设计服务、公共计算平

……

究院的组成部分、筹措“985”学科平台建设资金近亿元作为研究院的投入等，加快研究院推进速度。

六、提请解决的事项

学校在扩招过程中贷款10亿元，自2009年政府启动化债方案开始，学校依靠政府和自筹资金，2012年底已还清贷款。目前教育部严格控制各高校贷款，学校筹资能力有限。在共建智能制造技术研究院的过程中，合肥市政府承担了大部分的硬件投入，但建设资金仍有缺口，恳请省政府支持合工大智能制造技术研究院建设资金6亿元，建成后每年给予研究院5000万元运行经费。

妥否，请批示。

附件一：智能制造技术研究院建设内容
附件二、合肥工业大学智能制造研究院可行性研究报告
附件三：教育部办公厅复函
附件四：工业和信息化部办公厅复函

2013年

（资料来源：合肥工业大学档案馆 档号：2013-Y-XZ-0271）

足合肥、面向安徽、辐射全国"的智能制造技术创新平台、成果培育与转化平台、高端人才培养引进平台、国际交流合作平台、创新创业机制体制研究平台，成为国内领先、高质量的新型产业研究院，成为国家智能制造产业发展的引擎、具有国际影响的智能制造成果转化基地和产业孵化基地。

三、多方协同，推进省部共建

1. 教育部和安徽省人民政府共建合肥工业大学

2006年，为深入贯彻党的十六大和十六届五中全会精神，树立和落实科学发展观，推进实施科教兴国战略、人才强国战略和中部崛起战略，加快合肥工业大学的改革和发展，使之更好地为地方经济建设和社会发展服务。2006年3月24日，教育部和安徽省人民政府签署了《关于共建合肥工业大学的意见》（图6-11）。

根据《意见》，教育部进一步加强对合肥工业大学建设和发展工作的领导，支持学校进一步深化内部管理体制和运行机制的改革和创新，支持学校主动适应新形势下国家经济建设和社会发展的需要而继续保持和发挥学科特色，不断提高人才培养质量和学术水平，使之成为我国特别是中部地区培养高素质人才、解决地方经济社会发展和科技进步重大问题的重要基地，通过多种方式为当地社会经济发展服务。

安徽省将合肥工业大学的改革和发展纳入全省整体建设和发展规划之中，积极支持学校实施"211工程"建设，努力为合肥工业大学改革与发展创造良好条件和环境。

合肥工业大学充分利用智力资源密集的优势，在人才培养、学术研究、科技创新及成果转化等方面发挥更大的作

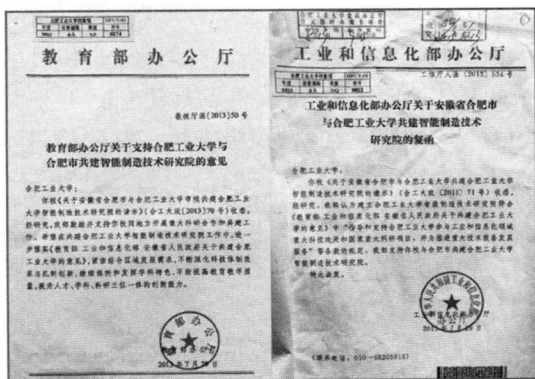

图6-10　教育部、工业与信息化部关于建设合肥工业大学智能制造技术研究院的意见

（资料来源：合肥工业大学档案馆
档号：2013-Y-XZ-0274、2013-Y-DQ-0012）

图6-11　教育部与安徽省人民政府签署《关于共建合肥工业大学的意见》

（资料来源：合肥工业大学档案馆
档号：2006-Y-XZ-0007）

用。在面向全国的同时，学校重点参与和服务安徽省的经济建设、科技进步和社会发展，全力支持安徽省重点项目的实施，努力成为优秀人才培养、输送的重要基地，为安徽省的经济建设和社会发展提供更强有力的教育、知识、科技和文化支撑。

2. 教育部、工业和信息化部、安徽省人民政府共建合肥工业大学

2013年4月24日，教育部、工业和信息化部、安徽省人民政府，在巩固以往重点共建成果的基础上，就持续重点共建合肥工业大学达成协议，签署了《关于共建合肥工业大学的意见》（图6-12），积极支持、共同推进学校"211工程"建设、"985工程"优势学科创新平台建设和高等学校创新能力提升计划（"2011计划"）——电动汽车与分布式能源协同创新中心建设；同时，支持学校根据国家、行业及区域经济和社会发展的需要进一步深化体制改革与机制创新，使学校成为国家培养高素质人才和解决行业、区域经济社会发展和科技进步重大问题的基地。

图6-12　教育部、工业和信息化部、安徽省人民政府《关于共建合肥工业大学的意见》

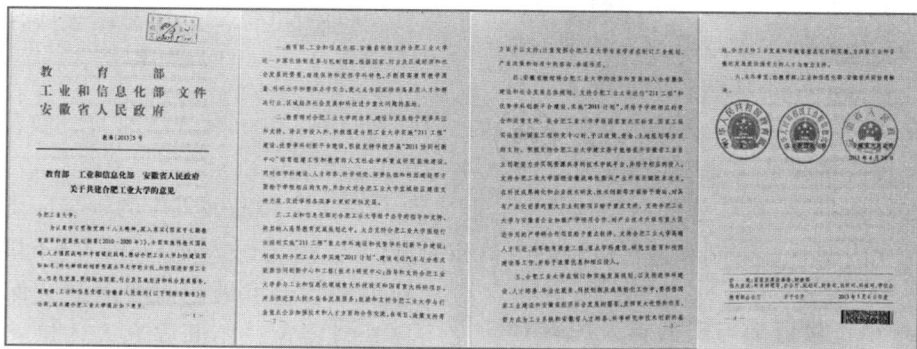

（资料来源：合肥工业大学档案馆　档号：2013-Y-XZ-0275）

根据《协议》精神，教育部将对学校的改革、建设与发展给予更多关注和支持，在学科建设、人才培养、科学研究、师资队伍、校园建设等方面给予学校相应的经费投入和政策支持，促进学校各项事业更好更快地发展。

工业和信息化部将大力支持学校围绕装备制造业和信息化产业，规划建设工业和信息化部重点实验室、国防实验室和工程（技术）研究中心。指导和支持学校参与装备制造业以及信息产业、国防军工领域等重大科技攻关和国家重大科研项目，为推进重大技术装备发展服务。

安徽省继续将学校的改革和发展纳入全省整体建设和社会发展的总体规划；在学校申报国家重点实验室、国家工程实验室和国家工程研究中心时，在政策、资金、土地规划等方面给予支持；同时，积极支持学校建立若干能够提升安徽省工业自主创新能力并实现资

源共享的技术中试平台，围绕安徽战略性新兴产业开展关键技术攻关，在科技成果转化和企业技术研发、技术创新等方面给予资助，对具有产业化前景的重大自主创新项目给予重点支持；进一步支持学校高端人才引进、高等教育质量工程、重点学科建设和校园建设等工作，并给予政策优惠和相应投入。

学校在制定建设与发展规划和学科建设、人才培养、毕业生就业、科技创新及成果转化工作中，将根据国家装备制造业和安徽经济社会发展的需要，发挥更大优势和作用，努力成为装备制造业和安徽省人才培养、科学研究和技术创新的基地，全力支持装备制造业和安徽省重点项目的实施，为国家装备制造业和安徽地方社会经济发展提供强有力的人才与智力支持。

3. 国防科工局和教育部共建合肥工业大学

为深入贯彻落实国家创新驱动发展战略和军民融合发展战略，助力推进世界一流大学和一流学科建设，建立健全国防科技协同创新机制，充分发挥高等院校在国防科技创新体系中的生力军作用和基础前沿科学研究中的优势，国防科工局和教育部研究决定，"十三五"期间新增包括合肥工业大学在内的8所共建高校。2018年7月4日，正式下文（图6-13）。

根据《决定》精神，国防科工局和教育部按照"同等优先，择优扶强"的原则，支持共建高校加强国防特色学科建

图6-13　国防科工局　教育部关于共建北京科技大学等8所高校的决定

（资料来源：合肥工业大学档案馆
档号：2018-Y-XZ-0755）

设、国防科技创新基地和创新团队建设以及军工特色专业人才培养等工作。充分发挥学校的专业优势，鼓励和支持共建高校承担军工科研任务，加强与军工企事业单位产学研用协同创新，推动学校军民融合发展。获批为国防科工局和教育部共建高校，使合肥工业大学成为"十三五"教育部、国防科工局共建的24所直属高校之一，为学校深入推进军民融合搭建了重要平台。

第二节　开展文化体育活动，曾荣获多项成绩与荣誉

引言：新中国成立后，特别是在合肥矿业学院时期，学校除了在教学、科研等方面均取得了一定的成绩外，还响应毛泽东主席对学生提出的"三好"（身体好、学习

好、工作好）号召，针对煤矿工业人才培养的特殊性，积极采取一系列措施，贯彻学生德智体全面发展的教育方针，推动体育与文娱活动的广泛开展，取得优异成绩，并受到国家表彰。

一、积极参加体育锻炼，荣获"全国体育运动红旗院"称号

从1953年开始，学生就一律参加体育锻炼小组。1954年5月，国家体委颁布《准备劳动与卫国体育制度》，简称"劳卫制"，学校十分重视学生身体健康和体育锻炼，积极推广。1955年至1956年群众性体育锻炼开展得比较普遍。1958年，在此基础上，全校学生遵循"德育、智育、体育"要全面发展的教育方针和增强体质、为劳动生产和国防建设服务的体育方针，在已开展的教育革命的形势鼓舞下，进一步广泛深入地开展了群众性体育锻炼，大大增强了体质。1958年8月15日下午，学校召开了全体职工体育跃进大会，荆典谟副院长出席大会并鼓励全体职工在体育锻炼上也要"放卫星"。学生通过体育锻炼，能培养艰苦奋斗、团结互助和乐观主义精神。在此期间，职工中锻炼已经形成热潮，每天下午下班后，大家都涌向操场锻炼，各支部都纷纷保证苦战苦练，一时间充满着学先进、争上游的氛围，人人都决心争夺红旗，很多人正在向二级劳卫制和等级运动员进军。至1958年8月25日，通过学校全体师生的不懈努力，全校学生百分之百通过二级劳卫制，百分之百达到等级运动员的标准（图6-14）。国家体委、教育部、中共安徽省委、省人民委员会先后发来电文祝贺（图6-15）。1958年9月，在全国高校劳卫制比赛中，学校夺得第一名，国务院副总理、国家体委主任贺龙同志亲自授予我校"全国体育运动红旗院"的奖旗。

图6-14　1958年8月25日《合肥矿院》报道的学校百分之百通过二级劳卫制并向毛主席、周总理、贺副总理、陈副总理等报喜的新闻

（资料来源：合肥工业大学档案馆档号：1958-Y-DZ-0087）

1958年9月28日，我校男女排球队和乒乓球队到达北京，在国家体委的直接领导下，与国家队一起训练和比赛了两个多月，技术和成绩都获得很大提高。11月10日，在北京体育馆，贺龙副总理接见了学校男女篮球、排球运动员，与队员们进行了亲切的交流谈话，充分肯定了我校作为全国体育红旗学院所取得的成绩，并教导运动员们说："你们要加倍努力，刻苦锻炼。"在谈话结束后，贺龙副总理与运动员们一一握手并合影留念。

图6-15　《合肥矿院》报刊登的贺信

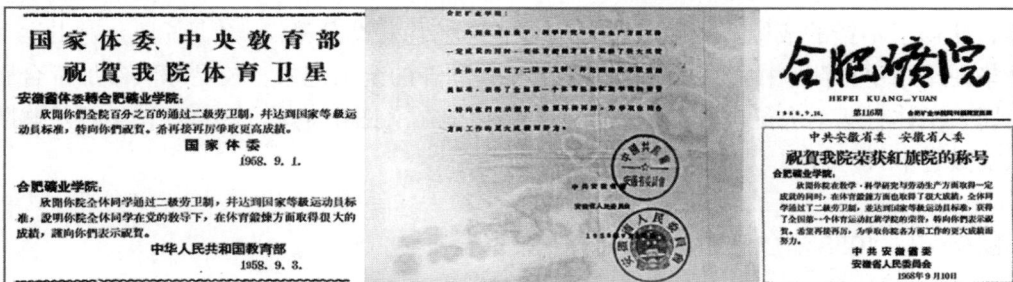

（资料来源：合肥工业大学档案馆　档号：1958-Y-DZ-0087）

二、培养多位优秀运动员，破多项全国纪录

1958年，在学校党委的关怀下，在群众的大力支持下，经过艰苦顽强的锻炼，学校的体育运动取得了很大的成绩。一年中，有15人25次破当年省纪录32项，8人破10项国家纪录和创造了2项国家纪录，在各项竞赛测验中，培养出了为国家批准的运动健将7名、一级运动员163名、二级运动员644名。涌现了像孙学诗（男子中长跑）、姚映霞（女子五项全能）、秦天光（男子10公里竞走）、陈仁（男子五项全能）等多名优秀运动员。这些运动员们发扬了敢想、敢说、敢做的共产主义风格和集体主义精神，发扬了共产主义体育道德作风，虚心学习，团结友爱，互相帮助，做到胜不骄败不馁，以坚强的毅力和冲天的干劲，彰显了学校师生争创一流的决心。

图6-16　1958年12月16日《合肥工大》报的头条报道

1958年12月13日，我校矿建61-1班学生、田径运动员秦天光同学代表安徽省出席在上海举行的1958年华东区冬季田径运动会男子10公里竞走中，以49分53秒4的成绩打破了52分11秒6的全国纪录（图6-16）。参加这次运动会的还有校田径运动员孙学诗、姚映霞、王锡仁等人。同月，秦天光、邓殿清（矿建61-3班）、胡济源（煤田60-4班）等同学，在学校党组织的关怀与培养下，通过勤学苦练，克服重重困难，经常保持充沛的干劲和必胜的信心，通过了健将级标准，荣获国家体委公

（资料来源：合肥工业大学档案馆　档号：1959-Y-DZ-0025）

布的国家运动健将称号。

1959年1月，我校摔跤、举重、击剑等代表队参加了合肥市第一届人民体育运动会的比赛，获得了不错的成绩。摔跤、举重比赛中学校均获总分第一。1月5日，射击运动员宋林华在军用手枪测验中，以78环打破1957年77环的全国纪录。校足球队参加了合肥市第一届人民体育运动会足球联赛，取得了合肥市冠军（图6-17）。1960年，学校足球队已列入安徽省甲级队行列。

图6-17　1958年合肥工业大学足球代表队合影

（图片来源：合肥工业大学档案馆　档号：1958-Y-SX12-0001）

校田径代表队在合肥市第一届体育运动大会田径运动会比赛中，获得了优异的成绩，以468分荣获大专组总分第一，14人次打破八项校纪录，男女比赛40项中，我校获27个第一。这次运动会不仅成绩优异，而且发扬了新的共产主义体育作风，不少新生力量在不断成长。例如：女子短跑运动员祝顺妹在运动会上情绪极为高昂，干劲十足，在女子100米比赛中以13秒7平校纪录，在200米比赛中以28秒的优异成绩打破学校28秒3的纪录。她打破的短跑纪录成绩，学校乃至安徽省高校至今无人超越。

1959年5月，学校98名优秀运动员（占合肥市队293人的33.4%）代表合肥市队参加了安徽省第一届体育运动会。在比赛中，他们精神焕发，积极锻炼，2人三破全国纪录，7人五项破省纪录，9人十六项破校纪录，为合肥市和学校争得了荣誉。6月，在校学生中有23名优秀运动员被选拔代表安徽省出席了第一届全国运动会。其中：射箭好手郑象政一人打破三项全国纪录（90、70、50公尺射准）（图6-18）；21岁的学生王永涛在军用步枪300米卧姿有依托和无依托各十发速射比赛中，以182环首创全国最新成绩（当时无此项全国纪录），获得冠军，达到运动健将标准（175环）（图6-19）；江光宏以总成绩375公斤获得轻重量级举重亚军，成绩仅次于世界纪录打破者、我国著名举重运动员赵庆奎，也超过了健将标准（图6-20）；顾德恒以317.5公斤在重量级举重比赛中夺得第八名；女跳伞运动员荣志玄获得第六名；奚天鸿在无线电短码抄纸比赛中，也打破了全国纪录。这些同学取得的优异成绩，不仅是学校对他们培养的结果，也是他们长期刻苦钻研、勤学苦练的战果（图6-21）。全运会后，有4名优秀运动员被选为国家队员，优秀运动员江光宏、杨继达（举重）、王永涛（射击）等被遴选去国外参加比赛，曾获得过名次。

图6-19　校优秀运动员、全国射击冠军王永涛在比赛中

（图片来源：合肥工业大学档案馆
档号：1959-Y-DZ-0025）

图6-18　郑象政同学在第一届省运动会射箭比赛中，破20公尺和30公尺射准全国纪录

（图片来源：合肥工业大学档案馆
档号：1959-Y-DZ-0025）

图6-20　学校优秀运动员、举重运动健将江光宏代表安徽参加在北京工人体育场举行的全运会比赛时的场景

（图片来源：合肥工业大学档案馆
档号：1959-Y-DZ-0025）

图6-21 1959年10月24日《合肥工大》报第三、四版报道的运动员参加第一届全运会优秀运动员及成绩表

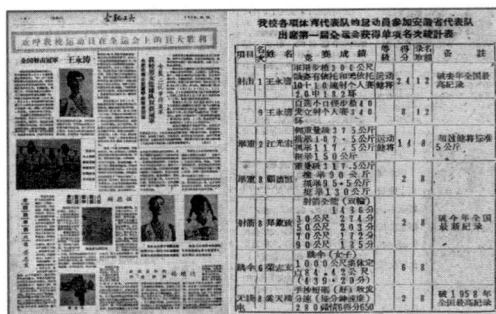

（资料来源：合肥工业大学档案馆
档号：1959-Y-DZ-0025）

在1959年12月18日结束的全国煤矿系统大专组篮排球运动会上，学校女排三战三捷，获得冠军；男子排球队、女子篮球队、男子篮球队，分别以二胜一负、二胜一负和三胜一负获得三项亚军。经煤炭工业部决定留京集训，准备参加1960年全国甲级排球联赛。在运动会期间，大会特指定我校向大会作了"学校开展体育运动的情况和体会"的经验介绍。当时，男女篮球及女子排球已达到国家乙级水平（图6-22）。

1960年7月4日，在蚌埠举行的一次跳伞表演赛中，学校女子跳伞运动员唐荷秀、荣志玄和安徽省另外一名运动员武永兰，以平均距靶心8米73的优异成绩，打破了1958年11月5日创造的集体综合跳伞12米30的世界纪录（图6-23）。

图6-22 1959年12月，学校女排参加全国煤矿系统大专组篮排球运动会比赛中的情景

（资料来源：合肥工业大学档案馆
档号：1960-Y-DZ-0033）

图6-23 学校女子跳伞运动员唐荷秀、荣志玄参加在蚌埠举行的跳伞表演赛

（资料来源：合肥工业大学档案馆
档号：1960-Y-DZ-0033）

三、开展多彩文体活动，提高师生综合素养

加强体育锻炼，不仅能增强健康的体魄，而且能提高学习质量，同时与生产劳动相结合，还对师生的思想改造有很大帮助，最重要的是提高了人才培养质量。在新中国成立后十年间，在党的领导下，学校的体育运动和其他各项工作一样，取得了飞速发展，获得了巨大成绩。校党委不仅抓政治思想工作、抓教学和科学研究工作，同时也抓体育运动。党委会不仅经常讨论体育工作，而且党委书记、校长和副校长都亲自参加劳卫操和球类活动。1957年至1959年，不仅有全校运动会，而且各系都举办了运动会；不仅青年师生员工参加了比赛，而且有五六十岁的老教授参加了推铅球、5000米至10000米的赛跑；运动队由1958年的12个，发展到23个，先后获得了省市甚至全国的多项冠军。全校人人参加活动，队队举行比赛。每天早晨和工余课后，各单位除了有病者外，都已经做到了人人上操场，个个去锻炼。全校师生不怕风、不怕雨、不怕冷、不怕累、动脑筋、想办法、坚持艰苦锻炼，向又红又专又健的目标前进。因此全校群众性的体育锻炼得到了普遍发展，运动水平也逐年有所提高。

1960年4月4日《合肥工大》报第三版刊登了外语教研室主任顾祝三撰写的《坚持体育锻炼十年》，文章写道："解放前，我体弱多病，现在较为健康，能参加一万公尺长跑。这是十余年来坚持锻炼的结果。解放前，在学校学习时，虽开体育课，但目的不明确，混混算了。毕业后到社会工作，时时有失业的威胁，自然无心锻炼，何况反动派根本不考虑人民健康，所以当时我与其他同学一样，面黄肌瘦，精神颓靡，不知者以为我为吸毒鬼，其情况可见一斑了。"（图6-24）文中还说："1949年解放后，我由交通机关调到学校工作后。毛主席提出'三好'的号召，既教育了青年，也给我以莫大的鼓舞，使我更清楚地认识到'身体为革命的本钱'这一句平凡而有深远道理的哲言。因为身体健康情况不好，工作与学习的两好亦均难得到保证。我既要为党的革命事业奋斗到底，就必须保证这个革命'本钱'的健康，因此下定决心从事体育锻炼，一定要扭转自己身体不好的情况。党的领导增强了我锻炼的信心。经过坚持锻炼，使身体逐步好转，终于转弱为强……经过有计划的长期锻炼之后，我的身体日益健康，有旺盛的

图6-24　1960年4月4日《合肥工大》报第三版刊登的外语教研室主任顾祝三撰写的《坚持体育锻炼十年》，图片是顾教授在参加学校10000公尺长跑比赛

（资料来源：合肥工业大学档案馆
档号：1960-Y-DZ-0028）

精力搞好教学。前后判若两人，昔日失眠，今则睡眠正常；昔日食量很少，今则食量大增；昔日行动松弛，今则动作灵活；昔日志气萎靡，今则精神焕发。我虽年近六旬，尚能与教研室内生龙活虎般的青年们一道，朝气勃勃、精神满满地进行工作与劳动，而无多大疲倦。至于纪律性、坚毅性、集体观念、劳动观念等共产主义品德，均因锻炼而日益提高……"

当时，全校开展了球类、太极拳、田径等多种多样的群众性体育活动，各系、各班级和许多教研组都有球队，人人参加了各项体育运动，全校掀起了一个体育运动的新高潮。此外，当时校内文化娱乐活动开展得也比较好，学校文工队、乐队都有相当高的水平。

进入新世纪，学校一直重视素质教育和校园文化建设，校园体育各种类型的竞赛和文化创新活动层出不穷、精彩纷呈。校手球高水平运动队参加了至今全部26届中国大学生手球锦标赛，从第十六届至二十届荣获五连冠，在其发展进程中，共捧得14次冠军杯，竞技水平与成绩一直处于全国高校甲组前列（图6-25）。校高水平男子篮球队组建于1999年。自建队以来共参加了十三届安徽省CUBA选拔赛，十二次获冠军，并代表安徽省高校参加了十三次CUBA全国大学生篮球赛东南片分区赛（图6-26）。乒乓球队自2006年组队以来，代表安徽省高校参加了在广州举办的第八届全国大学生运动会；在第十五届全国大学生乒乓球锦标赛甲组（高水平组）七个项目比赛中，五个项目的比赛均取得优异成绩；参加安徽省大学生乒乓球比赛，包揽了普通高校组的男子团体冠军，男子单打冠、亚军；参加第十六届全国大学生乒乓球锦标赛，获得（甲组）高水平组混双冠军、甲组男子双打季军、甲组男子团体第五名，甲组女子单打第五名。男子乒乓球队获得安徽省第十二届运动会高校部团体冠军、女子乒乓球队获得团体亚军。学校现建有篮球、手球和乒乓球3个高水平运动队，其中手球作为我校的特色项目，多次赴香港、台湾等地区参加比赛、交流，以体育为桥梁，学校与部分兄弟院校建立了深厚的友谊和校级合作。另外，足球、田径、自行车、定向越野、羽毛球、桥牌、啦啦操等代表队在省内外各种比赛中均有骄人战绩和表现，充分展现了学校体育教学的成果和素质教育的风采。

图6-25　学校主办的手球赛事并获得优异成绩

（资料来源：合肥工业大学档案馆　档号：1995-Y-SX12-0007、　2004-Y-SX-0045）

图6-26　2000年学校主办的东南赛区CUBA赛事并获得优异成绩

（资料来源：合肥工业大学档案馆　档号：2000-Y-SX-0013）

近年来，学校倾力打造凸显学校精神和特色的校园文化品牌，积极营造向上尚善、健康高雅的校园文化氛围，形成了优良的校风、教风和学风，曾获"全国文明校园""全国文明单位""安徽省文明单位"等荣誉称号，也获得了各类校园文化建设荣誉（图6-27、图6-28）。

图6-27　近年学校获得的文明单位、文明校园等荣誉

（资料来源：合肥工业大学档案馆　档号：2017-Y-SW-0051）

图6-28　近年学校获得的校园文化建设等荣誉

（资料来源：合肥工业大学画册）

图6-29　首届"斛兵文化大讲堂"

（资料来源：合肥工业大学宣传部）

　　丰富活跃校园文化，学校除了开展日常节日、校庆等纪念庆典活动外，还举办了"斛兵文化大讲堂""高雅艺术进校园"等大型活动（图6-29、图6-30）。以学校学生为主体的校大学生艺术团多次参加由中央电视总台举办的"五月的鲜花"全国大学生文艺会演（图6-31）。

图6-30　"高雅艺术进校园"专场演出

（资料来源：合肥工业大学档案馆　档号：2013-Y-SX12-0131、　2019-Y-SX-0148）

图6-31　多次参加央视"五月的鲜花"文艺会演

（资料来源：合肥工业大学画册）

第三节　领导关心支持，鼓舞着师生接续奋进

引言：20世纪五六十年代，因学校获得了长足发展，也取得了优异的建设成就，时任中央领导同志刘少奇、朱德、邓小平等十余人次曾先后来校视察指导工作。之后，历届中央领导同志也对学校的建设与发展给予指导与鼓励。领导们的关心与支持，给全校师生员工以极大的教育和鼓舞，对学校工作的开展起到了有力的推动和促进作用，成为学校宝贵的精神财富。全校师生也以此为动力，接续奋斗，不断争先进位，以高涨的热情、昂扬的斗志，肩负起为党育才的历史重任，成为国家人才培养、科学研究、社会服务、文化传承创新和国际交流合作的重要基地。

一、20世纪五六十年代中央领导来校视察

1958年学校正式改名为合肥工业大学，并于1960年跻身为全国重点大学之后，当时学校校园面积广大，校舍宏伟，新建了很多实验室，设备较新，科研成果甚多，时常举办科研成果展览，全体师生员工精神焕发。中共安徽省委第一书记曾希圣同志对工大的发展和成就非常满意，对工大十分重视和信任。中央负责同志来安徽视察工作时，曾希圣同志往往请他们到工大视察、指导工作。这给全校师生员工很大教育和鼓舞，对学校工作的开展起到了有力的推动和促进作用，成为学校宝贵的精神财富。从1958年到1961年，经曾希圣同志安排来工大视察的先后有刘少奇、朱德、邓小平、董必武、彭真、陈毅、刘澜涛、杨尚昆等。

1. 刘少奇来校视察指导

1958年10月19日，时任中共中央副主席、全国人民代表大会常务委员会委员长刘少奇同志由中共安徽省委书记处书记、副省长张恺帆，省委书记处候补书记、副省长陆学斌同志陪同来校视察。当时学校根据省委指示大搞坩埚炼铁炼钢，刘少奇同志参观了炼铁工地、电机厂、吹氧炼钢厂、校办机械厂、学生自办的红旗机器厂，参观了教育革命展览室，看了很多师生试制的科研项目展品，接见了校、系负责人和部分教授，赞扬了师生自己动手勤工俭学的艰苦奋斗精神。

他针对当时学校开展的教育革命作了几点指示：（1）学生生产劳动和读书时间要合理安排，应以学习为主，在教育改革中注意提高学校的教学质量。（2）教师要亲自动手搞科研才能提高。（3）有人看不起教员是不对的，勉励教师们要把技术搞上去，努力把学校搞好。（4）"教育同生产劳动相结合是无产阶级教育方针的基本特点之一"，我们的教育决不能和劳动相分离。强调学生参加生产劳动的同时，必须重视和加强理论教学工作。"两句

话：工农分子知识化，知识分子工农化。"最后，刘少奇同志还与在场的师生讨论了如何逐步消灭脑力劳动和体力劳动之间的差别问题。刘少奇同志教导师生说："自从脑力劳动和体力劳动有了分工，才有教育，到了孔夫子时教育就很发达了，他们那时教育是脱离生产劳动的，到现在才又要恢复教育与生产劳动相结合。"当时，刘少奇同志对师生的讲话，对于党的教育方针的重大历史意义作了极为深刻的阐述，使我校师生深深地体会到，贯彻执行党的教育方针，实现教育改革，不仅对于我国当时完成社会主义革命和社会主义建设任务具有重大的现实意义，而且对于将来实现建设共产主义的远大目标同样具有重大的历史意义。

刘少奇同志莅临学校参观视察，体现了党中央对学校的关爱和高度重视，鼓舞着师生更加坚决地贯彻党的教育与生产劳动相结合的教育方针，更加努力地把教育革命进行到底，培养出又红又专、能文能武的共产主义的劳动者，更加自觉地为社会主义建设日夜奋战，更加积极地投入学校的建设和发展中，以出色的劳动成果来报答党和领袖的关怀和教导。

2. 邓小平来校参观视察

1960年2月23日，时任中共中央政治局常委、中共中央总书记邓小平同志，中共中央政治局委员、中共中央书记处书记彭真同志，中共中央书记处候补书记刘澜涛、杨尚昆等同志，在中共安徽省委第一书记曾希圣、中共安徽省委书记处书记桂林栖等同志陪同下来学校视察。邓小平一行主要参观了科学研究展览馆，在详细观看了师生试制的静电电子加速器、电动机、轧钢机、煤的地下气化发电站模型、水力采煤矿井模型、诺维柯夫齿轮和学校发展八年规划图表等一些展品、听了有关教师的介绍之后，邓小平同志连连点头微笑，对师生动手研发的不少科研设备给予充分肯定，高度赞扬了师生自己动手试制科研设备的艰苦奋斗精神。临走时，邓小平同志又说："不错，你们搞了不少东西。"

邓小平等中央领导同志亲临学校视察指导工作，再一次体现了党中央对我校的无比关怀，对每位师生都是莫大的光荣和鼓舞，激励着全校师生更加努力地工作，戒骄戒躁，踏踏实实，更好地和生产劳动结合，攀登科学高峰。

邓小平同志与合肥工业大学还有一次"结缘"。1979年7月16日，邓小平同志和家人来到安徽黄山。启程返京前，时任安徽省领导万里、胡开明等同志来到黄山为邓小平同志送行，并提出希望邓小平同志为即将更换校牌的合肥工业大学重新题写校名，邓小平同志欣然答应。原件现珍藏于合肥工业大学档案馆。"邓体"版的合肥工业大学校名自此一直沿用至今，成为鼓舞全校师生前行的无尽动力（图6-32）。

3. 董必武来校参观视察

1960年5月11日，时任中华人民共和国副主席、中共中央政治局委员董必武同志在中共安徽省委书记处书记曾庆梅同志陪同来校视察。在听取党委书记、校长孙

图6-32 邓小平同志为合肥工业大学题写的校名

（资料来源：合肥工业大学档案馆 档号：1979-Y-SW-0001）

宗溶关于学校工作情况的汇报后，对学校的教学、科研、生产劳动与师生生活等方面，都做了重要指示。在参观科学研究成果展览馆后，董必武同志和部分师生进行了亲切的谈话，对学校的教学、科研和技术革命的干劲及取得的成绩给予充分赞许和鼓励，还题词勉励全校师生："追求真理，破除迷信，任重致远，鼓足干劲，超英轶美，工业日进。"

4. 朱德来校参观视察

1960年6月27日，时任中共中央副主席、全国人民代表大会常务委员会委员长朱德同志在中共安徽省委书记处书记桂林栖同志等陪同下来校视察，在听取了党委书记和校长孙宗溶同志汇报后，还视察了校办机械厂、第二研究室、科学研究展览馆。朱德同志对师生们大搞技术革命和科学研究的成果表示满意，并给予鼓励，同时对学校工作作了重要指示。

5. 陈毅来校做形势报告

1961年11月4日，时任中共中央政治局委员、国务院副总理兼外交部部长陈毅同志在安徽省委书记处书记、省长黄岩同志陪同下来校视察。他参观了学校几个重点尖端科学实验室，还接见了广大师生，亲切地和他们进行了座谈。最后陈毅同志在学校主楼北面的广场上为全校的师生员工作报告。

他向大家介绍了国内外的形势，同时也勉励青年同学要又红又专，奋发努力，把中国尖端科学技术搞上去。陈毅同志的讲话受到了全校师生员工的热烈欢迎，会场上不断响起雷鸣般的掌声，大家都感到深受教育和鼓舞。

6. 其他人员来访情况

这一时期来学校参观视察的领导，还有中共中央委员宋任穷、张云逸等多位领导同志、著名科学家钱学森、著名社会科学家钱俊瑞同志，还有社会名人赵朴初、国外友人等。此外，在1958年10月29日，时任中共中央文教小组副组长的康生也来到学校视察（图6-33、图6-34）。

图6-33 其他人员来访的部分题词

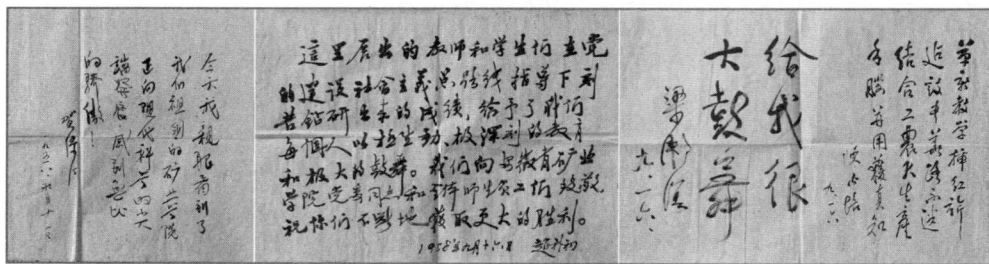

（资料来源：合肥工业大学档案馆 档号：1958-Y-SW-0001、1958-Y-SW-0002）

二、新合肥工业大学组建前后各级领导的关心与支持

自20世纪90年代以来，学校充分发挥工科优势，在服务于国家机电工业与地方经济发展方面做出了积极贡献，得到党和国家领导人的关注。1994年4月，学校随安徽省经济成果展览团携8项重大成果赴北京参展，江泽民、乔石、李瑞环、李岚清、孙起孟、张劲夫等党和国家领导人，以及国家机关、中央部委的60余位负责同志先后到我校展台观看展览，对我校所取得的科技成就给予了高度评价。

图6-34 各国驻沪领事馆使节来学校参观

（资料来源：合肥工业大学校史册）

为总结办学经验，发扬优良传统，进一步增强全校师生员工和广大校友的凝聚力，扩大学校的社会影响和提高知名度，也为全面检阅学校各方面的工作，把学校的改革工作和管理水平推向新阶段，1995年，学校隆重举办了合肥工业大学建校五十周年庆典活动。党和国家领导人江泽民、李鹏、李岚清、邹家华、费孝通、孙起孟以及机械工业部、国家教委、安徽省有关领导为学校五十周年校庆题词，给全校师生员工以极大的鼓舞。中共中央总书记、国家主席江泽民同志的题词是："深化教育体制改革，培养四化建设人才。"中共中央政治局常委、国务院总理李鹏的题词是："发扬勤奋、严谨、求实、创新的校风和学风。"国务院副总理李岚清的题词是："进一步办好合肥工业大学，为祖国培养更多的优秀人才。"国务院副总理邹家华的题词是："努力办好合肥工大，为我国经济建设服务。"（图6-35、图6-36、图6-37）

图6-35　江泽民、李鹏为工大建校五十周年题词

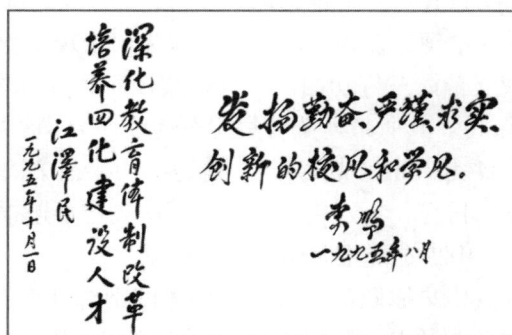

（资料来源：合肥工业大学档案馆　档号：1995-Y-SW-0001、1995-Y-SW-0002）

图6-36　李岚清、邹家华、费孝通、孙起孟为工大建校五十周年题词

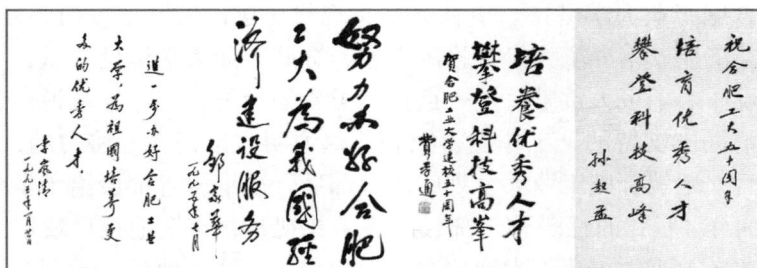

（资料来源：合肥工业大学档案馆　档号：1995-Y-SW-0003、
1995-Y-SW-0004、1995-Y-SW-0005、1995-Y-SW-0006）

图6-37　何光远、卢荣景、孟富林、张天保为工大建校五十周年题词

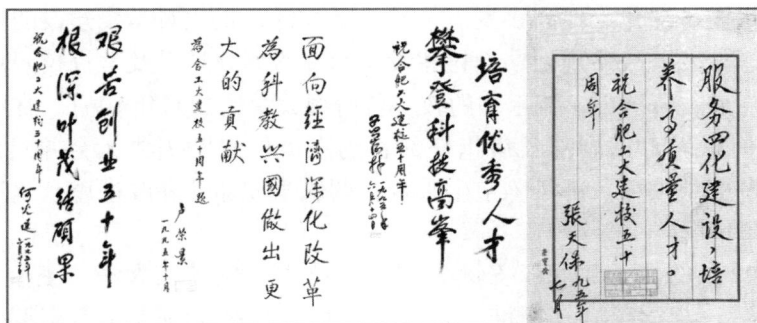

（资料来源：合肥工业大学档案馆　档号：1995-Y-SW-0007、
1995-Y-SW-0008、1995-Y-SW-0009、1995-Y-SW-0010）

　　我校机械设计及制造专业1998届优秀校友王海涛同学，毕业后毅然选择了军旅生涯，应征入伍。在部队期间，其意志坚定，训练刻苦，善于学习思考，大胆实践，努力把科学知识转化成带兵练兵的本领，在各个岗位上都有突出表现。曾先后参加了多项重大军事演习和抗洪抢险，曾荣立个人三等功两次，并被集团军评为"军事斗争准备优秀人才""南京军区优秀连长"等荣誉。其所带连队被集团军连续评为"基层建设先进单位"，连队党支部也被军区、集团军评为"先进党支部"。他连续两年在集团军范围内巡回报告，个人事迹多次在《解放军报》刊登。2004年，其作为部队先进事迹报告团成员，受到时任中共中央总书记、国家主席、中央军委主席胡锦涛的接见。

　　2005年9月27日，中共中央原政治局常委、国务院副总理李岚清来校视察。2008年9月27日，时任中共中央政治局委员、国务委员刘延东来校视察。2009年7月6日，时任中共中央政治局常委、全国人大常委会委员长吴邦国来校视察。

　　1999年7月，时任教育部部长陈至立，副部长周远清一行在安徽省副省长蒋作君陪同下来校视察指导工作。陈部长在听取了学校情况介绍和工作汇报后作了重要讲话。陈至立部长说，合肥工业大学坚持适应社会主义现代化建设的办学方向，办得很有特色，多年来为国家经济建设培养了大量合格的人才，合肥工业大学地处安徽，为安徽省、为本地区经济建设作出了很大贡献，这一点得到了省领导的肯定。她还说，合肥工业大学合并工作是岚清同志支持的，工作做得很好，这说明大家是齐心协力的，工作很勤恳，也很努力。最后，她就合肥工业大学划归教育部后，表示教育部会给予学校多方面的支持与倾斜。2004年4月，时任教育部部长周济来校视察，在实地视察翡翠湖校区和南校区并听取了校领导关于学校建设发展情况汇报后作了讲话。他说，看到合肥工业大学的建设发展现状与"短短几年平地起高楼"的发展速度后，非常振奋。学校近几年抓住了机遇，锐意改革，实现了突破性的跨越式发展，形势非常好。谈到学校今后的工作时，周济部长说，要树立科学的发展观，注意规模、质量、结构、效益的协调发展；要深化改革、巩固成果、从严治教、强化管理，使学校得到进一步更大的发展。他希望合肥工业大学紧扣"巩固、深化、提高、发展"的八字方针，强化对学校建设的宏观思考和战略研究，紧抓学校发展战略规划、学科建设与师资培养规划以及学校校园规划，将合肥工业大学迅速建成一所国内一流水平的教学科研型大学。2005年10月，在学校建校六十周年活动中，时任教育部副部长后担任部长的袁贵仁出席庆典大会并致辞。2020年5月，时任教育部党组书记、部长陈宝生来校，调研学校加强和改进思想政治工作以及深化教育教学改革情况。

　　2002至2022年的二十年间，安徽省历任党政主要领导王太华、王金山、张宝顺、王学军、李锦斌、李国英、郑栅洁、王清宪等均来合肥工业大学考察调研（图6-38、图6-39）。

图6-38　王太华、王金山、张宝顺、王学军来校视察

（资料来源：合肥工业大学校史册）

图6-39　李锦斌、李国英、郑栅洁、王清宪来校视察

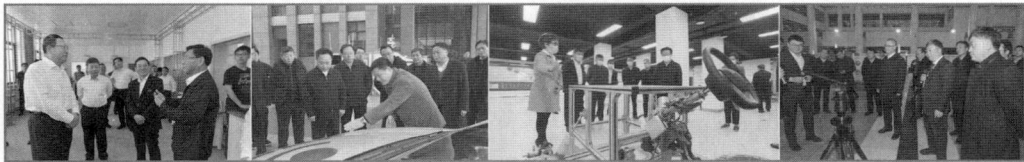

（资料来源：合肥工业大学校史册）

学校"工程基础厚、工作作风实、创业能力强"的人才培养特色逐步显现，培养的部分毕业生已成为国有大中型企业中坚力量，有的已在基础与新兴产业上有所建树。当地时间2014年7月21日，国家主席习近平在参观加拉加斯蒂乌娜社会住房项目时，与中方建设代表之一的校1988届杰出校友、全国工程勘察设计大师、机械工业勘察设计研究院有限公司董事长张炜握手。2016年4月26日，习近平总书记来安徽考察，在中科大先研院智慧新能源展区，现场参观并听取了学校1993届校友、第十三届全国人民代表大会代表、现任阳光电源董事长曹仁贤关于光伏发电产业和最新产品情况的相关介绍。2017年11月14日，中共中央总书记、国家主席习近平出席玛霍索综合医院奠基仪式时，学校建筑学专业1983届校友、中国中元国际工程公司总裁、总建筑师丁建作为中方总建筑师向习近平和老挝人民革命党中央委员会总书记、国家主席本扬汇报中国援老挝玛霍索综合医院方案。

三、一流人才培养与高水平师资的价值体现

1. 人才培养情况

学校以"培养德才兼备，能力卓越，自觉服务国家的骨干与领军人才"为人才培养总目标，经过70余年的办学，已为国家培养各类人才40余万人。学校培养出的人才辈出、群星璀璨，在学术界、政界、企业界已有多位毕业生取得突出成绩，成为学校杰出校友的代表。

据统计，学校至今已有8位校友先后当选中国科学院和中国工程院院士。他们分

别是：

陈鲸，1958年考入合肥矿业学院（现合肥工业大学前身）采煤专业学习，2005年当选为中国工程院院士，通信与信息系统专家，我国空间监视技术领域主要开拓者。他研发的相关技术在我国资源、海洋、气象、对地观测等卫星地面应用系统中得到广泛推广应用，取得了显著的技术与经济效益。作为总师，他先后主持设计研制完成多项大型系统工程，先后获国家科技进步奖一等奖2项、二等奖1项，部级科技进步奖一等奖1项、二等奖4项以及全军专业技术重大贡献奖（图6-40）。

图6-40 陈鲸校友及其部分学籍

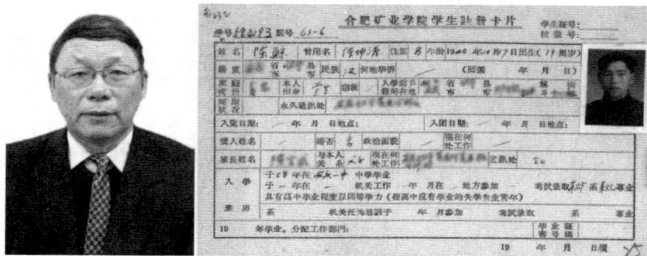

（资料来源：合肥工业大学档案馆 档号：1963-JXY14-0003-002）

卢秉恒，1962年考入合肥工业大学机制工艺专业学习，2005年当选为中国工程院院士；机械工程专家，长期致力于先进制造技术的研究，主要开展了增材制造、生物制造、微纳制造与电子制造装备等方面的科研和教学工作；先后获得蒋氏科技成就奖1项、教育部科学技术进步一等奖1项、国家科学技术进步二等奖1项、陕西省科学技术一等奖1项、国家技术发明二等奖1项（图6-41）。

图6-41 卢秉恒校友及其部分学籍

（资料来源：合肥工业大学档案馆 档号：1967-JX06-0008-001）

徐南平，1978年考入合肥工业大学无机化工专业学习，2005年当选为中国工程院院士，化学工程专家，中国陶瓷膜产业和材料化学工程学科的开拓者之一。研究成果转化培育了10多个高科技企业，服务了近千家企业，产生了显著的经济社会效益。他先后获得了国家技术发明二等奖1项、国家科技进步二等奖2项、国家科技进步三等奖1项和省部级科技奖励17项。拥有授权发明专利110余项，其中美国专利2项（图6-42）。

图6-42　徐南平校友及其部分学籍

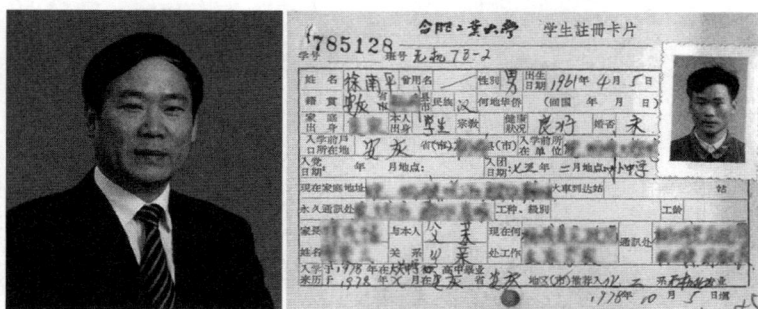

（资料来源：合肥工业大学档案馆　档号：1982-JX14-0002·008）

杨善林，1978年考入合肥工业大学计算机专业学习，2013年当选为中国工程院院士，管理科学与信息系统工程专家；主持了有关复杂产品开发工程管理的研究工作，获国家科技进步二等奖和中国机械工业科学技术一等奖；主持了制造工程管理中优化理论与方法的研究工作，获国家科技进步二等奖和安徽省科学技术一等奖；研究了智能决策理论与方法以及决策支持系统结构理论，获教育部自然科学一等奖（图6-43）。

图6-43　杨善林校友及其部分学籍

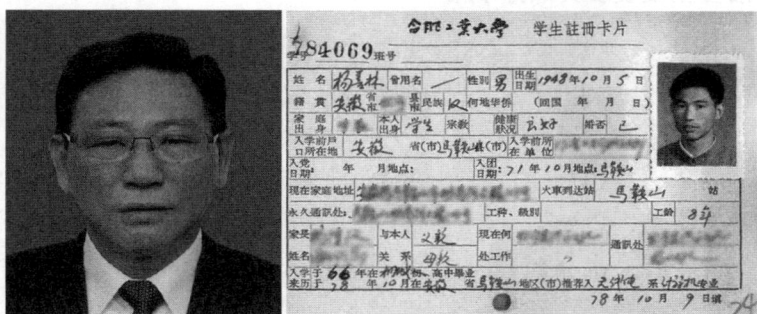

（资料来源：合肥工业大学档案馆　档号：1982-JX14-0004·002）

陈维江，1978年考入合肥工业大学发电专业学习，2015年当选为中国科学院院士，高电压与绝缘技术专家，长期从事电力系统电磁瞬态分析方法与防护技术研究。他主持了交直流特高压输电系统电磁与绝缘特性基础问题研究，获得了多时间尺度瞬态过电压特性，提出过电压深度抑制方法和绝缘配合方案，支撑我国研发成功特高压输电技术；曾获国家科学技术进步特等奖、国家技术发明二等奖（图6-44）。

图6-44　陈维江校友及其部分学籍

（资料来源：合肥工业大学档案馆　档号：1982-JX14-0004·004）

潘复生，1978年考入合肥工业大学稀有金属专业学习，2017年当选为中国工程院院士，轻金属专家，主要从事镁合金、铝合金、工具钢等方面的研究，在镁合金新材料与新工艺、铝合金板箔材与锻件、铁基工具材料等方向取得多项原创性成果。他先后获得国家技术发明奖和科技进步奖4项、部省级技术发明奖和科技进步奖10余项。发表SCI收录论文400多篇，授权发明专利130多项，制定国家标准和行业标准10余项（图6-45）。

图6-45　潘复生校友及其部分学籍

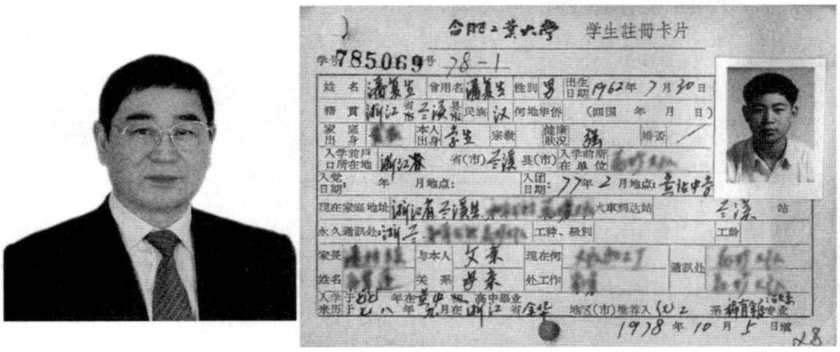

（资料来源：合肥工业大学档案馆　档号：1982-JX14-0002·006）

　　刘明，1981年考入合肥工业大学应用物理专业学习，2015年当选为中国科学院院士，微电子科学与技术专家，长期从事半导体存储器和集成电路的微纳加工等方面的研究。她阐明了阻变存储器机理，建立了相应的物理模型。提出了功能层掺杂和局域电场增强的阻变存储器性能调控方法，提高存储器整体性能；拓展了新型闪存材料和结构体系，提出新的可靠性表征技术、失效模型和物理机理；发展了集成电路的微纳加工技术并拓展到禁运的短波衍射元件研制中；曾获国家技术发明二等奖3项、国家科技进步二等奖1项、中国真空科技成就奖和科学院杰出成就奖等奖项（图6-46）。

图6-46　刘明校友及其部分学籍

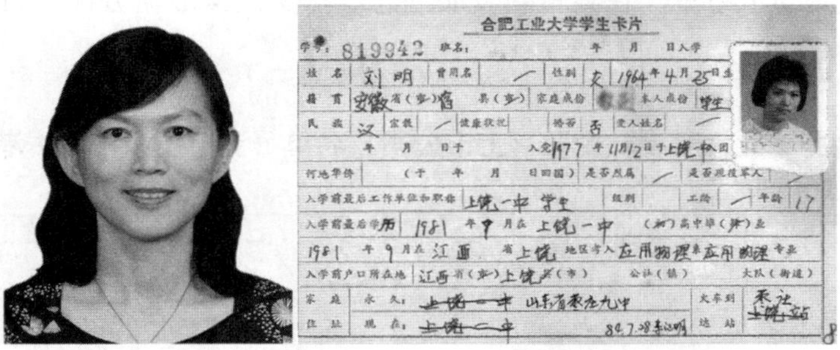

（资料来源：合肥工业大学档案馆　档号：1985-JX14-0003-007）

　　俞书宏，1984年考入合肥工业大学无机化工专业学习，2019年当选为中国科学院院士，无机化学家，现任合工大化学与化工学院院长，长期从事无机合成化学研究，在无机化学领域取得了突出成就。他以通讯或第一作者发表SCI论文400余篇，2014至2019年连续入选全球高被引科学家名录；以第一完成人两次获国家自然科学二等奖，获2018年安徽省重大科技成就奖、中国青年科技奖等多个奖项（图6-47）。

图6-47　俞书宏校友及其部分学籍

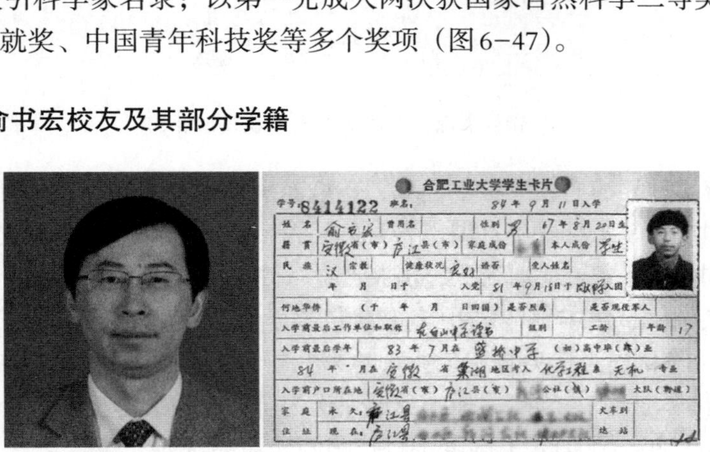

（资料来源：合肥工业大学档案馆　档号：1988-JX14-0001·008）

这8位院士，既是合肥工业大学的杰出校友，也是国家的宝贵财富。另外，学校还培养了一大批包括"千人计划""长江学者""万人计划"、国家杰青等各类人才项目高层次人才。

学校毕业生在国家与地方政府重要岗位任职的也很多。根据中国校友会网2022中国大学杰出政界校友排行榜100强的数据统计，合肥工业大学排名靠前，并列位居第22位。

合肥工业大学不仅有着汽车界的"黄埔军校"美誉，在汽车行业领域学校"三分其一"，而且学校培养的毕业生因其素质高、能力强，现已在各行业各领域崭露头角。据初步统计，截止到2022年6月，合肥工业大学校友共在36家沪、深、港三地上市公司担任董事长、总经理、总裁、创始人和实际控制人，涉及汽车制造、机械加工、建筑、环保、通信、计算机、新能源汽车、光伏、软件、食品加工等国民经济重要领域。这些上市公司作为引领经济发展的主力军，在践行新发展理念、落实国家战略方面先行表率，发挥了引领示范作用（图6-48）。

图6-48 合肥工业大学校友企业（上市公司）名单（沪市、深市、香港，不含新三板）

（资料来源：合肥工业大学校友总会）

学校贯彻落实"立德树人"根本任务，还培养出了立志于国防事业的陈秋华等杰出校友。陈秋华，1976年8月21日生，湖南省安仁县人，1995年高中毕业，被评为湖南省的省级优秀班干，同年5月光荣地加入了中国共产党。1995年9月，他考入合肥工业大学电气工程系自动化专业，4年本科生涯中多次获得奖学金，1997年被评为安徽省三好学生，1997至1998年，陈秋华当选为合肥工业大学第九届学生会主席，随后又在1999年被评为"安徽省优秀本科毕业生"。当年，他被免试保送为合肥工业大学控制理论与控制工程专业硕士研究生，2002年毕业加入中国电子科技集团公司第38所，立志献身国防事业。陈秋华校友恪尽职守，不畏艰难，为空警-200预警机的研制和列装转战漠北江南；刻苦钻研勇挑重担，踏上工作岗位就投身某重大装备研制，很快成长为技术骨干；勤勤恳恳，任劳任怨，仅2005年5月至2006年6月的370余天，就有307天出差在外，执行飞行任务近百架次，飞行时间超过400小时；严于律己，公而忘私，新婚第四天就告别妻子，奔赴千里之外的试验场。2006年6月3日，在安徽广德"6·3"空难中因公壮烈牺牲，年仅30岁。在其短暂的30年中，陈秋华烈士践行了新时代年轻人所应具有的刻苦钻研、公而忘私、无私奉献，勤勤恳恳、勇挑重担的高贵品质，书写了从普通学子成长为国家科技战线骨干的人生轨迹，已成为新一代年轻学子们学习的榜样。现合肥工业大学内立有陈秋华烈士雕像（图6-49）。

图6-49 陈秋华校友生前遗照及校园内其雕塑像

（资料来源：合肥工业大学校园新闻网）

图6-50 李宏塔校友

（资料来源：相关新闻媒体）

另外，中国共产党的先驱者陈独秀、李大钊的孙子曾在合肥工业大学就读或工作。其中李大钊的孙子李宏塔现为中共二十大代表。在我校本科毕业后，长期在合肥市与安徽省工作，曾任安徽省民政厅厅长。但其作为党员领导干部忠诚干净担当的典范，共产党人革命传统、优良家风的传承人，始终艰苦朴素、清正廉洁、以严治家，秉持了"革命传统代代传，坚持宗旨为人民"的不变信念。曾先后荣获全国拥军模范、"七一勋章"、安徽"十大新闻人物""心动安徽·最美人物"等荣誉（图6-50）。陈独秀的孙子陈长琦在合肥工业大学学习，之后留校任教工作，现已退休。他曾任合肥工业大学教授、安徽省政协委员、校精密仪器系和机汽学院总支书记、校党委委员等职（图6-51）。

图6-51　陈长琦校友

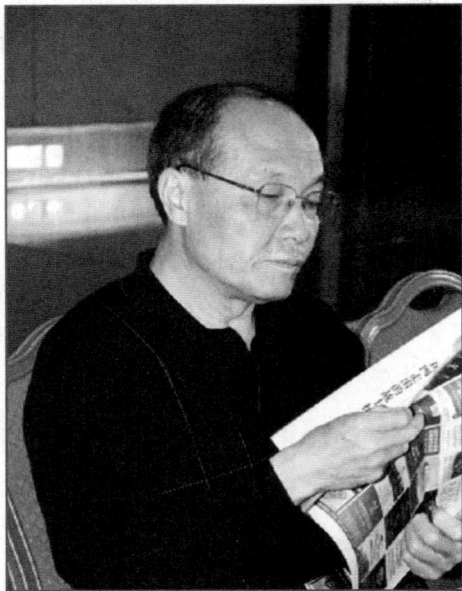

（资料来源：合肥工业大学校报）

2. 师资队伍情况

一流人才的培养离不开高水平的师资队伍。学校高度重视师资队伍建设，持续推进"人才强校"战略，坚持"引进和培育并重"的方针，牢固树立"以人为本"的理念，遵循"精选、严育、重用、厚待"的原则，以高层次人才队伍和创新团队建设为重点，以培养教师创新精神和创新能力为核心，以创新管理体制和运行机制为动力，推进学校师资队伍建设，为建设高水平大学奠定了坚实基础。学校现有专任教师2300余人，拥有中国工程院院士、中国科学院院士（双聘）、"万人计划"入选者、国家杰出青年科学基金获得者、国家优秀青年科学基金获得者、教育部"新世纪优秀人才支持计划"入选者等各类高层次人才100余人。

其中，费业泰、杨善林、朱士信等为学校教师中的突出代表。他们牢记"立德树人"根本任务，以严谨、求实、尚新的工作态度，扎实的工作业绩，不断践行着"四有好老师"的价值追求。

费业泰

费业泰（1934年6月—2016年2月），中国共产党党员，我国现代精度理论及工程应用的奠基人，合肥工业大学二级教授，博士生导师。1951年9月考入淮南煤矿工专预科（合肥工业大学前身），1955年7月毕业后留校任教。1959年，从机械制造专业转到新开办的精密仪器专业。从此，精密仪器学科就成了他生命的全部。

在近60年执教生涯中，费老师共培养了100余名研究生，不仅对学生与青年教师"高标准、严要求"，而且其亲力亲为，把自己的人生训条"勤奋、求实、谦让"传授给学生；其提出的精度误差理论，已经成为我国精度评定的基本方法以及精密仪器学科的理论基础，提出的热误差理论也成为精密仪器学科典型的三个学科方向之一；先后出版了9本专著，《误差理论与数据处理》一书被列为国家重点教材，成为我国精密仪器学科理论的开拓之作，其因此被业内誉为我国现代误差理论及工程应用的开拓者；其承担并完成了近40项高水平科研项目，其中包括17项国家自然科学基金项目，发表过320余篇论文，获得

9项省部级奖励，发表出版的大量论著被学术界广泛采用，并为我国相关重点科研项目解决了大量实践难题（图6-52）。

图6-52　费业泰教授出版的专著及日常工作场景

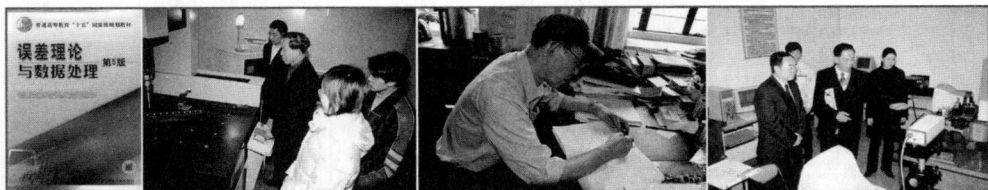

（资料来源：合肥工业大学校园新闻网及省内相关媒体）

费教授忠诚于党的教育事业，治学严谨，在国内外享有崇高的学术声誉，为合肥工业大学仪器科学与技术学科的发展做出了杰出贡献，享受国务院政府特殊津贴；曾获全国机械工业劳动模范、安徽省"五一"劳动奖章、安徽省先进教育工作者、安徽省优秀共产党员等荣誉称号；曾任全国高等学校精密仪器专业教学指导委员会副主任、国际测量与仪器委员会常务理事、全国误差与不确定度研究会理事长、安徽省计量测试学会理事长等学术兼职。2007年，他荣获国际测量与仪器委员会"终身贡献奖"（图6-53）。为此，中共安徽省教育工委专门下发通知（皖教工委函〔2016〕89号），要求开展向合肥工业大学费业泰教授学习的活动（图6-54）。校内外各媒体对费教授的先进事迹做了专门报道。

图6-53　费业泰教授荣获国际测量与仪器委员会"终身贡献奖"

（资料来源：合肥工业大学校园
新闻网及省内相关媒体）

杨善林

杨善林，1948年10月5日出生，安徽怀宁人，中国共产党党员，我国管理科学与信息系统工程专家，中国工程院院士，合肥工业大学管理学院教授、博士生导师。他于1978年考入合肥工业大学计算机专业学习，先后获得工学学士与硕士学位；1985年硕士毕业后留校任教至今；曾在澳大利亚墨尔本大学、德国德累斯顿工业大学CIMS中心等地访学开展合作研究。

图6-54 安徽省教育工委通知

（资料来源：合肥工业大学档案馆 档号：2016-Y-DQ-0039）

他曾任合肥工业大学管理学院院长、合肥工业大学副校长；2013年当选为中国工程院院士（图6-55）；现任合肥工业大学学术委员会主任、"智能决策与信息系统技术"国家地方联合工程研究中心主任、"大数据流通与交易技术"国家工程实验室主任；还兼任《中国大百科全书（第三版）》管理科学与工程卷主编、国务院学位委员会管理科学与工程学科评议组召集人、教育部科技委战略咨询委员会副主任及管理学部常务副主任、中国质量协会副会长、中国管理现代化研究会轮值理事长、中国机械工程学会工业工程分会主任委员、中国优选法统筹法与经济数学研究会副理事长、《预测》杂志主编等。

图6-55 杨善林教授当选中国工程院院士的证书

（资料来源：合肥工业大学管理学院）

杨善林院士长期从事智能决策理论与技术、信息系统理论与技术、发展战略规划与系统管理理论等基础理论研究，以及在复杂产品开发工程管理、制造工程管理、企业管理和社会管理中的相关应用研究工作。主持国家自然科学基金创新研究群体项目、国家自然科学基金重大项目等各类项目近百项，先后获国家科技进步二等奖2项、省部级科学技术一等奖6项、教育部自然科学一等奖1项，出版学术著作5部，在国内外重要期刊和国际学术会议上发表学术论文400余篇（图6-56）。

图6-56 杨院士获得国家科技进步二等奖的证书

（资料来源：合肥工业大学档案馆 档号：2006-Y-SW-0022、2008-Y-SW-0006）

杨善林院士有科研一线"拼命三郎"称号。其承担的中国石油化工集团安庆分公司的项目，首次将网络技术引入企业管理，建成国内首个覆盖企业的计算机光纤网络，也标志着中国企业管理步入了计算机网络管理时代。近年来，他带领其团队围绕国家重大需求开展科学研究，在智能制造工程管理、医疗健康工程管理等领域取得重大突破。团队研发的"金属液综合性能在线智能检测系统"，解决了铸造企业废品率居高不下的问题；开发的"轿车整车开发工程管理系统"，填补了轿车整车开发技术的空白；研发的"人机协同的智能移动微创腔镜系统"，已装备辽宁舰等海军大型舰艇，是我国唯一应用于舰艇卫勤保障的微创装备，同时也运用到新一代智能拓展医疗救援方舱；团队研发的"基于云的智能移动新冠肺炎防控远程交互服务系统"，成功应用在武汉雷神山医院、武汉火神山医院以及北京、上海、天津、安徽省内等数十家医疗机构（图6-57）。

图6-57 杨院士工作的场景

（资料来源：合肥工业大学管理学院）

杨善林院士作为合肥工业大学管理科学与工程学科带头人，开拓进取，在管理学科进入"双一流"建设中做出了突出贡献。同时，杨院士还带头贯彻落实"教书育人""立德树人"的根本任务，围绕创新型人才的培养目标，深入开展教学内容改革、培养模式创新和教学团队建设。他创设"专业导论"课程，帮助学生掌握大学时代的基本要求和学习规律并陆续推广到全国，培养的博士生曾获全国优秀博士学位论文；其团队近十年来为中国的管理学科培养了数百名硕博士研究生，输送了一大批高层次创新型管理人才；曾主编国家规划教材3部，获"全国教材建设先进个人"奖；积极开展教学研究，获国家级教学成果二等奖3项；还获全国五一劳动奖章、全国模范教师、国家级高等学校教学名师奖、复旦管理学杰出贡献奖、首届全国创新争先奖状、留学回国人员成就奖、系统科学与系统工程终身成就奖、全国教书育人楷模候选人、黄大年式教学团队等荣誉或称号（图6-58、图6-59）。

图6-58 杨院士的部分获奖证书

（资料来源：合肥工业大学校史册）

图6-59　杨院士的部分教学成果证书

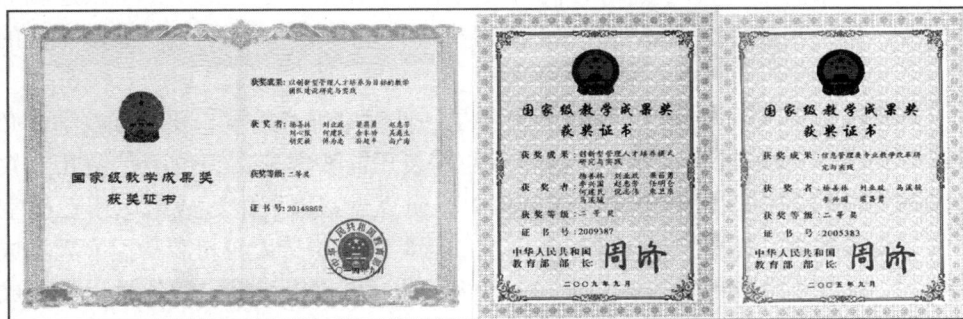

（资料来源：合肥工业大学校史册）

朱士信

朱士信，1962年7月生，安徽枞阳人，农工民主党党员，二级教授，博士生导师，国家级教学名师暨首届国家万人计划教学名师，享受国务院特殊贡献津贴专家（图6-60）。2021年12月聘任为安徽省人民政府参事。

图6-60　朱士信教授的国家级教学名师暨首届国家万人计划教学名师证书

（资料来源：合肥工业大学数学学院）

朱士信从事数学教育工作30余年，始终认为人才培养是大学老师的第一责任和义务。其始终坚守教学第一线，在高等数学、线性代数课堂上总是笑声不断，在教室里的人行过道上、讲台前总是挤满了自带凳子的学生，这勾画出合肥工业大学校园一道亮丽的风景线。其贯彻"立德树人"的根本任务，关爱学生，引导学生成长，特别是学生遇到学习困难或生活困难的时候，经常提供帮助与资助；2005年至2007年，连续三届被学生评为合肥工业大学"最受学生欢迎教师"，同时被授予合肥工业大学"最受学生欢迎教师"终身荣誉称号；2010年被评选为合肥工业大学建校六十五年来首次举行的"感动工大的十大人物"。

朱士信长期从事一线教学，始终认为教学是一件很难很难的事，要搞好教学，必须潜心开展教学研究，而开展教学研究的目的不是发表几篇教学论文，也不是做几个教研项目，教学研究的目的应该是"论文写在黑板上、研究做在课程中、成果应用在教室里"。他主编的《高等数学》教材获得国家首届教材二等奖，以主持人身份获得国家教学成果二等奖1项、安徽省教学成果特等奖1项、一等奖6项，2019年获得安徽省教学重大成就奖（图6-61）。朱士信是国家级一流专业负责人、国家级一流课程负责人、国家级精品课程负责人、国家级资源共享课程负责人、国家级教学团队负责人。

图6-61 朱士信教授近年的相关教学成果及获奖证书

（资料来源：合肥工业大学数学学院）

朱士信的主要科研方向是代数编码与密码。他以主持人身份获得安徽省自然科学奖一等奖1项（图6-62）、主持了国家"十一五""十二五"密码规划项目各1项、国家自然基金面上项目5项，发表SCI论文150余篇；是中国密码学会监事、中国工业与应用数学学会理事、安徽省数学会副理事长,《密码学报》编委、《大学数学》常务副主编,国家大学数学教学指导委员会委员、国防科技大学兼职教授。

　　2007年12月至2009年5月,朱士信任合肥工业大学数学系主任,2009年5月至2022年12月任合肥工业大学数学学院院长。在此期间,他全身心地投入工作,为数学学科的发展做出了卓越贡献,是学校数学一级学科博士点开点负责人。

　　图6-62　朱士信教授获得安徽省自然科学奖一等奖的奖状与证书

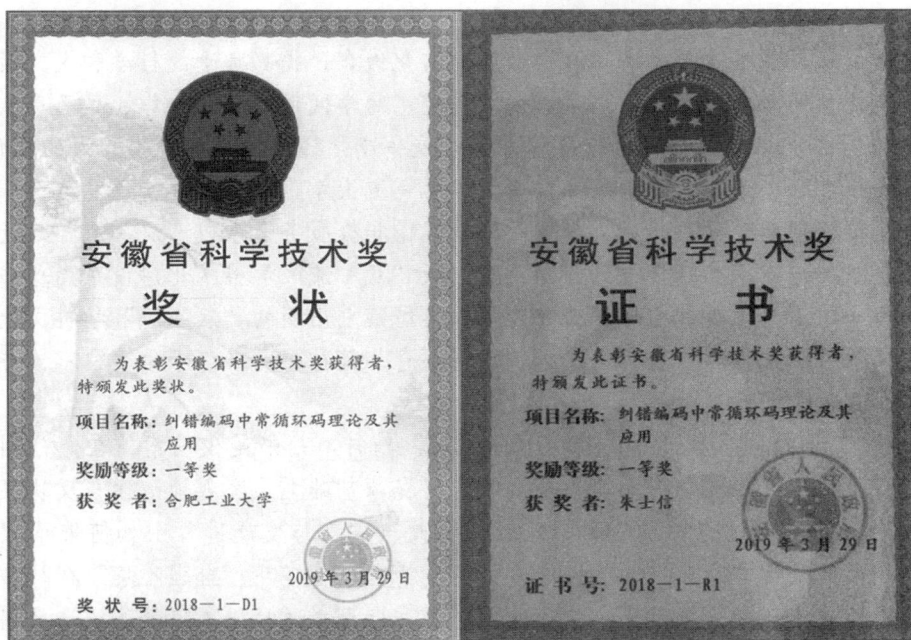

（资料来源：合肥工业大学数学学院）

后　记

为了更好地开展科学技术文化和学校历史文化教育，提高师生的科学和人文素质，增强学校的文化认同与文化自觉，培育"爱国爱校、笃学问道、团结合作、尽己奉献、追求一流"的校园文化，形成学科文化品牌，为学校一流学科建设提供坚强有力的文化支撑，学校特设立了"合肥工业大学中央高校建设世界一流大学（学科）和特色发展引导专项资金——文化传承创新"项目。合肥工业大学档案馆积极服务于学校"双一流"建设，主动参与项目申报并连续两年获批得到资助，拟出版"双一流"学科文化建设系列丛书。经过近一年的工作谋划与准备，由合肥工业大学档案馆策划出版的"双一流"学科文化建设系列丛书《秦承"工业报国"理想　发扬"自强不息"精神》一书终于付之梨枣，与广大师生、校友和读者朋友们见面了。

《秦承"工业报国"理想　发扬"自强不息"精神》一书是校档案馆在充分利用馆藏档案信息资源、积极挖掘发现档案中蕴含的学科资源基础上，客观地陈述与反映了合肥工业大学七十余年的建设与发展历程。重点就学校自成立与发展进程中如何秦承"工业报国"理想，如何践行"工业报国"之志，如何发扬"艰苦奋斗、自强不息"精神等情况做了细致的资料收集，并分阶段予以叙述呈现。本书也力求通过历史资料、统计数据等，来客观反映学校各时期的人才培养、科学研究、社会服务等情况，以印证学校"工业报国"之志的践行，充分展现了七十余年来学校在人才培养、科学研究、社会服务等各方面取得的成果，以期在全校师生与校友的"知校、爱校、荣校"教育中发挥积极作用。

本书编撰工作是校档案馆首次负责组织开展的此类工作，为做好此项工作的开展与推进实施，校档案馆专门成立了编研组，抽调精干力量，克服经验少、时间紧、工作量大、能力不足等困难，主要利用业余时间，举全编研组之力进行编撰。其中：俞志华作为馆编研组负责人，主要负责本书的撰写思路、框架内容拟定、统稿、前言后记草拟、出版发行联络等工作，并具体负责第一章至第四章的撰写；吴卫丰具体负责第五章、第六章的撰写；陈晓媛负责各章节中学校历史沿革部分的撰写与资料收集；高淑珍、崔月主要参与部分章节内容撰写、素材搜集、书稿资料整理等工作；郑学慧负责本书编写中的各项工作的协调与推进，并做好政治把关。本书编撰过程中，编研组多次策划座谈，广泛征求师生、校友的意见，在综合各方面意见的基础上，确定本书的撰写思路和基本内容。本书付梓之前，还邀请业内相关专家来馆座谈，给予工作指导，并提出宝贵建议。其间，中央档案馆、安徽省档案馆、合肥市档案馆、淮南市档案馆提供了宝贵的图片资料，校内外的李军鹏、陈竹、张文化、刁常龙、郑利强、谈成禹、丁加松等老师和校友也为本书的编辑出版工作提出了一些宝贵意见，在此一并表示感谢。

　　本书编撰所使用的史料主要基于合肥工业大学档案馆馆藏的各类档案，部分资料参考了《合肥工业大学校史》《合肥工业大学校史画册》《合肥工业大学年鉴》以及校报、学校新闻网、有关部门网站及学校近年出版发行的相关文化产品出版物等。在此，对本书的出版提供资料的所有单位、出版物及其作者表示衷心的感谢。

　　需要说明的是，由于出版时间紧、内容字数受限、早期馆藏档案不全等原因，本书素材主要以合肥工业大学全宗卷中的档案信息资料为主，对安徽工学院、安徽水利电力学院两个全宗卷以及合肥工业大学全宗卷中的成人教育部分的档案信息资料没有做过多涉猎；同时，因为是初次尝试编撰出版此类图书，再加上编者水平有限，书中不妥和疏漏之处在所难免，敬请广大师生、校友谅解，并加以批评指正。

编　者

2022年11月